내 마음속 도서관

내 마음속 도서관

초판 1쇄 발행 2024년 7월 24일

지은이 이덕대
펴낸이 장길수
펴낸곳 지식과감성#
출판등록 제2012-000081호

교정 김나현
디자인 오정은
편집 오정은
검수 한장희, 이현
마케팅 김윤길, 정은혜

주소 서울시 금천구 벚꽃로298 대륭포스트타워6차 1212호
전화 070-4651-3730~4
팩스 070-4325-7006
이메일 ksbookup@naver.com
홈페이지 www.knsbookup.com

ISBN 979-11-392-2009-4(03810)
값 16,800원

- 이 책의 판권은 지은이에게 있습니다.
- 이 책 내용의 전부 또는 일부를 재사용하려면 반드시 지은이의 서면 동의를 받아야 합니다.
- 잘못된 책은 구입하신 곳에서 바꾸어 드립니다.

지식과감성#
홈페이지 바로가기

내 마음속 도서관

이덕대 에세이 2집

삶을 이어 가게 하는 것은 무엇일까.
성장 과정에서 때로는 서로가 짐이 되기도 했지만
어려울 때마다 기댈 수 있는 어깨가 있었던 것은 엄청난 행운이었다.

서문

1960년대 초반만 하더라도 산골 마을에 전기조차 들어오지 않아 텔레비전이 없는 것은 당연했고 트랜지스터 라디오가 있는 집도 몇 집 되지 않았다.

외부 소식은 마을 어른들이 읍내 오일장에서 주워들은 것이거나 마을을 지나는 장사꾼들이 전해 주는 것이 대부분이었다.

책이 귀했다. 학생이 있는 집은 헌 교과서 몇 권이 있을 따름이었다. 고급 양장본의 장서나 인문학 서적을 보유한 집은 극히 드물었다.

책은 학교 도서관에 있는 진귀한 보물처럼 보였다. 일제 강점기를 거치면서 전통의 신분 체계가 무너지고 책과 지식이 그 자리를 대신했다.

그럴듯한 장서를 갖추고 사는 집이 양반 댁이었고 신문이라도 구독하는 사람이 마을의 유지였다.

소화가 어려울 정도로 정보가 흘러넘치는 세상이다. 각종 미디어 매체가 쏟아 내는 뉴스가 전 지구적 초연결 사회를 만든다.

러시아 전쟁이나 중동 화약고의 끔찍한 소식들이 실시간으로 안방으로 배달된다. 그뿐인가. 자극적인 기사로 뒤범벅된 유튜브는 아예 그들만의 기준으로 뉴스랄 것도 없는 쓰레기를 만들어 배포하기도 한다.

종이책은 하루에도 수천 권이 쏟아져 나오고 마을마다 작은 도서관이 생기면서 수많은 지식과 정보가 저장되고 유통된다.

디지털 세상이 되면서 전자책이 가상의 세계에서 비치되고 판매되면서 오히려 종이책은 점점 사라질 운명에 놓인 것으로 보인다.

도서관이 많아지고 책이 넘쳐 난다고 지식이 많아지고 사유가 깊어진 것 같지는 않다. 오히려 그 반대인 것은 아닐까.

인간의 삶을 따뜻하게 보듬는 것은 지혜와 감성이다. 이런 것들은 헤아릴 수 없을 정도의 번뇌와 갈망의 과정을 거쳐 만들어지는 고뇌의 산물이다.

작은 꽃 한 송이를 통해 삶의 아름다움을 읽고 떨어지는 빗방울에서 자연의 이치를 깨닫는 감성의 근육을 키우는 것은 때가 있는 법이다.
불경을 깊이 깨우쳤다고 산문(山門)에 들어야 하는 것이 아니고 성경에 해박하다고 성직이 생활의 수단이 되는 것이 아니듯 감성이 풍부하다고 문학인이나 예술가가 되어야 할 이유는 없다.
세상을 보는 균형 잡힌 눈 하나를 더 가짐으로써 자신의 삶을 여유 있고 풍성하게 만드는 역할을 한다. 어린 시절 학교 작은 도서관은 감성의 씨앗을 뿌리고 가꾸는 뜨락이었다.

- 본문 〈내 마음속 도서관〉 중에서

우리 선조들은 600년도 훨씬 전에 금속 활자를 이용하여 직지심경(直指心經)을 발간한 세계 최고의 인쇄 문화 선진국이다.

조선왕조실록은 한국 기록 문화의 우수성을 세계에 각인시켰다. 그런 책의 문화가 오늘 세계를 휩쓸고 있는 한류의 토대가 되었음을 생각해 본다.

책과 지식이 사회적 신분이고 계급이라는 의식이 만들어 낸 결과다.

지금은 문을 닫고 흔적만 남았지만 어린 시절, 시골 초등학교의 작은 도서관을 관리하면서 도서반장으로 지낸 적이 있다. 해와 달, 산과 강이 만들어 내는 자연의 변화로부터 만들어지던 감성은 많은 책들을 접하면서 지식의 창고 속에서 녹고 버무려졌다.

선생님의 계속되는 책 이야기, 어둑발이 내려앉으며 유리창으로 달빛이 스며들고 부엉이 울음 무서웠던 그 작은 도서관을 생각한다.

잊히고 사라지는 것들을 소환하고 일상의 사소한 일들을 정리하여 마음속 도서관 장서함에 정리하는 마음으로 하루하루 글을 썼다.

어떤 삶도 살아 있는 누구의 일상도 소중하지 않은 것이 없다. 현재의 거울인 역사는 국가만이 아닌 개개인의 일상 기록이 더 명징한 것일 수도 있다.

세상을 살아가면서 어렵고 힘들 때마다 그 작은 도서관의 책들이 위로하고 치유한다. 도서관에서 낮은 목소리로 책 읽기를 권유하던 선생님과 책을 펴 놓고 신기한 듯 눈을 반짝이던 아이들의 모습이 떠오를 때마다 그 시절의 이야기를 정리해 두지 않음을 자책했다.

어릴 적 시골 마을 초등학교에서 작은 도서관 도서반장을 했던 아이가 이 책을 세상에 내어 놓은 이유다.

목차

서문 ··· 4

I 봄

1. 달력 유감 ··· 12
2. 세월의 강을 따라 소환되는 단상(斷想)들 ········ 17
3. 고향의 움쑥 한 봉지 ······························· 24
4. 남녘에서 온 김치 ··································· 29
5. 달래 예찬 ··· 36
6. 꽃대궐 ··· 41
7. 봄 손님과 주인 ····································· 46
8. 매실차 ··· 52
9. 벚꽃 이별 ··· 57
10. 고추 모종 심기 ··································· 62

II 여름

11. 함박꽃 ·· 70
12. 우물이 사라졌다 ································· 76
13. 라면을 끓이며 ···································· 82
14. 제라늄 화분 옮기기 ··························· 88
15. 공짜 복숭아 한 상자 ························· 92
16. 호박잎쌈 ·· 98
17. 배롱나무꽃 추억 ······························ 104
18. 받은 죄가 없다 ································ 109
19. 얼떨결에 산 빵 ································ 115
20. 골목길 ·· 120

III 가을

21. 누나가 보낸 고구마 ························· 126
22. 꿈꾸는 농막 ····································· 132
23. 붕어빵과 호박식혜 ··························· 138
24. 부전 시장에서 온 뜻밖의 선물 ········ 144
25. 선풍기 재포장 ·································· 150
26. 까치밥 ·· 156
27. 전원 고향악(故鄕樂) ······················· 162
28. 연(鳶) ·· 168
29. 신기료장수 ······································· 173

Ⅳ 겨울

30. 활수와 판수 ··· 180
31. 인공지능(AI)이 가지고 올 섬뜩한 미래 ············ 186
32. 작은누나 ··· 191
33. 5촉 전구 ··· 196
34. 다시 시작되는 삶 ··································· 202
35. 고무신 ··· 210
36. 석양을 등지고 앉은 친구 ·························· 215
37. 큰누나 ··· 221
38. 멈추어 선 시계 ····································· 227

Ⅴ 다시 봄

39. 마당이 있는 풍경 ··································· 234
40. 내 마음속 도서관 ··································· 239
41. 벽장 안 책들 ·· 246
42. 헛간 ·· 252
43. 빈집 유감 ··· 258
44. 할머니의 마당질 ··································· 264
45. 남녘 바닷가에서 만난 삶들 ······················ 270
46. 숲이 있는 풍경 ····································· 276

I 봄

1. 달력 유감

　나이가 들어 가면서 잊지 않고 챙겨야 할 이런저런 날들이 늘어난다. 그럼에도 형제들의 생일 하나를 기억하지 못하고 부모님의 기일도 달력을 뒤져 가면서 확인하고서야 겨우 '아, 그날이구나.' 한다.
　뇌세포는 노화되고 기억력은 점점 감퇴되니 반드시 기억하고 무언가를 해야 할 날짜도 잊지 않기가 쉬운 일은 아니다. 달력이 나오자마자 중요한 날은 표식을 하긴 하지만 그것조차도 잊어 먹으니 황혼의 기념일들은 어찌 보면 씁쓸하고 안타깝다.
　옛날처럼 하루 잘 먹는 날을 위한 기념일은 세월에 맞게 혹은 세상에 어울리게 하나둘씩 지우고 간편하게 사는 것이 어떨까 하는 생각을 해 보기도 한다.

　대식구가 한집에서 살던 옛날에는 가난 속에서도 기념해야 할 날들이 많았다. 작은 식당만큼 음식을 준비해야 하는 기제사도 있었을 것이고 귀한 음식을 소담스럽게 차려야 할 날도 있었을 것이다. 이런 기념일은 달력이라는 도구를 통해 계획적으로 준비하는 지혜가 필요하다.
　그러나 달력을 보지 않고 평생을 살다 가신 삶도 있다. 해가 바뀔 때마다 구해 온 달력을 안방 마루 벽면에 걸어 두긴 했지만 어머님이 그 달력을 보시고 이런저런 집안 대소사 기념일을 잊지 않고 지내셨는지 알 길은 이제 없다.
　가끔 고향집에 들러 어머님과 하룻밤을 같이 지내다 보면 며칠 후 오래전 시집간 큰누나 생일인데 생일 밥이나 챙겨 먹는지 모를 일이라면서 혼자 말씀으로 중얼거리시는 것을 들은 적도 있다.

종심(從心)에 가까이 이르니 종갓집 큰며느리이자 한 집안의 안주인으로 살면서 그리도 기억해야 할 날들이 많았던 어머님의 평생을 자주 생각하게 된다.

글자라곤 한 자도 깨우치지 못한 채 시집와 가문의 제삿날을 비롯한 대소사 길흉 일은 물론이요 많고 많은 자식들의 생일 하나까지 일일이 기억하고 챙겨야 했던 그 수고가 오죽하셨을까.

정월대보름이 지난 지 엊그제 같은데 벌써 우수가 지나고 남녘에는 꽃소식과 봄소식이 한창이다. 유난히 길고 추운 올겨울이 윤이월 때문인가 하면서 끌탕을 하고 있는데 카톡 문자가 들어온다.

"아부지 오랜만입니다. 잘 지내시죠? 지난 금요일이 아부지 생신이셨네요. 건강 조심하시고 항상 사랑합니다."

이어서

"늦었지만 생신 축하드립니다."

뜬금없는 문자를 보고 생일은 무슨 생일, 하면서 답신하듯 놀리듯 카톡 이모티콘 두 개를 보내고는 까맣게 잊어버렸다. 아들은 아버지가 이모티콘 보낸 것이 신기하다는 듯한 반응을 했다.

우리 집에는 벽걸이 달력이 없다. 회사에서 경영 지원 업무를 담당하는 임원이 은행 출신이라 전에 근무하던 은행에서 달력을 대량으로 보내왔다고 했다. 농담 겸 은행 달력을 집에 걸어 두면 돈이든 복이든 대박이 터질 것이라고 필요하면 한 부 가져가 사용하라는 권유를 했지만 웃음으로 가볍게 거절했다.

달력에 기록하고 기억해야 할 만큼 기념일이 많은 것도 아니고 물때나 장날을 달력으로 확인할 일도 없으니 굳이 글자 큼직한 달력이 필요할 것 같지가 않았다.

게다가 달력을 걸어 둘 만한 공간이 없으니 집에 가지고 온들 펴 보지도 않고 시간이 지나면 분리수거 쓰레기장으로 직행할 것이 분명하기 때문이기도 했다.

예전에 근무하던 회사에서 후배들이 해마다 충분한 양의 달력을 보내온다.

한때 몸담았던 직장이라 그런지 아직도 그 회사 달력에 애정이 많다. 개발에 참여했던 항공기 그림이 보람찼던 그 순간을 기억하게 해 주기도 하지만 탁상용 달력을 집안 맞춤한 곳에 비치해 두고 바라보면 아직도 현장에서 일하는 기분이 들어 적당한 긴장감도 느끼게 된다.

이전에는 탁상 달력도 크기가 꽤 컸다. 달력이 작아진 이유가 탁자 위에 비치하기 용이하도록 위해서인지 아니면 경기가 좋지 않으니 작게나마 단가를 낮춤으로써 회사 경비를 절약하려는지도 모를 일이다. 그도 저도 아니면 단순히 굳이 큰 규격의 달력보다는 작은 달력을 선호하는 사원들의 요구인지도.

기존 달력은 나이를 먹으면서 시력이 나빠져도 그런대로 보기에 불편하지 않을 정도로 글자 크기도 괜찮았다.

하나 어쩐 일인지 올해는 달력 크기가 예년 같지 않게 작아졌다. 양력 날짜는 그렇다 치더라도 행간에 작은 글씨로 표시된 글자는 돋보기를 쓰고도 식별이 쉽지 않다.

더구나 월과 일 사이에 찍힌 점은 정상적인 시력이라도 확대경의 힘을 빌리지 않고는 음력 2.1인지 음력 21인지 알아보기가 어렵다.

아내는 달력이 오자마자 이런저런 기억해야 할 날들을 표시해 둔 모양이다. 추정하건대 올해도 아내는 맨 먼저 내 생일을 달력에 표시했을 것이다.

음력 2.1을 2월 1일이 아니라 정월 21로 읽고 6일 후가 남편 생일이라며 커다란 하트 모양을 그려 두었다. 당연히 생일이 며칠 남은 줄 알았고 계획도 세웠을 것이다.

그런데 오늘 아침 운동을 나가기 전 아들이 보내온 문자를 보여 주면서 웬일로 축하 문자가 왔다고 지나가는 말로 이야기했더니 잠자리에 있던 아내가 무슨 소리냐며 놀란다.

"아니, 당신 생일이 언제라고? 무슨 생일이 지났다 그래. 이번 주 일요일이잖아."

하면서 자리에서 벌떡 일어나 거실로 나가더니 달력의 표시를 보여 준다.

"봐 봐. 분명 생일이 이번 주 일요일 맞잖아요. 음력 21일로부터 6일 후이니 일요일 날이지. 미역국 끓인다고 국거리도 미리 사고 준비를 하고 있었는데."

남편의 생일을 챙겨 주지 않을 아내가 아님을 모르지 않는데도 미안함과 억울함이 반반씩 섞인 말투로 안타까움을 토로한다.

아무리 달력을 자세히 들여다보아도 정말 그랬다. 점 하나가 보이지 않으면서 음력 2월 1일이 정월 21일로 변한 것이다. 생일이 문제가 아니라 달력, 그중에서도 점 하나가 문제였다.

아내는 요즘 들어 부쩍 시력이 나빠졌음을 이야기한다. 새벽 운동을 나가서도 공이 잘 보이지 않는다면서 쉬운 볼도 놓치기 일쑤다.

본인은 코로나 후유증이 아닌가 하지만 나이가 들어 가면서 자연히 시력이 나빠진 탓도 없지 않을 터다.

생일을 그냥 지난 것은 전혀 문제가 아니다. 사실 요즘 먹는 밥상만 본다면 매일이 생일이다.
김치나 나물, 국 한 종류로 매일매일 밥상을 대하던 시절에 비하면 먹거리의 다양함이나 푸짐함, 영양학적인 균형성 측면에서 보면 일 년 내내 생일이라 해도 틀린 말이 아니다.
생일은 자신을 이 세상에 오게 해 주신 부모님에게 감사해야 할 날이다. 생일이 되면 가끔 왜 내가 아직도 미역국에 고기반찬을 먹어야 하는지 의아한 생각이 들곤 한다.
남편 생일을 챙기는 것이 당연하다고 생각하는 아내에게도 미안하다. 나이가 들면서 생일에 대한 생각도 조금씩 달라진다. 미역국을 드셔야 할 부모님이 아니 계시니 더욱 그렇다. 이 세상에 왔음을 기억하고 마음속으로 축하하는 날 정도로 담박하게 넘어갔으면 좋겠다.
달력 탓에 그냥 지난 생일이 자꾸만 마음에 걸린다 하니 아내가 표시해 둔 이번 일요일에 어디 가서 맛있는 피자라도 한 판 해야겠다.

황혼의 긴 그림자가 골목길에 걸리는 나이인데 생일이 뭐 대수인가. 굳이 달력 날짜가 잘 보인다고 하더라도 나이가 들어 가면 사소한 기념일은 차츰차츰 잊어야 삶이 편안하고 가벼워질 듯하다.
어쩌면 세상을 읽는 가리사니도 재바르지 않아야 좋을 듯하다.

2. 세월의 강을 따라 소환되는 단상(斷想)들

　삶을 이어 가게 하는 것은 무엇일까. 육체와 정신을 숨 쉬게 하는 것이 삶을 이어 가게 하는 원동력이긴 하지만 삶을 윤택하게 하고 깊이 있는 삶을 만드는 것은 사람 간 나누는 정이다.

　돌담이든 싸리나 대나무 울바자든 집이란 명색이 있는 곳에는 울타리가 있었다. 울타리는 소유와 비(非)소유, 자신과 세상의 경계에 세워지는 보호막이다. 소멸의 순서는 울타리에 이어 집이다.

　많은 형제가 어울려 살았던 유년 시절, 부모님은 집이었고 형제는 울타리였다. 부모님이 세상을 떠나고 형제들도 각각의 가정을 이루며 집도 울타리도 사라졌다.

　하지만 삶의 마지막 순간까지 마음속에 부모님이 살아 계시듯 형제라는 울타리도 영원하다. 그런 점에서 하나 또는 많아야 셋 정도인 이 시대의 젊은이들의 삶은 외롭고 위태하다.

　세상으로부터 밀려드는 어려움과 고통을 막아 주고 같이 짊어질 울타리가 더 이상 곁에 없는 시대다. 성장 과정에서 때로는 서로가 짐이 되기도 했지만 어려울 때마다 기댈 수 있는 어깨가 있었던 것은 엄청난 행운이었다.

　자랄 적도 울타리였고 지금도 영원한 울타리를 만나러 가는 마음은 흐뭇하다. 형들을 만나고 동생을 보는 일은 언제든 가슴이 설렌다.

　그들의 건강이 자신의 건강이고 그들의 이야기가 곧 나의 이야기임도 이제는 안다. 황혼의 골목길에 서서 서로에게 배려했던 이야기를 나누는 것은 훈훈하다. 형제라는 울타리는 성장 과정이 힘들고 어려울수록 더 강하고 오래가는 것이라고 느껴진다.

어제는 정말 오랜만에 부산의 어느 식당에서 형제들이 모여 함께 음식을 나누며 띠앗의 정을 나누었다. 에세이집을 출간한 뒤 물심양면으로 도움을 준 형제분들께 어떤 형태로든 고마움을 표하고 싶었지만 이런저런 이유로 시간을 쉽게 낼 수 없었다. 만사를 제쳐 두고 불원천리 그냥 찾아가야 만날 수 있는 것이 현시대 삶의 특징이다.

갑자기 찾아온 겨울 날씨는 몸을 움츠리게 했지만 기차를 타고 내려가는 창밖의 풍경은 빛나는 햇살과 청명한 하늘 아래 짙은 가을이 내려앉아 있다.

삶은 관계임을 실감한다. 그런 관계는 타인이든 형제든 다를 바 없다. 우주의 한 부분 아니면 하나의 우주로서 작동하는 인간은 일상의 그 어느 행동, 사고(思考) 하나 삶과 무관한 것이 없다. 기쁨과 슬픔은 물론이고 곁을 스쳐 가는 소소한 모든 것들이 강물처럼 끝없이 흐르고 흘러 모인 후 바다와 같은 삶이 되는 것이다.

희로애락(喜怒哀樂) 그 자체가 삶이다. 작은 분노를 다스리고 마음을 따스하게 하는 기쁨의 불씨를 끊임없이 살려 나가는 것이 행복의 지름길이다.

홀로서기, 독립이 간절했던 때를 생각해 본다. 살아오면서 누구를 간섭하는 것이 싫었다. 누구에게 간섭받는 것도 물론 싫었다. 남을 가르치는 것에 더하여 가르침을 받아들이지 못한다고 원망하는 것은 더더욱 싫었다.

형제들과 떨어져 산다는 것은 나이를 먹을수록 외롭게 느껴지긴 하지만 한편으론 그리워하는 마음속에서 우애가 깊어지기도 한다. 가을 여행은 어린이가 되게 하는 묘한 매력이 있다. 곧 닥쳐올 겨울의 움츠림이 그렇게 만드는 것일까?

생각해 보면 소심하면서도 세심하게 누군가에게 다가가 겸연쩍게 몸짓하며 자신을 알리고 싶어 하는 부끄러움을 사랑했다. 알고 싶은 것이 많은 세상이지만 알 수 없는 것에 굳이 욕심 부리지 않음을 좋아한다.

기차를 타고 가는 내내 걸어왔던 옛길 속을 헤맨다.

가 보지 않은 산길도 길이다. 산길은 올라가기 위한 길인지 내려오기 위한 길인지 알 수 없다. 분명한 것은 모르는 사람이 걷기 위한 길이다. 산길을 만드는 것은 바람이나 햇살이 더 잘할 것이라는 생각이 드는 것은 어째서일까. 지금 기억은 여름 더위가 막바지인 어느 날이다.

이슬방울 따라 아침마다 길을 나서던 작은 달팽이를 떠올린다. 뱀고사리는 끈끈이주걱 돌기처럼 촘촘히 깃털을 곤추세우고 달빛이 길어 올린 물기와 햇살이 걷어 올린 안개를 작은 잎 돌기에 채우고 있었다.

아침 안개 속에서 무덤덤하게 피는 망초꽃들보다는 하얀 햇살을 뚫고 청초한 모습으로 세상을 장식하는 무궁화가 좋았다.

굳이 나라꽃이니 겨레 꽃이니 하는 어른들의 자극적 설명보다는 그냥 8월이라 때맞추어 피어나는 꽃이기에 더욱 사랑스럽다. 아, 얼마나 영롱하고 신비로운 색깔과 자태로 마을을 돌아드는 오래된 우물가를 장식하던가.

촉촉이 젖은 뱀고사리 줄기를 따라 뚝뚝 떨어지는 이슬방울을 거침없이 가로지르며 어딘가를 가고 있는 민달팽이 한 마리. 어릴 때 떨어져 말라 버린 작은 감나무 잎인 듯 아님 밤나무 이파리인 듯 낙엽 색깔을 띤 저 몸뚱이는 보기만 해도 소름이 돋을 만큼 징그럽다. 끈적끈적하고 하얀 체액이 길을 만들고 머리 위로 떠오른 햇살은 그 끈끈함을 가볍게 말렸다.

석유 냄새가 나는 작은 고등어를 사 오신 어머니는 아무 양념도 없이 쪼그라진 양은 냄비에 넣어 지지셨다. 비린내가 심하게 난다고, 집 나온 길고양이들이 시도 때도 없이 덤빈다고 마당가 맑은 우물물을 마다하고 앞개울에 가서 깔끔하게 장만해 밥하고 남은 잔불 위에 냄비를 올려서 지졌다.

눈이 흐물흐물하고 창자가 삐죽이 나온 간 갈치보다 훨씬 맛도 좋고 값도 싸다고 이맘때쯤이면—이맘때가 언제냐면 하도 더워 열무김치도 복중 더위에 다 녹고 뿌리 들기 시작하는 고구마 순은 아까워서 따서 먹을 수도 없는 때다— 삼천포 선창가에서 뱃전에 버려졌다가 어느 억센 생선 파는 아지매 손을 건넌 새끼 고등어를 가끔씩 사 오셨다.

처음에는 생선 비린내인지 알고 먹다가 조금 배가 불러지면 오만상을 찡그리며 투정과 함께 밀어 내던 그 양은 냄비 속 석유 냄새 나는 고등어가 왜 하필 지금 생각나는지 참 모를 일이다.

아직도 세상에는 모를 일이 아는 일보다 훨씬 많지만 정말 모를 일은 어머니는 왜 기억하고 싶지 않은 기억들이 떠오를 때 넌지시 같이 오실까.

도저히 보아지지 않던 드라마를 보면서 울컥하는 감정이 몸을 전율케 한다. 신입 사원으로 팀에 들어오자마자 적성에 맞지 않다며 다른 데로 보내 달라 하던 옛 직장의 후배가 그때 만든 항공기를 세상에 팔러 다니더니 어느 정도 팔고 난 이후 아예 한곳에 자리 잡고 현장 사업 관리를 한다.

세상 어떤 곳이나 주류와 비주류가 있기 마련이다. 머리가 좋은 그는 그가 속한 조직이 화려한 조명이나 관심을 받는 곳이 아님을 입사와 동시에 깨달은 것이 틀림없었다.

음지에서 일하며 양지를 향한다는 정부의 어느 조직을 생각하며 때로는 헛웃음을 지었다. 성인군자가 아닌 보통 사람은 노력한 만큼 보상받는 곳에서 일하고 싶어 하는 것이 당연하다.

과도한 희생이나 이유 없는 열정은 불만의 원천이요 자기기만에 불과하다. 하지만 어떤 곳이든 보상과 기회가 균등하지 않은 곳이 있기 마련이다.

일은 힘들고 사람은 언제나 부족한 조직의 지도자는 항상 고통스럽다. 보통의 인간은 대체로 할 수만 있다면 고통의 강을 가장 먼저 떠나고 싶은 법이다.

설득과 강압으로 그를 주저앉히고 다독거려 영혼조차 챙기지 못한 시간을 보낸 내가 회사를 나온 후 그는 영업부서로 자리를 옮겼다.

이후 몇 번 만날 때마다 그 힘들었던 경험이 세상을 향해 날개를 펼 수 있는 자극이 되고 힘이 되었다고 때로는 미안한 듯, 때로는 자존감이 충만한 듯 이야기하더니 무시할 수 없는 글로벌 세일즈맨이 된 것이다. 한 건 크게 계약되면 9월쯤 꼭 식사를 한번 하자고 전화가 왔다.

차별 있는 세상에 살아야 차별 있는 능력이 만들어진다는 것을 이제는 안다. 오늘의 웹툰이 그를 소환했지만 정작 위로받고 싶은 사람은 나인지 알 수가 없다.

반세기도 훨씬 전, 아주 어린 날이었다. 마른 길 뿌리마저 말라 가는 한

여름 늦은 오후 신작로 옆 참나무에서 진을 빨며 다투는 사슴벌레를 정신없이 보다가 큰 놈을 손에 넣으면 행복했다.

지친 잎들 사이로 뉘엿뉘엿 지는 햇살이 붉게 변하면 떡갈나무인지 갈참나무인지 모를 잎 큰 나무들이 생기를 찾는 시간이 되었고 한참을 걸어야 하는 마을에는 이 집 저 집 굴뚝마다 흰 연기가 피어올랐다.

물이 바짝 마른 큰 내에는 어린아이들이 웅덩이로 몰려 있는 피라미나 송사리를 잡거나 강 고동을 잡을 것이다. 며칠 전 앉은뱅이책상 서랍에 넣어 놓은 사슴벌레가 사라진 후 냇가 고기잡이는 완전히 잊었다.

잡은 피라미나 개구리를 가져다주면 은근한 웃음과 함께 달걀 몇 알을 건네주던 마음 넉넉한 그 털보 아저씨를 떠올린다. 다른 아이들은 그를 무서워했다.

오늘에야 알겠다. 이 세상에 와서 진정으로 무엇이 되고자 했던 적은 없었다. 고향집 앞산에는 여름이면 무지개가 자주 떴다. 무지개는 가슴을 뛰게 한다. 지금도 그렇다.

언젠가 무지개가 뿌리 내린 곳이 명당이라는 어른들의 이야기를 확인해 보고 싶었다. 명당이 무엇인지도 모르면서 다만 무지개가 걸쳐졌던 산속 그 계곡을 찾아가 파 보면 이 세상에서 얻기 힘든 보물이 있을 것이라는 상상을 오래도록 했었다.

세계 문명 중 하나가 태동한 피라미드 위를 우리가 만들었던 항공기가 화려하게 날아올랐다는 이야기를 가슴 벅차게 들으면서 어릴 적 무지개를 생각했던 적이 있다. 차별을 이겨 냈던 그 시간이 가장 행복했던 시간으로 변해 가는 것을 그때 알았다.

기차는 어느 사이 동대구를 지나 낙동강 강변으로 흘러든다. 어느 지자체에서 만들었는지 몰라도 둔치에 조성된 공원이 아름답다. 가을 햇살에 흔들리는 억새는 은빛 융단으로 출렁거린다. 강물은 옥구슬 수만 개가 부딪히며 윤슬을 만든다.

느리게 가는 기차는 먼 우주를 유영하는 느낌이다. 드디어 종착역이다. 역사를 나와 걷는 도심의 길은 어디나 마찬가지다. 기억은 순식간에 사라지고 현실은 약속 시간 확인을 바쁘게 재촉한다.

오늘은 오늘의 시간을 즐겨야 한다. 아무나 꿈꾸지 못한 길을 걷는다는 것은 아무도 만들 수 없는 아름다운 생을 만드는 것이다. 가을 햇살이 마치 분수대의 물방울처럼 포도에서 튀어 오른다. 아름다운 가을이다.

문득 만들어진 계획 없던 가을 여행이 고통스럽기도 하고 행복하기도 했던 삶의 단상들을 불러냈다. 사람은 길 위에 서 보아야 걸어온 길과 걸어갈 길을 가늠할 수 있다.

시간의 강을 따라 흐르는 기차를 타고 가면서 만들어지고 소환되는 단상들은 아름답기도 하고 슬프기도 하다. 성장과 자리 잡음의 과정에서 만들어진 상흔들은 마음 한구석에 늘 자리하고 있다가 특별한 시간이 되면 툭 튀어나온다.

삶의 사슬은 이미 사라진 집과 울타리 그리고 모든 관계 속에서 소멸도 망각도 되지 않고 세월의 강이 되어 도도히 흐른다. 생각의 편린이 연속되는 삶 그 자체다.

3. 고향의 움쑥 한 봉지

봄이다. 산에는 바야흐로 춘란에 생강나무나 산수유 꽃망울이 벙글어 화려한 봄을 그려 대고 있을 게다.

들판은 어떤가. 양지바른 논두렁에는 한겨울 추위를 이겨 낸 지난해 뿌리에서 쑥이 새싹을 돋우고 있을 것이다.

언젠가부터 쑥 하면 어린 시절과 고향이 동시에 떠오른다. 봄이 오자마자 살기 바쁜 사람들이 오가는 해토머리 길의 두툼하고 보풀보풀한 툭진 쑥과 볕바른 돌담 아래 여리며 성글고 길게 자라는 여린 쑥은 언제나 뜯고 싶었다.

가끔은 할머니께 남사스럽게 사내애가 무슨 쑥이냐는 꾸지람을 듣곤 했지만 그래도 한 주먹 뜯은 쑥을 본 할머니는 못내 흐뭇해하셨다.

쑥은 그 혹심한 추위를 이겨 내고 살아남았다는 안도감과 따사로운 햇살과 함께 온갖 먹거리가 풍부해지는 계절이 온다는 희망을 가져온다.

고향길은 고요하고 적적하다. 돌담 너머 인적 없는 고향집은 마당 한가득 뒤집어쓴 시멘트로 아직 겨울이다. 돌아서 나오는 길이 쓸쓸하다.

친구 집 찾아가는 "높은한질(고향 근처 도로 지명)" 근처 밭둑에는 그래도 봄볕이 푸르다. 하늘 그물은 그 어떤 곳도 그냥 버려두는 법이 없다.

마을 뒷산을 올랐다 내려오니 미세 먼지로 하늘은 흐릿하지만 남녘 바다에서 불어오는 훈훈한 바람 탓으로 봄이 완연하다.

멀리 민재봉이 올려다보이는 들판 가운데 논두렁에서 아낙은 쑥을 캔다. 들판은 아직 황톳빛을 지녔다.

하늘이 맑고 봄볕에 데워진 봄바람이 살랑거렸다면 피어오르는 아지랑이로 산과 들판은 어지럽게 물결치는 바다, 작은 호수가 되었을 것이다.
흐릿한 바람결 사이로 나이 든 아낙이 쑥을 뜯는다. 아니 아직 이른 봄이니 쑥을 캐는 것이 맞겠다. 참 오랜만에 아낙의 쑥 캐는 모습을 본다.

봄이 왔다고 느끼기에 쑥만 한 것이 있을까. 가난하고 배고팠던 시절, 굶주림의 겨울을 지내고 나면 산골 양지바른 곳에서 쑥 캐는 아이들로부터 봄이 왔다.
간혹 나이 든 아낙들도 쑥을 캐기 위해 대바구니나 소쿠리를 들고 집을 나서기도 했지만 논 갈고 밭 갈아 씨앗 한 톨이라도 넣기 바쁜 시기라 쑥 캐는 일 같지 않은 일은 온전히 나이 지긋하고 힘한 일 하기 힘든 할머니나 여자아이들 몫이었다.
검정 치마에 흰 저고리를 여며 입고 무명 수건을 쓰고 햇살을 가린 채 봄볕 따사로운 못둑이나 버덩에 옹기종기 모여 앉아 쑥을 캐는 모습은 가난하면서도 포근한 풍경이었다.

요즘은 쑥이 들어간 음식을 건강식이라며 돈과 길을 마다않고 어디든 찾아가 사서 먹는다. 쑥차는 물론이고 쑥이 든 떡이며 쑥국을 별미이자 고향의 입맛으로 느껴져 즐겨 찾는다.
하지만 정작 쑥떡이나 쑥국은 제대로 된 쑥 향기조차 느끼지 못할 정도로 겨우 쑥을 넣은 흉내만 낸 것이 대부분이다.
흉내만 낼 정도로 적게 넣은 쑥도 어디서 어떻게 기르고 캔 것인지 모르니 정작 먹기가 망설여진다.

도시 근교에는 쑥도 귀하다. 도심에 사는 사람들은 간혹 쑥 캐러 시골로 간다는 이야기를 종종 한다.

쉼 없이 차들이 오가는 대로 옆 산책길에도 쑥을 캐는 사람들이 보인다. 먹기 위해 캐는지 팔기 위해 캐는지 알 수는 없지만 어릴 때 보았던 낭만적이고 애틋한 풍경은 아니다. 조금은 궁상맞고 씁쓸한 풍경이다.

쑥을 캐다가 허리라도 아프면 드러누워 채 새싹도 오르지 않은 묵은 띠를 뽑아 입에 물고 오물거리며 하늘을 보던 기억이 난다.

아직 쑥이 크고 성할 시기가 아니긴 하지만 볕바른 봄이 한껏 햇살을 마시고 무르익으면 시골의 산야는 그야말로 쑥대밭이다. 봄이 오기 전 불에 탄 자리에 마치 다복솔처럼 올라온 움쑥은 모양만으로도 흥겹다.

사람은 물론이고 소나 염소가 그리도 좋아하던 쑥이었는데 시골에는 이제 쑥 소비자가 없어진 탓이다. 시골에 사는 사람들이 예전에 비해 턱없이 줄어들기도 했지만 먹을 것이 풍부해진 탓에 굳이 손 많이 가는 쑥을 캐고 음식으로 만들 이유가 없는 것일 수도 있다.

예전 어른들은 나른한 봄이 되면 겨우내 잃어버린 입맛을 씁쌀한 쑥 음식으로 찾았다. 언젠가부터 사람들이 도다리쑥국을 봄의 맛이라며 남녘 바닷가 마을로 순례를 떠나듯 찾아가 즐긴다.

물론 향긋한 봄 내음과 싱싱한 도다리의 바다 향기가 어우러진 음식이니 그 맛이야 기가 막힐 정도로 맛있다. 하지만 도다리와 봄 쑥을 비싸게 팔기 위한 업자들의 지나친 홍보가 아닐까 하는 생각에 영 개운치 않게 느껴질 때도 있다.

사실 쑥국은 쑥 본래의 맛을 느끼려면 간 맞추기 위한 된장만 넣고 끓여야 한다. 쑥을 한 움큼 푸짐하게 넣고 가마솥 넘치게 제대로 끓인 쑥국에는 진한 쑥 향에 여러 어우러진 맛이 난다.

허기진 맛, 가난한 맛, 쌉쌀한 맛, 된장 맛이며 솔잎이 타서 더해진 불맛에 구수한 할머니의 손맛까지 더해져야 한다. 설혹 그렇지 못하다면 심심한 멸치 국물에 된장을 푼 담백한 맛 정도로 충분하다.

어릴 때는 씁쓸하고 쌉쌀한 쑥국을 보면 도리질부터 했다. 아래채 아궁이 위 가마솥에서 끓고 있는 여물 냄새가 났다. 에이, 또 쑥국, 하면서 밥상머리에서 고개를 있는 대로 돌렸다.

옛 어른들은 참 쑥을 좋아했었다. 쑥떡에 쑥지짐, 쑥국은 물론이고 쌀가루나 밀가루를 입혀 찐 쑥버무리―지방에 따라서는 '쑥털털이'라고도 함―도 즐겼다. 당원이나 사카린을 적당히 넣어 만든 달달한 쑥버무리는 그런대로 먹을 만한 간식거리였다.

나른한 봄볕 탓에 영 입맛이 돌아오지 않는 어른들은 쑥을 찧어 즙을 낸 다음 아침 공복에 차처럼 마셨다. 쓰디쓴 쑥즙을 마시고도 단것으로 입가심을 하지 않았다.

쑥과 단것을 같이 먹으면 사람이 죽는다 했다. 진실 여부는 지금도 알지 못하지만 생쑥과 함께 단것을 먹으면 안 된다는 것을 지금도 믿는다.

쑥에다 연한 제피 잎을 섞어 밀가루 부침개를 만들어 먹으면 잘 어우러진 들과 산의 향기가 나서 세상 맛보기 어려운 향긋한 봄 음식이 된다.

친구 찾아 먼 길 갔다가 요행히 쑥 철이라 힘들게 캔 쑥 한 봉지를 얻어왔다. 남녘의 고향 땅은 못둑이며 논두렁에 지천으로 나는 쑥이지만 아직 철이 일러 잔털 부수수한 모양만 쑥이다. 그래도 지난해 쑥대궁이 불에 탄 자리에 난 움쑥이란다.

　그녀가 몸을 의지하고 있는 농막은 쑥을 캘 수 있는 곳과 멀거나 가직하다 정도가 아니라 주위가 온통 쑥밭이다. 사람들이 떠나고 묵정밭이 되면서 말 그대로 쑥대밭이 된 탓이다.

　쑥 캐는 일이야 따사로운 봄볕을 즐기면서 살랑거리는 봄바람도 맞으니 비록 허리나 무릎이 약간 불편하더라도 할 만한 일이라지만 캔 쑥을 다듬는 일은 여간 성가신 게 아니다.

　그렇게 어렵게 캐고 다듬은 쑥 한 봉지를 선뜻 내준다. 어떻게 해 먹는 것인지 몰라 가져가기가 마뜩잖다 하니 그냥 된장만 풀고 끓이면 된다며 막무가내다.

　딱한 표정으로 보고 있으려니 바다에서 직접 따다가 얼려 놓은 굴이라며 한 봉지를 더한다. 그래, 어쩔 수 없다. 마다한다고 생각을 접고 도로 집어넣을 친구가 아니다.

　어느새 봄날이 오고 고향 생각을 하면 쑥이 떠오르더니 친구가 캐 주는 쑥을 스스럼없이 받아 드는 나이가 되었다.

　그 씁쓰레하던 쑥 맛과 쌉쌀한 쑥 향기에 친구가 된 것이다. 단맛에 물리고 매여 살다 보니 어느덧 쓴맛에 더 정이 가는 나이다.

　집에 가는 길로 푸짐하게 끓인 굴쑥국을 마음껏 즐겨 보리라는 생각에 돌아오는 길 내내 마음이 흐뭇하다.

　허리가 굽어질 정도로 굽이굽이 넘어온 초동 친구들의 인생길 맛이 쑥국 한 그릇에 오롯이 담겨 있을지도 모르겠다. 고향 맛이 곧 쑥 맛일 터다.

4. 남녘에서 온 김치

김치는 세계 문화유산이자 우리 음식 문화의 자랑이다. 아무리 외식 문화와 배달 음식이 식탁을 어지럽혀도 김치만은 나름의 가풍과 주부의 자긍심으로 살아남을 것이라는 믿음을 가지고 있다.

김치의 역사는 유구하다. 문헌상으로 김치의 흔적이 남아 있는 것은 고려 시대부터다. 삼국시대는 물론 그 이전부터 김치가 있었을 것으로 추정하지만 삼국시대 이전의 문헌 자료가 남아 있지 않으니 참으로 애석한 일이다.

고려 중엽의 문인이자 명문장가인 이규보가 지은 〈가포육영(家圃六詠)〉이라는 시 속에 순무를 재료로 한 김치가 우리 문헌상 최초로 등장한다.

"무장아찌 여름철에 먹기 좋고 소금에 절인 순무 겨우내 반찬 되네."

이로써 고려 시대의 김치로는 무장아찌와 무소금절이가 있었음을 알 수 있다.

우리나라에서는 예전에 김치를 '지(漬)'라고 하였다. 이규보(李奎報)의 《동국이상국집(東國李相國集)》에서는 김치 담그기를 '염지(鹽漬)'라 하였는데, 이것은 '지'가 물에 담근다는 뜻을 가지고 있는 데서 유래된 것으로 보인다.

지금도 고향 마을 근처 사람들은 채소를 소금물에 담그는 것을 '찌 담근다'라고 하는 것으로 보아 김치의 고대 어인 지(漬)라는 말은 길고 긴 생명을 가진 민족 고유의 단어다.

예전에 김장을 하는 것은 한 해의 중요한 행사였다. 굵은소금에 절인 많은 양의 배추를 앞개울에서 손을 호호 불어 가며 씻고 물기를 뺐다. 커다란 다라에 준비된 양념과 김치 속은 매콤하면서도 향긋했다.

김장 김치를 담그는 방법은 가문의 전통이자 비밀스러운 규방문화라고 해도 과언이 아니었다. 무채는 기본이었지만 파나 갓, 배 등의 채소나 과일에 명태나 참조기, 가자미 등을 첨가한 김치 속은 그 자체로 예술에 가까웠다.

산골과 갯마을 문화가 뒤섞이고 해산물과 육류가 혼합되어 만드는 김치는 백이면 백 집마다 조금씩은 달랐다. 시가와 친정의 김치 맛이 달랐고 큰집과 작은집의 풍미도 똑같지 않았다.

가난한 살림살이 탓에 김치 담그는 데 필요한 양념이나 젓갈이 풍부하지 못했지만 할머니에서 할머니로 전해지는 가문 나름의 비법은 있었다. 어떤 집은 얼얼할 정도로 매웠고 또 어떤 집은 정갈하고 담백했다.

김장하는 날은 형제간 이웃 간 품앗이를 하고 간을 봐 주기도 하면서 맛보기로 몇 포기씩 양념 묻힌 김치를 손에 들려 보내긴 하지만 정작 겨울이 되어 익은 김치를 나누는 것은 조심스러웠다.

설혹 여유 있게 김치를 담근 집일지라도 오뉴월 모내기철까지 묵은 김치가 훌륭한 반찬이 되었고 식구 많은 집 김칫독은 겨울이 채 끝나기 전 얼토당토않게 비워졌다.

김칫독 하나 믿고 사는 대갓집 며느리는 손님이 드나들 때마다 줄어드는 김치 항아리를 보면서 안절부절못했다.

우리의 김치가 세계 문화유산으로 등재되면서 바야흐로 김치 춘추 전국 시대다. 마트에 가면 별의별 상표의 김치가 고객들의 눈길을 끈다. 갓 김치에 나박김치며 총각김치에 동치미까지 김치란 김치는 다 있다.

하지만 정작 몸에 인이 박힌 고향의 맛 김치는 없다. 김치라고 해서 다 같은 김치는 아니다.

물이 다르고 기후가 다르니 고향 김치란 애당초 있을 수 있는 김치가 아니건만 대형 마트에 가서 이 김치 저 김치를 들었다 놓으며 한 번 사 먹었던 맛을 다시 기억해 내어 보고 이건 아니지, 저것도 아니고, 하면서 발길을 돌린 게 여러 번이다.

심심찮게 수입 김치의 비위생 문제가 터지기도 하고 유명 김치 회사의 어처구니없는 엉터리 김치 기사가 언론을 장식하기도 한다.

김치는 우리 식탁에서 하루라도 빠지면 아쉬울 정도지만 대중에게 팔리는 것은 그에 못지않게 품질과 위생 면에서는 부족한 듯하여 안타깝다.

그럼에도 불구하고 김치를 담그는 수고와 노력이 워낙 커서 어쩌면 우리 세대에서 가정식 김치는 명을 다할 것 같다는 생각이 든다.

서양의 대표적 발효 음식인 치즈가 집집마다 다르고 유명 상표의 치즈가 세계인의 식탁을 지배하는 것처럼 우리의 김치가 세계인의 식탁에서 특별하고도 제대로 된 대접을 받기를 원한다면 세계 문화유산으로 등재된 것만으로 만족해서는 안 된다.

지자체 단위로 특성화 김치 연구소를 설치하고 국가 차원의 지속 가능한 김치 문화 정책 개발을 상상해 본다.

우리가 어렸던 시절, 그런대로 살던 집에는 김치가 너덧 가지는 있었다. 배추김치나 무김치는 기본이고 동치미에 나박김치 정도는 담가 먹었다.

대구아가미젓으로 담근 무섞박지는 지금 생각해도 담백하고 알싸했던 그 맛이 생각나 입에 침이 고인다.

맛깔스러운 김치는 그 집안의 유족함을 보여 주는 척도이기도 했다. 특별한 반찬이 없던 시골 겨울 살림에 김치는 생명줄과도 같았다.

어쩌면 김치는 친구와 같은 존재였는지도 모른다. 친구가 많다고 좋은 것은 아니다. 김치가 그렇듯 친구도 정말 마음을 나눌 수 있는 몇이면 족하다.

시골의 온 들판이 황금색으로 너울대는 어느 좋은 가을날, 아무런 말 없이 불쑥 찾아가도 빙긋 웃음 한 바구니 건네며 덥석 손잡는 친구 너덧은 있어야 한다.

문득 길 지나다 마주친 벗에게 가을걷이가 어느 정도 끝나면 옛날에 자주 가던 그곳에서 밥이나 한번 먹자며 말을 건네도 망설임 없이 그러지 뭐, 하며 화답하는 삶을 살아야 한다.

김치가 어울림의 음식이라 풍미가 제각각이듯 벗도 여럿 어울려야 진한 우정이 느껴지는 법이다.

떡 본 김에 제사 지낸다고 멀리서 온다는 친구를 만나러 가는 길에 지난가을에 부탁해 둔 김장 김치 한 통을 얻으러 간다.

여름을 지나면서 언제 가져갈 거냐 몇 번을 물었지만 그럴 경황이 못 되어 미루고 미루다 백일홍도 지고 황금 들판이 그림 같은 날 친구 집에 들렀다.

자그마한 농막 자갈 마당에는 방아꽃이며 코스모스가 파란 하늘 아래 멋지게 하늘거린다. 텃밭 고춧대는 이미 뽑히고 언제 심었는지 김장용 배추와 무가 제법 실하다.

어릴 적 물조리개를 들고 가을 가뭄에 지친 산 초입 남새밭에 물을 주러 가던 생각이 뇌리를 스친다. 산그늘 일찍 내리는 조그마한 그 밭에는 가끔 노루도 산토끼도 들러 어린 채소를 죄다 먹어 치우기도 했다.

신비로운 자색 방아꽃이 산을 따라 내려오는 자연의 냄새를 가로막고 피어 있다. 올봄 이곳을 들렀을 때 고사리와 함께 군데군데 무리 지어 참꽃이 피어 있었다.

계절이 가을로 접어들면서 자연의 꽃보다 사람이 심은 꽃이 더 많이 피었다. 고향의 자연을 즐기며 사는 친구의 넉넉한 마음이 그 꽃 속에서 향기롭게 피어난다.

냉장고가 없던 그 시절, 참꽃이 피기 시작할 즘이면 배고파 우는 며느리 새 귀촉도 운다. 솥 적다, 솥 적다 우는 소쩍새 울음소리 들으며 한 움큼 참꽃을 따 입에 넣던 어린 시절이 아련히 떠오른다.

소쩍새 울기 시작하면 겨우내 커다란 항아리에 담겨 있던 김장 김치는 흐물흐물 물러지면서 맛이 변했다.

군내 나는 배추김치 양념은 쌀뜨물에 씻어 소여물 만드는 데 사용하고 김치는 앞개울 흐르는 물에 우렸다가 다시 양념을 하여 나물처럼 먹거나 넓은 잎은 쌈으로 이용했다.

달빛이 흐르는 개울에 군내 나는 김치를 담가 우리는 날은 밤새 소쩍새가 피를 토하듯 구슬피 더 울었다. 대밭을 지나 돌담을 돌아들며 우는 소쩍새 울음은 오싹하도록 무섭기까지 했다.

소쩍새 울음소리에 섞여 간간이 들리는 고라니 울음소리로 잠을 깬 밤은 새벽까지 다시 잠을 이루기 쉽지 않았다.

고향의 맛, 뿌리의 맛을 느끼고 싶어 지난 김장철에 염치없게도 김치 부탁을 했었다. 젊어서는 구태여 고향 음식을 찾는다고 애면글면하지 않았다. 감각적이고 자극적인 도시의 맛에 길들여지면서 굳이 고향 맛이 아니라도 괜찮았다.

지금 생각해도 고향 그곳은 척박한 땅, 빈한한 산골 마을로 특별한 향토 음식이 있었던 것 같지는 않다. 바닷가 마을처럼 해산물이나 젓갈류가 풍부했던 것도 아니고 산 높고 골 깊어 채소조차 풍성하게 자라지 못했다.

우리 집 배추 같은 배추는 시장에서 눈을 부릅뜨고 찾으려 해도 찾아보기 어려울 정도로 속이 차지 못했고 무는 작고 뿌리 윗부분만 푸르뎅뎅했다. 마치 야생 무처럼 딱딱하고 알싸한 맛을 지녔었다.

그런 무와 배추로 담근 김장 김치지만 높은 산 올라 해 온 나무 한 짐 부려 놓고 밥과 함께 먹는 맛은 기찼다. 가뜩이나 허기진 상태에서 텅 빈 속에 집어넣으니 무엇이든 맛있게 느껴지지 않았을까.

한데 나이가 들어 가면서 자꾸만 고향의 맛이 그립다. 식구가 적으니 집에서 김장을 해도 별 맛이 나지 않고 온라인이나 마트에서 사서 먹는 김치는 영 아니다.

집에서 기른 배추와 양념으로 김장을 한다는 친구의 소식을 듣고 연락을 했더니 망설임 없이 그러겠다며 부탁을 들어주었다. 염치없는 일인 줄 알지만 어릴 적 고향 맛을 느끼고 싶은 욕심에 미안함은 쉽게 접는다.

그러고도 많은 시간이 지났다. 벼르고 벼르다 좋은 일로 고향을 찾는 국민 훈장 받는 친구 덕분에 임도 보고 뽕도 따는 기분으로 고향길을 밟았다. 가을 들판은 풍요로웠고 청명한 하늘에서 쏟아져 내리는 햇살은 눈부셨다.

스티로폼 한 통 가득 넘겨주는 김치를 받으려니 조금은 미안하고 한편으론 고마웠다. 갑자기 옛 시골집 장독대의 김치 항아리를 통째로 받는 기분이다.

벗이 건네준 김치 한 통은 단순히 배추와 양념 적당히 어우러진 그렇고 그런 음식이 아니다. 김치 한 통에는 바람과 별과 하늘 그리고 끝 간 데 없는 수고가 담겼다. 사람들 성근 바닷가의 짭조름한 맛도 같이 섞여 흙 냄새, 바다 내음이 어우러졌다.

고향의 옛 맛을 지키고 사는 벗이 준 김치 한 통은 오래도록 기억에 남을 것이다. 살아갈수록 관심과 나눔이 있는 삶이 곧 행복임을 느낀다.
오랜만에 우리 집 냉장고가 풍성해졌다.

5. 달래 예찬

　봄이 오기 전 계절 변화에 따른 전조(前兆)가 있다. 땅은 목말라하고 발가벗은 나무들과 뿌리만 남은 풀들은 가쁜 숨을 몰아쉰다.
　해토되기를 기다리는 만물은 일각이 여삼추로 동살을 기다린다. 세상이 봄을 타는 것이다. 봄은 생명이기 때문이다.
　어른들은 예전에 사람도 봄을 탄다고 했다. 봄을 타면 얼굴색이 핼쑥하면서도 거무튀튀하게 변하고 온몸은 깡말라 보였다.
　지금 와서 생각해 보면 사람이 봄을 타는 것은 먹거리가 부족한 데서 온 영양실조가 아니었나 싶다. 가난한 집 아이들은 거친 손등과 마른버짐으로 심하게 봄을 탔다.
　그즈음 봄볕은 나른했고 신작로를 따라 피어오르는 아지랑이는 먼 바다 물결처럼 아른거렸다.
　별 먹을 것 없는 끼니에 도리질을 했고 그나마 목 넘는 음식들마저 허기를 면하게 하지 못했다. 아이들은 참 봄을 많이 탔다.

　타는 봄을 잡는 것은 봄나물만 한 것이 없다. 비타민이니 무기질이니 하면서 굳이 인체에 필요한 영양분을 들먹이지 않더라도 따사로운 봄 햇살이 만들어 낸 자연의 선물이 겨우내 움츠린 몸에 얼마나 이로울 것인가는 불문가지(不問可知)다.
　여자아이가 있는 집은 봄을 덜 탔다. 우리 집은 부지런한 작은누나 덕에 밭 나물이라는 이름의 봄나물이 가끔 밥상에 올랐다. 봄이라 더 귀한 참기름 방울이 들어간 봄나물은 혀에 부드럽고 그날 끼니는 행복했었다.

알지도 못하면서 부지깽이나물이나 광대나물에 쑥부쟁이나물을 그냥 밭 나물이라 불렀다. 봄을 타고 있는 아이 입맛에 싱싱하고 상큼한 밭 나물, 봄나물은 약초이기도 했고 생명의 나물이기도 했다.

고추장을 듬뿍 넣고 비벼 먹는 봄나물비빔밥은 지금까지도 기억 속 영혼의 음식이다. 봄은 나물과 함께 왔다고 해도 과언이 아니다.

그중에서도 최고의 봄나물 재료는 달래다. 달래는 먹는 재미도 좋지만 캐는 재미도 나쁘지 않다. 달래가 몇 년을 사는지 모르지만 알뿌리가 유난히 큰 것 곁에는 실뿌리처럼 작은 달래가 무더기 지어 자란다.

어린 여자아이 머리를 땋기 위해 움켜잡듯 무리 달래 포기를 한꺼번에 잡고 호미로 뿌리 부분을 달래듯 살살 파면 달래 향이 물씬 풍기면서 단번에 많은 양을 캘 수 있다.

달래는 물 빠짐이 좋은 경사진 사토질의 밭둑이나 논두렁을 좋아한다. 한삼이나 사위질빵 같은 덩굴식물의 마른 넝쿨이 찬 바람을 막아 주는 볕 바른 곳에 무리 지어 돋아나는 달래는 봄의 전령사다.

긴 뿌리 끝에 매달린 알뿌리는 아주 작지만 단단한 양파를 닮았다. 둥글게 자신을 말고 동면을 취하며 자신만의 향기를 만든다. 달래는 우리 서민들의 가난한 일상은 물론 고난과 인내를 닮아 있다.

어릴 때 즐겨 부르던 〈봄맞이 가자〉 동요 가사에서 너도나도 바구니 옆에 끼고 나물 캐러 가는데 냉이나 씀바귀보다 달래가 먼저 나오는 것은 그럴 만한 이유가 있다. 알싸하고 상큼한 달래 맛이 곧 봄맛이기 때문이다.

누렇게 말라 버린 풀이나 부스러지는 덩굴을 헤집고 뭉텅뭉텅 솟아 봄을 맞이하려는 달래 캐는 일은 참 재미났었다.

　푸른 봄빛이 스멀스멀 땅을 헤집는 양지쪽에 앉아 살랑거리는 바람과 함께 봄 햇살을 쬐는 것도 나쁘지 않았다. 감나무 아래 마치 다복솔같이 돋아난 달래 무리를 만나면 횡재했다는 기분조차 든다.

　달래 오른 식탁은 봄의 식탁이다. 달래를 넣은 된장국은 그 자체가 바로 봄이다. 달래를 잔뜩 썰어 넣은 달래장 한 숟갈로 쓱쓱 비빈 쌀밥 한 그릇이면 봄볕에 타서 잃어버린 입맛을 되찾기에 충분하다. 달래전에 달래장아찌는 생각만으로도 행복하다.

　마른 풀과 나무뿌리에 아무렇게나 섞어 캐 온 달래를 다듬으며
　"야, 이 이누마야, 좀 칼클커로(깨끗하게) 캐지. 아무리 손아라고 이기 뭐꼬? 거부지(검부저기)가 달룽개가?"
　하며 눈웃음 짓던 할머니 생각이 난다.

　오늘은 고향의 봄맛 달래 맛을 느끼러 벗 찾아 길을 떠난다.
　공해와 미세 먼지로 자연의 냄새를 잊어버린 지 오래다. 게다가 코로나 탓에 마스크를 쓰고 몇 년을 살다 보니 냄새 맡는 기능마저 퇴화된 것이 아닌가 싶다.
　도시의 봄 냄새는 그 냄새가 그 냄새다. 고향의 봄 냄새는 색다르다. 나고 자란 고향에 도착하자마자 만났던 지인에게 맨 처음 던진 질문이 "이곳에서는 마스크 벗어도 되지요?"였다.
　몇 년간을 마스크로 얼굴을 가리고 산 탓에 마스크 쓰는 것이 어느 정도 적응이 되었겠지 했지만 웬걸 전혀 아니었다. 고향마을 근처에 가기도 전에 안달과 갑갑증이 몰려왔다.
　마스크를 내동댕이치듯 벗어던지고 심호흡을 한다. 알싸한 듯 씁쌀한

듯 콧속으로 고향의 흙 내음 바람 내음이 훅 밀려든다. 그냥 맨 얼굴로 맡을 수 있는 이런 신선하고 싱싱한 고향 내음에 얼마나 목말라했던가.

　고향의 벗과 함께 오른 벗의 마을 뒷산은 나른한 봄볕에 젖어 몽환적인 풍경을 만들고 있었다.
　앞으로는 와룡산 민재봉이 다가서고 멀리 서쪽으로는 고성의 무이산, 가까운 북쪽으론 흥무산과 나부산이 봄 아지랑이처럼 흐릿하다.
　봄 가뭄이 심한 탓인지 산길은 푸석푸석하다. 누렇게 말라 버린 억새와 수크령, 썩지 않고 쌓여 길을 덮은 낙엽들로 산길은 몹시 미끄럽다.
　오랜 가뭄의 목마름을 견디며 풀과 나무들은 이른 봄을 붙들고 새로운 생명을 틔우기 시작한다. 아무도 보아 주지 않는 춘란은 은은한 향과 함께 그새 앙증맞은 꽃망울을 터트렸다.
　노란 생강나무꽃도 봄의 빛깔로 상큼하다. 자연은 아무리 어려운 상황에 부닥쳐도 꿋꿋이 견디며 계절의 변화에 따른 할 바를 묵묵히 해낸다.

　산에서 내려오는 길목, 마을 묵정밭 둔덕에 달래가 무더기무더기 봄 그림을 그리고 있다.
　마른 덩굴을 걷으며 자갈땅을 헤집고 달래를 캔다. 경사진 둔덕에는 도꼬마리에 억새며 사위질빵 마른 넝쿨이 바짓가랑일 잡고 늘어진다.
　달래 뿌리가 굵다. 달래라는 이름이 붙은 것은 알뿌리가 달랑달랑 매달린 모습 때문일 것이라는 일반적 유래가 그럴싸하다.
　마을 사람들이 불렀던 달롱개니, 달룽개니 하는 말이 새삼 이해가 된다. 우리나라의 전통 음식이나 식재료를 연구하는 학자들이 단군 신화 속 마늘이 달래였으리라 추정하는데 그러고 보면 알싸한 봄나물 달래를 즐긴

역사는 아주 오래인 듯하다.

　너나없이 옷이랄 것도 없는 나무껍질로 삼동설한(三冬雪寒)을 이겨 내느라 힘들고 지쳤을 때 기운을 북돋우는 상큼하면서도 맵싸한 향의 달래를 만나면 선인(先人)들이라고 어찌 아니 반가웠을까.

　아쉽지만 한 움큼 캐고 이곳저곳 달래 무리에 눈길만 주고 돌아선다.

　집으로 돌아온 고향의 벗 손 큰 아낙은 듬성듬성 썬 시금치에 달래를 곁들여 전을 부친다. 달착지근한 시금치에 알싸한 달래가 섞인 달래전은 환상적인 맛이다.

　더 이상 무슨 말이 필요할까. 굳이 맛을 품평할 시간도 여유도 없다. 젓가락질에만 여념이 없다. 고향의 맛, 고향의 봄은 바로 달래 맛이다. 더하여 달래겉절이에 돼지고기 수육을 함께 먹으니 그런 입 호강이 없다.

　계절에 상관없이 온실에서 대량으로 재배되어 마트에서 팔리고 있는 맛도 향기도 잃은 달래와 비교할 바가 아니다.

　계절의 변화를 혹독하게 맞으며 험한 시간을 겪어 내야 자연이 만들어 주는 맛을 가지게 된다. 사람도 마찬가지다. 고통의 시간을 인내하고 이겨 낸 사람만이 향기로운 인간의 냄새를 지닌다.

　봄 달래 맛을 통해 오랜만에 제대로 고향의 맛을 느낀다. 오늘 달룽개가 가져다준 어릴 적 고향 맛은 오래도록 몸속에 남아 나이를 먹으면서 다가올 아픈 시간을 이겨 내는 훌륭한 치유제가 될 것이다.

　고향이 그렇듯이.

6. 꽃대궐

　벚꽃이 화려하게 핀 날 문득 고향으로 발걸음을 했다. 덕유산을 지나기 전까지 차를 운전하며 가는 길가 산들은 아직 봄이 제대로 오지 않았다. 높은 산 봄은 바람으로 오고 있으련만 보이는 것은 봄의 색깔이 아니다.
　산꼭대기에서 8부 능선까지는 대부분 잿빛 나목들 그대로다. 왕성한 생명이 거대한 죽음을 감싸고 있는 느낌이다. 동살이 서서히 퍼지지만 헐벗은 나무들은 아직 빛을 받아들이지 못한다.
　자연에서는 소멸로부터 다시 돌아오는 삶이 시간 흐름에 따라 아주 느리게 발자국을 옮겨 딛는다. 계절 변화가 해마다 일정하지 않은 것은 사실이겠지만 그렇다고 자연 자체가 주기적인 순환과 복원력을 잃어 가고 있다고 생각하고 싶지는 않다.
　어쩌면 지구는 인간이 생각하는 것보다 훨씬 정교하면서도 거대한 자생력을 가졌을지도 모른다. 자연의 순환 주기와 인간의 생애 주기는 다른 듯 닮아 있다. 소멸과 재생의 윤회는 어쩌면 삼라만상의 법칙일 것이다.
　높은 산은 겨울과 봄이 서로 밀고 당기기를 하고 있는 듯하나 고속도로 옆 길가 벚나무들은 풍성하고 화려하게 꽃망울을 터트리며 멋진 꽃 그림을 만들고 있다.
　드디어 멀리 지리산 천왕봉이 보인다. 읍내로 들어가기 위해 고속 도로 출입로를 벗어나자마자 산과 들이 온통 꽃대궐이다.
　길가의 벚꽃에 밭둑의 매화, 담장이나 울타리 근처에서 큰 키를 자랑하며 눈이 부시도록 하얀 꽃을 매달고 있는 목련화까지 흡사 꽃 잔치에 빠지면 다시는 못 필 것처럼 형형색색 봉우리를 터트렸다.

창문을 연다. 아직은 이른 봄, 차가운 바람이 훅 밀려들어 온다. 푸른 보리밭을 간질이던 흙냄새와 바람 냄새도 차 안의 공기를 일시에 바꾼다. 먼 길을 달려온 피로가 차창 밖으로 조금 밀려 나간다.

지금쯤의 산만큼 멋진 풍경은 없다. 유려한 수채화 같은 풍광을 가능한 많이 오래도록 보고 기억하기 위해 되도록 차를 천천히 몰아 본다. 다행히 길을 재촉하는 다른 차는 없다.

낯익은 고향 산에는 꽃들이 만발했다. 꽃들도 피는 데 순서가 있었다. 올해는 조금 다르다. 예전처럼 매화가 제일 먼저 피고 뒤이어 복숭아꽃과 앵두꽃이 핀 뒤 벚꽃이 봄의 대미를 화려하게 장식하듯 피는 것이 아니었다.

이곳 고향의 온 산이 동시에 피어오른 꽃으로 꽃 천지다. 산들은 그림처럼 뭉실뭉실 피어오른 꽃구름 꽃 이불로 덮여 아늑하면서도 나른하게 다가온다.

남녘 산이라고 모든 산이 그런 것은 아니다. 아침부터 한낮까지 맞춤하게 봄 햇살이 넉넉한 산골짝만 만개한 꽃으로 더없이 화려하다.

특이하게도 올봄은 한꺼번에 여러 봄꽃이 동시에 핀다며 지구 환경 변화로 인한 재앙이라고 여러 언론에서 걱정스러운 논조의 기사를 보았었다.

이번 고향 걸음에서 본 꽃대궐의 산들은 정말 온갖 꽃들이 한꺼번에 꽃망울을 터트린 듯했다. 산과 마을의 경계에는 노란 개나리가 별 무리처럼 피었고 산 초입 양지에는 붉디붉은 진달래가 한창이다.

어른 키 남짓 길이의 생강나무나 산수유나무는 작고 앙증맞은 노란 떨기 꽃을 수없이 매달며 봄 향기를 만들고 파스텔 물감을 흩뿌린 듯 몽환적인 산 벚꽃은 마침내 꽃대궐 꽃 담장을 완성한다.

산 복숭아꽃은 그중에서도 최고의 봄꽃이다. 만개한 꽃은 화려함을 넘어 요염하기까지 하다. 몇십 년을 살았을 듯한 산 복숭아꽃 앞에서 그 신비로운 색깔과 모양 앞에서 달리 표현할 길이 없어 넋을 놓는다.

 고향 마을에 주차를 하고 잠시 산길을 걸어 본다. 어릴 적 봄날 한적하게 뭉게구름 피어오르고 까닭 없이 심심해지면 꿈처럼 걷던 그 길이다.
 며칠 전 비 온다는 소식이 들리더니 마을 앞을 흐르는 개울에는 제법 물빛이 맑다. 옆집에 사는 여름골 아주머니는 봄비를 맞으며 딴 젖은 표고버섯을 칼로 썰어 봄볕에 말리느라 바쁘다.
 잘 살고 계시냐며 인사를 하니
 "왔소? 별일 없지요."
 하면서 어제라도 본 듯 안부를 묻는다. 하기야 어디서 무엇을 하며 지내다가 고향 걸음을 했는지 알 턱이 없으니 인사조차 심상하게 할 것이다.
 졸졸거리며 흐르는 개울을 건너 봄볕이 내려앉은 대밭까지 천천히 걸어 본다. 올해처럼 가뭄이 심한 적이 없다고 하지만 인적이 별로 없는 산속 오솔길에도 여느 해 못지않게 신비로운 색깔의 현호색에 노란 짚신나물꽃이며 산괴불주머니, 제비꽃에 봄까치꽃까지 꽃이란 꽃은 죄다 봄맞이를 하는 모양이다.
 이즈음 산속 오솔길을 걷는 것은 조심스럽다. 추운 겨울을 이겨 내고 환호작약하듯 따스한 봄볕을 맞으며 마침내 새로운 생명을 만들기 시작하는 것들을 짓밟지나 않을까 저어되기 때문이다. 어린 생명은 어느 것 없이 아름답고 신기하면서도 소중하다.
 이 화려한 봄날에 알지 못하고 찾지 못해 놓치고 가는 꽃들은 또 얼마나 많을까. 젊은 날에는 봄이 와도 제대로 꽃을 보지 못했다.
 돌담 근처 마당가에 핀 꽃다지나 민들레, 텃밭에 피던 장다리꽃이 앞다

투어 피었건만 눈길을 주었던 기억은 별로 없다. 계절의 변화에 따라 지나가는 바람처럼 무심히 피고 졌다.

　오직 배고파 따 먹던 참꽃만이 최고의 꽃이었다. 허기진 배를 채운다고 손길 닿는 대로 뽑아 먹던 무덤가 삘기도 분명 꽃이건만 꽃이라 생각해 본 적은 없었다.

　언제나 봄볕 아래 흙먼지 신작로는 아득한 물결처럼 아지랑이 흔들리며 피어올랐다. 그 길을 따라 여러 날을 나른하게 걷다 보면 초등학교 교문 옆 늙은 벚나무에서는 활짝 피었던 벚꽃이 나비가 되고 꽃비가 되어 하늘거리며 흩날렸다.

　부슬부슬 봄비라도 촉촉이 내리면 한꺼번에 벚꽃은 다 떨어지고 온 땅을 덮으며 무성해지는 풀들과 함께 봄은 삽시간에 물러났다.

　지나가는 길의 초등학교는 지난번 보았을 때와 달리 대중없이 우거진 마른 풀들이 깨끗이 베어지고 깔끔히 정리되어 있다.

　코로나가 어느 정도 잦아들면서 폐교된 교정에서 동문회가 열린다고 하니 이곳을 책임지고 있는 기관에서 관리 흉내를 낸 모양이다.

　나이 든 양주가 등을 기대고 사는 곳에 드디어 도착이다. 나지막한 산 아래 대밭은 푸른 봄 햇살이 번쩍인다.

　친구네 농막 가는 길 근처 솔지뻔덕에는 나이깨나 먹은 듯한 아낙이 화려한 봄옷을 입고 막 캐어 온 쑥을 다듬는지 바구니 안을 더듬는 손이 바쁘다.

　깡마르고 키가 큰 노인이 차가 지나가는 것은 아랑곳하지 않고 느릿느릿 마을 앞길을 갈지자로 걸으며 연신 기침을 해 댄다. 길 가운데서 차를 멈춘다.

어디선가 개 짖는 소리 들리고 수탉 우는 소리가 한가하다. 오래전 지어진 것 같은 야트막한 언덕배기 위 교회 십자가는 약간 생뚱맞은 느낌이다.

한때는 이 마을에 살던 꽤 많은 사람들이 저 작은 하느님의 성소에 들러 기도를 올리고 위로도 받았을 것이다. 양지바른 마을이라 온통 꽃 마당이다.

친구네 터전에 도착하니 벗의 감탄이 새삼스럽다.

"저거 봐라. 우리 동네도 벚꽃이 다 피었다, 야."

그렇게 꿈에도 잊지 못하는 꽃대궐 고향을 바람처럼 다녀왔다. 어쩌면 끝을 향해 가고 있는 지금이 가장 중요하고 가치 있는 삶의 시기인지 모른다. 망설이며 낭비할 시간이 없다. 이제는 그립고 보고픈 것을 위해서는 먼 길을 마다하지 않아야 한다. 돌아오는 길 내내 벗들이 건네준 청계란, 시금치며 갓 캔 어린 머위 봉지로 가슴이 먹먹했다.

꽃대궐에 우정 담장이 멋지게 쳐진 곳을 단숨에 다녀왔으니 피곤하긴 하지만 한동안 고향 속앓이에서 놓여날 것 같다.

나이가 들면 고향은 병이자 약이다.

7. 봄 손님과 주인

　어릴 때부터 잠은 가려 자도 음식은 가려 먹으면 안 된다는 이야기를 귀에 못이 박히도록 들으면서 자랐다.
　먹거리 귀한 가난한 시골 마을 생활에서 먹지 못할 음식이 있을 리 만무했다. 도시 생활을 하면서 익숙하지 않아 먹기 쉽지 않은 음식은 있었지만 일부러 피하는 음식은 별로 없다.
　며칠 전 국민 훈장을 받는 친구 덕분에 고향 근처 읍내 식당에서 축하 모임이 있었다. 돼지갈비구이에 이런저런 반찬이 올라와 그럴듯하게 한 상 차려졌다.
　그중 유독 눈길이 가는 음식이 있었다. 마침 옆 좌석에 앉았던 사촌 동생이 음식이 담긴 접시를 얼핏 보더니 낮지만 단호한 목소리로 말을 건넸다.
　"세이야(형아), 안 있나 그쟈. 내는 절대로 저거는 안 묵는다. 지금도 냄새도 맡기 싫다. 아이고, 생각만 해도."
　하면서 눈을 동그랗게 뜨고 진저리를 친다.
　"내도 마찬가지다. 차마 여기서는 어쩔 수 없어 보고 있지만 다른 식당에 갔을 때는 무조건 치우라 쿤다. 냄새만 맡아도 토할 것 같은 기분이 들어서."
　라고 맞장구를 쳤다.

　매년 봄마다 우리 집에는 부지런히 먹기만 하다가 하얀 집을 남기고 떠나는 손님이 찾아왔다.

가을에도 그 손님은 찾아왔지만 농사일 바쁜 철에 찾아온 손님이라 아무래도 봄 손님만큼 대접을 받지 못했다. 더구나 오디가 열리지 않는 가을에 기르던 누에는 어릴 적 추억이 거의 없다.

강남에서 제비도 날아들고—사실 그때는 제비가 강남에서 온다는 것을 믿을 수가 없었다. 강의 남쪽이면 삼천포였는데 일곱 살 어느 날 삼천포에 가 보았지만 그곳이 특별히 제비가 모여 살 만한 곳이라는 생각은 들지 않았다— 밭둑 찔레 향이 그윽해지기 시작하면 그 봄 손님들은 두꺼운 종이에 붙은 채 조심스러운 누나의 손에 들려서 왔다.

지난해 가을 감 잎사귀 뒷면에서 얼핏 본 들깨보다 작은 나비 알들이 가득 붙은 종이는 학교 앞 윤상 아재 가게에서 파는 사포(砂布) 같았다.

이장으로부터 누에씨가 온다는 마을 방송이 나오고 사발통문이 돌면서 봄 손님이 집집마다 배분된다는 소식이 들리면 온 집안은 한바탕 북새통이 벌어졌다.

작년 여름에 쓰다가 벽 장롱 옆에 걸어 둔 석유 냄새 폴폴 나는 모기약—소주병 같은 모양에 기역 자로 된 입으로 부는 가느다란 쇠 펌프 장치가 꽂혀 있었다—을 치우는 것은 당연하고 석유 등잔이나 옷장 속 좀약도 샅샅이 뒤져 안방으로 옮겼다.

온 방을 치우고 어느 정도 누에 손님을 맞을 준비가 끝나면 작은누나는 할아버지 나들이 갓같이 생긴 화로에 잿불과 마른풀로 연기를 피워서 누에 키울 방을 소독했다.

당시 누에를 기르는 일만큼 정성과 세심함이 필요한 일은 없었던 듯하다.

누에알이 부화하기에 적당한 온도를 맞추느라 아궁이에 불을 때는 것도 몹시 신경을 썼고 눈에 보이지도 않을 정도의 검은 털로 뒤덮인 개미누에가 꼬물거리기 시작하면 또다시 야단법석이 벌어졌다.

혹 고양이나 아이들이 들락거릴까 거의 보초를 서듯이 하면서 누에를 위한 방을 꾸몄다. 방문 단속도 철저했다.

잘못하여 파리가 날아들어 누에에게 알을 낳으면 그 누에는 속절없이 다 자라기도 전에 누렇게 짓물러지며 죽음을 맞았다.

누에 방을 만드는 일은 남자들의 몫이었다. 양쪽 벽면에 사다리를 고정시키고 네댓 층 정도의 간짓대를 가로로 설치한 다음 대나무를 쪼개 만든 채반—어른들은 이를 '잠반'이라 불렀다—을 얹어 누에가 살 건물을 지었다.

어린누에가 제법 어른 손가락 한 마디만큼 자라기 전까지 아이들은 얼씬거리지도 못하게 단속을 했었다.

누에가 오면 방이 사라진다. 누에알이 집으로 오는 날 작은방만 빼앗겼다가 누에가 점점 자라면서 가운데 방, 아래채 작은방, 큰방 순으로 점점 방이 줄어들었다.

그러다가 잘 곳이 없어지면 이웃집으로 자러 가기도 하고 그것도 여의치 않으면 누에와 같이 잠을 자야 했다.

해마다 힘겨운 보릿고개를 넘어야 했던 당시 고향 마을 사람들은 살아남기 위한 생계 수단을 찾는 데 진심이었다.

초여름에 접어들면서 해는 길어지고 노동력은 넘쳐 나지만 돈벌이가 되는 일은 별로 없었다. 한 달 남짓한 시간에 가용에 보탤 만큼 쏠쏠하게 돈을 벌어 주는 일거리는 어쩌면 양잠이 유일했을 것이다.

누에 식량인 뽕잎 공급 가능한 양이 기르는 양의 기준이 되어야 했지만 다들 누에를 많이 키우려는 욕심에 앞뒤 없이 많은 누에씨를 주문하여 낭패를 보는 이들도 적잖이 있었다.

그러다 보니 양잠 사업소에서 누에고치 등급을 낮게 받은 집은 다음 누에알 공급 시 양을 줄이는 불이익을 주기도 했다.

누에를 기르는 일은 여자들의 몫이었고 여자아이들이 많은 집은 상대적으로 많은 양의 누에를 길렀다.

뽕나무를 식재할 밭이 충분하거나 빈집을 빌려 잠실로 활용할 수 있던 집은 대규모로 양잠업을 했다. 요즘 알바를 쓰던 것처럼 일정 기간 사람을 채용하여 누에를 기르는 사람도 있었다.

누에가 점점 자라면서 잘 방이 없어지면 어쩔 수 없이 누에와 불편한 동거가 시작된다. 찬 공기가 들어가면 안 된다며 꼭꼭 닫아 둔 누에 치는 방에는 특유의 냄새가 났다. 뽕잎만을 먹고사는 누에지만 누에가 매일같이 쏟아 내는 배설물에는 비릿한 풀 냄새가 풍겼다.

누에에게 뽕잎을 주는 시간은 따로 정해진 것이 없었다. 한곳에 가만있지 못하고 머리를 흔들면서 이곳저곳으로 옮겨 다니기 시작하면 배가 고파서 하는 짓이라며 한밤중에도 뽕잎을 주었다.

석유 냄새 나면 큰일 난다고 등잔불마저 켜지 못하게 하는 잠실용 방은 무서웠다. 왜 그 시기에는 달빛마저 찾아오지 않았는지 지금 생각해도 모를 일이다.

뽕잎을 갉아먹는 소리도 유난했다. 어린누에는 처음에는 바스락대는 정도였다가 점점 자라면서 사각거리는 소리를 내며 먹지만 다섯 잠을 다 자고 곧 섶에 올라 고치를 만들 시기가 가까워지면 창밖에 소나기라도 내리는 것처럼 요란스러웠다.

　욕심내어 능력 이상으로 누에를 치는 일은 정말 힘든 일이다. 어른 손가락만큼 자란 누에는 아무리 뽕잎을 가져다주어도 한정이 없었다.
　뽕나무 가지째 채반을 완전히 덮을 정도로 뽕잎을 켜켜이 쌓아 두어도 사각사각 소리를 내며 순식간에 갉아먹고는 금방 하얗고 커다란 누에만 드러낸다.
　뽕잎이 모자라면 십 리 길을 멀다 않고 지게며 리어카에 남는 집 뽕잎을 구하러 다녔고 심지어 한밤중에 몰래 남의 집 뽕을 훔치는 일도 간혹 벌어졌다.
　왜 아니 그러겠는가. 살아 있는 목숨이 먹이가 충분하지 않아 굶주림으로 죽어 가는 것을 보는 누에치기의 심정을 생각해 보면.
　모자라는 뽕잎을 구하다 구하다 도저히 구할 수가 없으면 산뽕이라고도 불렀던 꾸지뽕을 구해다 먹였다. 배가 충분히 부르지 않고 양이 차지 않은 누에는 다섯 잠을 자고도 머리만 이리저리 휘젓다 섶에 오르지 않고 죽어 갔다.
　지금 와서 보면 뽕잎과 다르지만 누에에게 별 해가 없는 꾸지뽕이라도 배부르게 먹여 고치를 짓도록 하려는 애달픈 마음이 아니었나 하는 생각이 든다.

　누에의 마지막 길은 순백의 단아함과 칙칙한 냄새의 죽음으로 극명하게 나누어진다. 적당한 온도와 습도, 충분한 뽕잎을 먹은 누에는 다섯 잠을 자고 난 후 일주일이 지나면 섶에 올라 허리가 잘록한 멋진 하얀 집을 짓고 다음 생을 준비한다.

반면에 제대로 자라지 못한 누에는 하릴없이 채반 위를 기어 다니다가 거뭇하고 고약한 냄새의 진물을 남기고 죽음을 맞는다. 사람이나 자연이나 한 평생을 제대로 살아야 끝이 아름다움은 마찬가지다.

어른들은 고치를 짓지 못하고 죽어 가는 누에 냄새를 영장 냄새라 했다. 어릴 적 누에의 죽음을 보고 자라 그런지 지금도 누에 번데기만 보면 피한다.

단백질 덩어리에 달걀만큼이나 완전한 건강식품이라는데도 마트나 재래시장에서 파는 것이나 식당에서 내놓는 번데기에 전혀 눈길이 가지 않는다.

잠실용 나무 사다리도 채반도 기억 속에서 사라졌다. 이제 고향 마을에는 누에를 치는 사람도 칠 사람도 없다. 그 많던 뽕밭도 사라지고 뽕나무 흔적조차 찾기 어렵다. 말 그대로 상전벽해(桑田碧海)다.

벗들의 모임 자리에서 우연히 번데기 담긴 그릇을 보며 옛 생각에 젖어 한참을 고향의 잠실과 뽕밭 근처를 헤맸다. 자리를 같이한 친구들도 너나 할 것 없이 누에치기에 대한 추억이 있을 것이다.

세계적 기업을 일으켜 이번에 동백장을 수상한 친구의 부친은 당시 마을에서 양잠업을 크게 하셨던 것으로 기억된다. 그에게는 부친으로부터 물려받은 훌륭한 사업가적 유전자가 있음이 틀림없다.

문득 누에가 손님이 되어 방을 빼앗던 추억이 아련하다. 그때는 누에가 주인이었다.

8. 매실차

아파트에서 바라보는 산책길 벚꽃이 지고 있다. 10여 리를 넘는 산책길 벚나무 중 구시가지 근처 개울둑에는 수십 년은 된 듯한 고목도 있지만 아파트 근처는 20여 년 전 이곳으로 이사 올 때쯤 식재된 젊은 나무가 대부분이다.

벚꽃은 자세히 보면 수령에 따라 꽃의 색깔과 화려함이 조금은 다름을 알게 된다. 젊은 나무는 듬성듬성 꽃이 달리나 그 크기가 크고 빛깔도 선명하다. 시간에 눌러지지 않은 청춘 목은 씩씩하나 고뇌의 자국은 없다.
반면 늙은 나무들은 하나같이 크고 작은 옹두라지를 지니고 있다. 옹두라지는 인내로 버텨 낸 시간의 상흔일 터다. 계절 변화에 다소 민감해 보이긴 하나 촘촘히 꽃이 달리고 색깔은 옅지만 모양새가 훨씬 맵시롭다.
나무도 연륜이 쌓이면 세월의 더께가 단순한 겉가량의 변화만 만드는 것이 아니라 주위와 어우러져 포실한 분위기를 자아내게 한다. 인간의 눈에는 예술 작품으로 보이는 나무가 되는 것이다.
나뭇가지마다 세월의 무게가 얹히면서 어떤 꽃을 피우고 또 열매를 달아야 하는지를 아는 것 같아 오묘하고 신비롭게 느껴진다.

한동안 대지가 목이 타 힘들었다. 어젯밤에 강한 바람과 함께 봄비가 제법 많이 내린다 싶더니 하룻밤 사이에 그 화려했던 꽃대궐이 가뭇없이 사라졌다.
오랜 가뭄 끝에 내린 단비로 산야는 생기를 찾고 봄 가뭄에 타들어 가던 농작물이 해갈되면서 전국을 공포로 몰아넣던 산불 발생도 줄어들겠지만 단 며칠을 피었다가 속절없이 시드는 벚꽃으로 마음이 애달프다.

저 꽃들이 흔적 없이 지고 나면 그예 짧았던 봄도 곧장 여름에게 자리를 양보할 것이다. 쫓기고 밀어내는 것이 아니라 스스로 머물러야 할 시간을 아는 것이 자연이다.

봄비 내린 다음 날 아침, 비 온 뒤 아직 공기 속을 떠도는 작은 물방울들이 유리창에 방울방울 맺혔다.

엷은 안개와 물방울로 뒤덮인 창문이 만드는 풍경은 봄날 같지 않게 약간 우울하고 쓸쓸하다.

아, 그렇다. 흐릿한 창문으로 스며드는 꽃 떨어진 벚나무 그림이 마음을 더욱 울적하게 하는구나, 하는 생각이 든다. 얼마나 기다렸던 봄인가. 짧은 봄, 단 하루라도 울적한 기분으로 시간을 허비할 필요는 없다.

마음이 갑자기 바빠지고 기분 좋아지는 일을 찾고 싶어진다. 그렇지, 그래. 이런 날은 따끈한 차 한 잔을 마시면 기분이 달라질 것이다.

작년 5월에 따다 담가 둔 매실청에 눈길이 간다. 거름을 주거나 약을 치기는커녕 사람 손길 한번 제대로 닿지 않은, 말 그대로 청정 자연 속에서 홀로 꽃 피우고 열매를 달았던 자유이자 자연의 열매를 숙성시킨 것이다.

일일이 꼭지를 따고 정갈한 물로 몇 번의 세척을 거친 뒤 물기가 없도록 하루 종일 햇볕에 말려서 황설탕에 절여 둔 지 거의 한 해가 흘렀다.

햇살이 비껴가는 곳에 밀봉을 한 채 두었지만 매실청을 숙성시키는 병 속으로는 여름과 가을 그리고 겨울이 스쳐 지나갔을 것이다.

뚜껑을 열고 저어 주기 수십 번이었고 온전히 통으로 흔든 것도 여러 번이었다. 여러 번 과일주도 담가 보고 발효 청을 만들어 보긴 했지만 이번 매실청만큼 정성을 들인 적은 없었다.

고향의 밭둑에서 따 온 애틋함이 있긴 했지만 그보다 잊히고 버려진 채 혼자 꽃을 피우고 열매를 맺었을 그 아픔과 쓸쓸함이 계속 마음을 두드렸기 때문이다.

물론 자연 속에서 자연으로 태어나 자연으로 살다 가는 매실이 스스로 무슨 쓸쓸함이니 애달픔이니 하는 생각이 있고 애틋함을 가지려야 만무하지만 정한(情恨)을 담고 바라보는 나의 마음이 그렇다는 것이다.

어느 시인의 말처럼 그냥 자연 속에서 홀로 핀 꽃 하나도 꽃이라 불러 주었을 때 진정한 꽃이 되지 않던가.

벌과 나비들이 찾아와 같이 놀아 주고 비와 바람이 몰려와 먼 곳의 이야기를 속삭이는 것을 들으며 세상의 이치와 자연의 순리대로 시간을 보내는 동안 찰진 거름과 침노하는 해충을 막는 독한 약 없이도 스스로 가꾸고 키워야 할 만큼 열매를 맺었을 것이다.

인간의 손이 미치지 않는 곳에 사는 모든 자연은 스스로 해야 할 일을 정확히 알고 있음에 틀림없다.

눅눅함과 우울함을 한꺼번에 몰아낼 일이 떠오른다. 매실청을 정리해야겠다. 6개월만 숙성시켜도 된다는 것을 노심초사 기다려 거의 1년에 가까워졌으니 제대로 청이 만들어졌을 것이다.

입구가 넓은 커다란 통에 채를 받치고 매실청 담가 둔 통을 들어 올려 천천히 따른다. 자연과 시간이 만든 암갈색 매실청이 통 가득 차오른다. 은은한 매실 향이 집 안 가득 넘친다.

한 줌의 햇살과 한 오라기 빗줄기, 한 가락 바람의 한 해 삶을 설탕 덩어리 속에 게워 낸 매실 그 자체는 쭈그렁한 열매로 변해 헛헛한 마지막 이별을 준비한다.

아낌없이 내어주고 다시 자연으로 돌아가는 매실을 할 수만 있다면 온갖 오물이 넘쳐 나는 도시 근처 쓰레기 매립장보다 어미나무 근처에 뿌려주면 어떨까 하는 생각을 해 본다.

자라고 태어난 곳으로 돌려보내기 위하여 별도로 병에 담아 둔다. 모든 것을 다 내어주고 떠나는 것에 대한 최소한의 미안함, 고마움의 표시를 할 수 있을 것 같아 마음이 조금은 따스해진다.

한 해 동안 숙성된 매실청의 색깔은 신비하고 그 맛은 오묘하다. 새콤하면서도 달달하고 깊은 풍미를 지닌 은근한 맛은 흔하디흔한 마트의 과일청들과는 비교조차 할 수 없는 맛이다.

옛적 산문의 높은 스님들이 해 긴 봄날 매화를 띄운 매실차 한 잔에 선정(禪定)에 들었다는 이야기가 괜히 나온 허언이 아니다.

설익거나 상한 음식을 잘못 먹어 급체를 만난 손주에게 매실차를 먹이고 약손으로 등과 배를 쓰다듬어 배앓이를 진정시킨 할머니들의 지혜 또한 매실청이 보탬이 되었을 법하다.

아쉽게도 매화가 없어 운치 있게 찻잔에 띄우지는 못하지만 팔팔 끓인 후 적당히 식힌 물에 매실청을 한 숟갈 듬뿍 떠서 천천히 저어 섞는다.

새콤달콤한 매실 향이 코끝을 지나 가슴 깊숙이 들어온다. 목으로 넘어가기 전 이미 코로 차를 맛본다. 값비싼 서양의 와인보다 훨씬 향긋하고 진한 향이 쓸쓸함과 우울함을 날려 보내며 심신을 편안하게 한다.

커피나 홍차가 사람을 흥분시키고 녹차가 마음을 가라앉힌다면 달콤함과 향긋함을 동시에 가져다주는 매실차는 심신을 평안하게 함은 물론 자연의 부드러움을 느끼게 한다.

사람의 손길과 자연의 신비가 어우러진 매실차가 주는 차 맛은 특별하다. 낮잠이 찾아드는 듯 마음이 가라앉고 세상을 보는 시선이 따뜻해진다.

부산했던 심장 박동도 차분해지면서 우울했던 기분도 순식간에 사라진다. 매실차만이 가져다주는 궁극의 부드러움과 고요함이다.

창밖으로 스러지는 봄날의 안개가 서서히 걷힌다. 따스했던 찻잔이 아주 천천히 식어 간다. 비 온 다음 날의 헛헛한 봄날도 아련히 멀어진다.

이 봄이 가고 나면 사람 흔적 귀한 고향의 밭둑에는 올해도 변함없이 매화가 떨어진 가지가지마다 오종종 매실이 열릴 것이다.

찾지도 돌보지도 않는다고 밭둑의 매실나무가 기다리고 기다려 만난 봄 햇살을 그냥 보낼 리 없다. 한 방울의 봄비, 한 줌의 햇살을 소중하게 가두고 엮어 향긋한 매실을 키워 낼 것이다.

할 수만 있다면 어느 여름날 스치듯 지나는 발길로 고향의 그 밭둑에 들러 소담한 매실을 공으로 따 가지고 와 새 매실청을 만들고 봄과의 이별차를 만들어 마시리라. 마음이 우울한 그날 한적한 산사에서 선정에 들듯.

비 온 뒤 황급히 물러나는 봄날을 보내며 마시는 매실차 한 잔이 주는 느낌은 오랜 친구를 만나 묵은 정담을 나누는 것만큼이나 은근하고 따뜻하다.

유난히 짧은 봄, 햇살 싱그러웠던 하루가 그렇게 간다.

9. 벚꽃 이별

봄이 되면 언제나 생각나는 시 구절이 있다. 오직 뜨거운 심장으로 정의와 불의를 구분하고 역사의 흥망성쇠를 비분강개의 마음으로 재단하던 시절이었다.

'이화(梨花)에 월백(月白)하고 은한(銀漢)이 삼경(三更)인제'로 시작하는 고려 말 문신 이조년의 시조 〈다정가〉의 '다정도 병인 양하여'라는 구절은 무언지 모를 감정과 울분으로 한(恨) 같은 봄을 느끼게 했다.

그 나이 때에는 저물어 가는 나라에서 충신이 읊은 한 구절의 시를 두고 굳이 이런저런 마음까지 헤아려 보지 않더라도 배꽃 위에 쏟아지는 하얀 달빛만으로도 그 처연한 심사가 절로 느껴지지 않았나 싶다.

게다가 다정(多情)이 병(病)이라니. 마음의 메마름이 아니라 다정함이 병이라는 시구 하나만으로도 절창을 넘어 비수(悲愁)가 되어 가슴을 저몄다.

사춘기가 끝난 이후로도 이런 감정은 오래도록 가슴 어느 곳을 차지하고 있었고 그런 감정은 지금도 사라지지 않고 남아 있다. 어쩌면 그것은 봄을 기다리는 마음이 되어 생명이 다하는 날까지 남아 있을지 모르겠다. 봄은 곧 생명이다.

올해는 유난히 봄이 일찍 왔다 가는 느낌이다. 영 올 것 같지 않던 봄이 온 천지에 꽃들을 앞세워 여느 해보다 화려하게 추레한 도시 길거리를 변화시키나 싶더니 곧장 여름에게 그 자리를 내주는 모양이다.

도심 거리 화단 곳곳에는 팬지며 수선화에 제라늄이 사람의 손길을 받아 터를 잡고 봄 그림을 만들며 은은한 향기를 피운다. 모종을 옮겨 심은 튤립은 아직 꽃을 피우지 않았다.
　누구도 가꾸지 않고 별로 눈길도 받지 못하지만 원래 제자리라는 듯 자연이 보듬고 기르는 제비꽃이며 꽃다지에 냉이까지 화단 틈바구니나 가장자리에서 봄볕을 탐하며 작은 꽃망울들을 틔운다.
　어울려 사는 것인지 밀려나 어렵게 자리를 잡은 것인지 알 수는 없지만 자연이 내어준 꽃이 오히려 앙증맞고 신선하다.

　늙은 눈으로 꽃을 보는 것은 마치 잊고 지나간 시간을 거슬러 올라가 이미 무채색으로 변한 추억의 옛 장면을 보는 느낌이다.
　나이가 적고 많음에 따라 보이는 세상이 다를 리야 없겠지만 다가드는 생각은 분명 다르다. 꽃을 보는 마음도 그렇다.
　아주 어릴 때는 신기했고 유년 시절에는 예뻤지만 어른이 된 이후로는 꽃을 보아도 무덤덤했다.
　봄이 왔으니 꽃이 피는구나 하다가 어느 순간 꽃이 피어도 그냥 지나쳤다. 시간과 계절의 변화를 보고 느끼며 사는 것이 아니라 삶의 주변을 무연히 지나가는 것이 꽃이고 잎이었다.

　만남과 헤어짐이 일상이고 정한(情恨) 또한 바다의 물꽃같이 덧없이 일어나는 것이 소시민의 삶이다. 수많은 기다림과 채워지지 않는 기대가 인생이라는 것을 깨닫기까지 오랜 시간이 걸렸다.
　꽃이 져야 생명이 만들어진다는 것을 아는 데도 많은 세월이 필요했다. 꽃의 화려함과 향기로움도 자신의 분신을 잇기 위한 처절한 싸움임을 이제는 안다.

회색 도시를 채색하기 위해 인간들은 꽃을 꽃으로만 살게 바꾸었다. 그런 꽃들이 탄식하고 비명을 지르며 고통의 시간을 보내는지 아니면 어설픈 관종(關種)으로 변해 사람들의 시선을 즐기는지 알 길은 없다.

복잡한 도심의 공터에 어렵사리 자리를 잡고 매연과 싸우며 하루하루 지친 삶을 이어 가는 화초들이 행복하지 않으리라는 것은 분명하다. 그래서 그런지 봄날 도심에서 만나는 꽃들은 아름답기보다 애잔하다.

마음으로 다가오는 꽃들을 아픔으로 때로는 안타까움으로 카메라에 담아 남긴다. 작은 꽃집에서 파는 꽃 또한 그러하다.

다른 해와 달리 올해는 벚꽃이 쉬이 피고 삽시간에 사라졌다. 긴 동면의 시간과 겨울 추위를 이겨 내고 핀 벚꽃이 예전보다 쉬이 필 리야 없겠지만 코로나가 물러간 뒤라 그런지 마음만은 그렇다.

하나 삽시간에 사라진 것은 분명하다. 벚꽃은 한순간 피고 떨어지긴 하지만 올해는 하필이면 꽃이 만개하는 날 심술궂은 비바람이 휘몰아쳤다.

아침 운동을 하기 위해 도심의 벚나무 길을 걷는데 물웅덩이마다 지난밤 떨어진 꽃잎들이 마치 서로를 부둥켜안듯 엉켜 떠다닌다.

순식간에 피었다 사라지는 꽃잎들이 땅 위에 떨어졌어도 서로를 끌어당겨 꽃방석이 되고 꽃 이불이라도 된 듯하다.

목련 같은 큰 꽃들이 지면 누렇게 변색되어 보기가 흉하고 언짢지만 벚꽃은 쓸쓸해 보이면서도 그 끝이 단아하다.

잎이 막 돋아나기 시작한 가지들은 그래도 생기를 띤다. 비바람 속에서 살아남은 꽃들도 아침을 밝히듯 살랑거리며 부는 바람에 꽃비가 되어 흩날린다.

안개가 피어오르는 봄날의 바람은 가볍다. 봄바람은 안갯속을 헤집고 가지 위에서 흔들린다.

　어느 철학자는 바람은 혼자 불지 않는다 했고 어느 시인은 혼자 울지 않는다 했다. 바람이 우는 것은 바람이 우는 것이 아니라 바람을 맞아 버티고 휘둘리는 것이 우는 것이다.

　우는 것과 부는 것의 차이가 시와 철학의 차이인지 모르겠다. 어찌 되었건 바람이 혼자 불지 않는다는 말은 정말로 그러하다. 봄바람 속에서 날리는 꽃비를 보면 춤추고 흔들리는 것이 꽃만이 아니라 바람도 함께임을 알겠다.

　꽃비를 만드는 봄바람 속에는 봄을 기다리던 마음, 향긋한 봄 향기가 느껴진다. 마음의 떨림이 곧 봄바람이다. 떨어지는 벚꽃은 봄바람을 봄바람답게 한다.

　기다림과 애태움을 통해 만들어진 그리움은 만남과 동시에 그리워한 만큼의 행복감을 남기지만 한편으로 그리움 이상의 아픔과 슬픔을 안기고 사라진다.

　그쯤에서야 그리움은 과거의 기억에 의한 미래의 바람이긴 하지만 그 자체가 현재의 행복이란 것을 비로소 깨닫는다.

　벚꽃이 피면서 건조한 도시의 풍경이 마치 만춘(晚春)의 고향 산야처럼 풍성하면서도 화려하게 변신하더니 벚꽃이 지면서 다시 황막(荒漠)하고 쓸쓸함으로 돌아섰다.

　순식간에 사라진 벚꽃 자리는 이미 피고 졌어야 할 목련에 명자나무며 때늦은 개나리가 메꾼다.

　예년 같으면 먼저 피었을 꽃들이 순서를 바꾸어 뒤늦게 피는 이유를 알 수는 없지만 그래도 아직 봄이 곁에 남아 있는 듯해서 기특하기까지

하다.

 벚꽃의 화려한 만개를 기다렸던 그 그리움이 너무도 빨리 없어지는 것은 기약 없이 또 내년 봄을 기다려야 하는 애태움이자 아픔이기 때문이다.

 여의도 윤중로에 벚꽃이 피면 벚꽃 축제를 한다고 요란했다. 꽃을 두고 벌이는 먹자판과 소란함이 마뜩지 않아 한 번도 가본 적이 없다. 내심 올해는 시간을 내어 가 볼까 하는 생각이 없지 않았으나 그런 여유를 갖기 전에 이미 축제는 끝이 나 버린 모양이다.
 꽃이 지는 것은 허전하고 허무한 일이긴 하지만 기실 따지고 보면 새로운 생명 잉태를 위한 시간 운행의 일부분일 따름이다. 벚꽃이 속절없이 지고 이런저런 봄꽃들이 시드는 것을 안타까워하는 것은 단지 다정도 병인 양하는 어릴 적 마음이 아직 살아 있기 때문일 터다.

 벌써부터 내년 벚꽃이 화려하게 필 날을 기다린다. 무수한 생명을 달고 봄을 만드는 벚꽃은 다시 기다림이 되고 그리움이 될 것이다.
 태양의 자리에 맞추어 봄은 언제나 그렇게 머물러 있겠지만.

10. 고추 모종 심기

천지가 신록이고 하늘마저 산을 품어 갈매색이다. 커다란 말 이빨 닮은 바위가 듬성듬성 고갯마루에 자리 잡았던 '천방지'는 이제 울창한 나무들로 뒤덮여 이 빠진 곳은 간데없다.

천방지라는 이름의 암괴는 울릉도가 동해에서 화산 폭발로 만들어진 때와 동일한 시기에 만들어진 것이다. 지구의 역사를 훑고 찾아야 할 만큼 장구한 세월이 흐른 곳이다. 시간의 태질에 그 큰 바위마저 으스러진 것인가.

철이 아직 일러 그런지 시계 속 뻐꾸기 울음소리 아직 들리지 않지만 적막을 깨고 약 올리듯 놀리는 듯 우는 검은등뻐꾸기 소리만 청아하다.

봄이면 굳이 산으로 들지 않아도 절로 산이 다가온다. 하늘바지(산꼭대기 이름) 오르는 조붓한 산길에는 때를 만난 조팝나무꽃 눈부시다.

남쪽 바다를 바라보는 하늘먼당(와룡산 근처 지명) 양지쪽엔 먹고사리(진한 갈색의 굵은 고사리) 제대로 땅을 박차며 솟고 있겠다.

봄은 오는데 밭둑에 감나무 몇 그루와 매실나무 서너 그루가 서 있는 밭을 어쩌지 못해 애가 탔다.

작물을 가꾸지 않는 밭이 잡목으로 우거지며 자연으로 돌아가는 것은 계곡물이 높은 곳에서 낮은 곳으로 흐르는 것만큼이나 당연한 일이다.

옹색한 초가집 바깥마당 정도의 작은 텃밭은 벌써 몇 년 전 근처 대나무들이 침범하면서 남새밭으로써의 용도를 포기했다.

사람의 발자국이 사라지면 자연은 깔축없이 자신들의 터전으로 삼는다. 쫓겨났던 자연이 원래 터전으로 돌아오는데 얼마 동안 상추라도 키워 먹은 밭주인은 땅을 빼앗기기라도 한 듯 속상해한다.

대나무는 뿌리가 닿는 곳이면 자기 땅이다. 죽순이 솟아오르기만 하면 어떻게 해서든지 뽑아서 나물로 무쳐 먹고 다시 밭으로 되돌려야지 하면서 애면글면했지만 죽순이 언제쯤 땅을 헤집고 올라올지 알 방법이 없었다.

지금은 지구 온난화 영향으로 어릴 적 생각했던 봄도 여름도 예측이 되지 않는다.

멀리 떨어져 살면서 이제나저제나 언제쯤 죽순이 솟아나려나 기다리지만 해마다 봄 날씨가 해찰을 부리는 탓에 어림짐작조차 어렵다. 게다가 죽순이란 놈은 땅을 헤집고 오르자마자 며칠 사이로 대나무가 되고 만다.

마을에서 밭이 암만 가직하다 한들 열 걸음 떼기가 지난한 노인들인데 그나마도 말 붙일 만한 사람이 거의 살지 않으니 죽순이 솟았는지 말았는지 마땅히 알아볼 요량이 없다.

작년에도 고향 근처에 갈 때마다 혹 죽순이 나오지 않았을까 하면서 둘러보았지만 시기를 놓치고 대나무가 다 된 뒤에야 가서 톱으로 대충 자르기만 하고 왔었다.

초가을 무렵 다시 밭을 찾았을 때는 기어코 대나무밭으로 변한 것을 보고 말없이 혀만 끌끌 찼다.

결국 그 작은 텃밭은 포기하고 키 높이로 풀이 자라 고라니가 자고 간 흔적이 남은 큰 밭은 친구에게 부탁하여 한차례 풀을 베고 겨우 밭 모양새만 유지했다.

올봄에는 몇 번을 망설이다가 고향에 터 잡고 사는 선배 양반에게 어렵사리 부탁을 했다. 무언가를 심어 먹기는 애초에 틀렸고 지나다니는 남들 부끄럽지 않게 풀이라도 나지 않도록 밭을 좀 갈아엎어 달라고 억지를 부렸다.

얼마 전부터 허리가 아파 병원 다니느라 자기네 논밭도 그냥 팽개쳐 두었다 하면서도 아는 사이가 원수라고 종내 거절치 못하고 두 번이나 밭을 갈아 주었다.

자기 집 일을 마다하고 갈아 준 밭을 그냥 두어 또 풀만 무성하게 자라도록 할 염치가 없어 햇살 가득한 봄날 시간을 내어 고향을 찾았다.

고속 도로에서 운전 중 잠시 휴게소에 들러 부산에서 살다가 고향 근처에서 나름 전원생활을 즐기는 친구에게 전화를 한다.

일전에 갈아 둔 밭을 좀 가꾸어 먹으면 안 되겠냐고 물었더니 쾌히 그러마 하고 대답을 했던 터라 같이 만나서 고추 모종이라도 몇 포기 같이 심을 수 있겠냐 했더니 그러마 하는 답변이다.

고속 도로를 벗어나 읍내에 들어서자마자 시장 근처 종묘상에 차를 세우고 고추와 가지 모종 몇 포기를 샀다. 일단 친구가 사는 곳으로 가서 비닐과 호미 등을 준비하여 함께 밭으로 갔다.

감나무는 연초록 잎사귀를 매달기 시작했고 밭둑의 매실나무는 제법 씨알이 굵은 열매를 매달고 있다. 가뭄이 심해 어떨까 했지만 자연의 순환 체계에 순응하며 모든 것들은 신기할 정도로 제 할 일을 충실히 한다. 사람만이 이(利)와 불이(不利)를 따져 서두르고 미룬다.

나무 아래는 사위질빵이며 칡덩굴이 하늘로 넝쿨을 감아 올라갈 기회를 호시탐탐 노리고 망초며 쇠비름은 한여름 성세가 부럽지 않을 정도로 무성하다.

다들 버티고 살아남기 위해 진심인데 밭 주인만 그동안 한가했다.

갈아 둔 밭에 괭이를 이용하여 길게 이랑을 만든다. 두엄과 비료를 적당히 섞어 비닐을 씌운다. 처음 해 보는 일이라 익숙하지 않지만 뒤집힌 흙에서 풍기는 냄새는 풋풋하고 신선하다.

괭이가 지나간 자리는 개미가 바쁘고 놀란 작은 땅강아지가 숨을 곳을 찾느라 정신없다.

비닐에 구멍을 내고 친구는 고추와 가지 모종을 정성스레 심는다. 가뭄이 심해 심기는 하지만 과연 제대로 뿌리를 내리고 살 수 있을지 영 자신이 없다.

그래도 친구는 잘 살 것이니 걱정을 하지 말라며 큰소리친다. 밭둑 가까이 적당한 크기의 구덩이를 파고 밭을 갈아 준 양반이 가져다 놓은 생두엄을 넣고 흙을 덮은 다음 친구네서 가지고 온 호박을 심는다.

사람이 자주 왕래 못 하는 밭에는 호박을 심는 것이 제격이라는 생각을 해 본다.

밭둑을 따라 별보다 큰 호박꽃이 시도 때도 없이 피고 굵은 호박 넝쿨이 앞뒤 없이 춤추듯 뻗어 나갈 것이라는 생각만으로도 흐뭇하다.

성세 좋은 호박 넝쿨은 바랭이며 강아지풀 등을 근처에도 못 오게 막아설 것이니 이 아니 즐거울까.

구덩이마다 호박 모종 세 개씩을 심고 기도하듯 근처 잘 자란 망초를 잘라 이불이라도 덮듯 덮는다.

나머지 밭에는 작은어머니 논 모심기하듯 건중건중 들깨 씨를 뿌린다. 뿌리는 시기가 맞는지 괭이로 덮는 흙의 두께가 괜찮은지 모르겠다.

하지만 한여름에 걷잡을 수 없이 자라는 잡초를 피하기 위해서는 들깨만 한 것이 없다는 친구의 권유로 들깨 씨를 뿌리는 것이다. 요행히 근처에 사는 친구가 맞춤한 양의 들깨를 주었다.

겨우 한 고랑 가지와 고추 모종을 심고 들깨 씨 몇 줌을 뿌렸을 뿐인데 등짝에서 땀이 흐른다.

농사는 아무나 하는 게 아니다. 채소 모종 몇 개와 들깨 씨 몇 줌 뿌리는 것을 농사라 칭하는 것이 겸연쩍은 일이지만 괭이질과 호미질이 익숙하지 않은 사람에게 근력으로 하는 일이 만만치 않음은 분명하다.

씨 뿌리고 모종 심는 일이 어느 정도 끝나고 나니 땡볕이 마구 내리쬔다. 밭둑에 버려져 있던 비닐 통을 들고 개울로 내려가 물을 길어 모종 심은 곳에 물을 준다.

어릴 적에 해가 쨍쨍할 때는 물을 주면 안 된다는 이야기를 들은 것 같기도 하지만 이것저것 가릴 처지가 아니다. 모종을 심고 이곳을 떠나면 언제 다시 보러 올지 기약이 없다.

대충 일을 마무리하고 친구가 집에서 싸 온 과일을 깎아 먹으며 그늘에 철퍼덕 앉아 땀을 훔친다.

낯선 이들이 무언가 심는 것을 지켜보던 이웃집 아주머니가 슬금슬금 다가오더니 한심하다는 듯 뭘 알지도 못하는 양반이 그냥 조금 사서 먹지, 하며 통을 주고 간 말이 자꾸 생각나 혼자 쓴웃음이 저절로 지어진다.

이렇게라도 무언가 심고 가꾸지 않으면 두 해가 되기도 전에 야생 버덩이 될 것은 정한 이치다.

경제성으로 따지면 참으로 바보짓이지만 스스로의 손으로 심고 가꾸어 수확할 수만 있다면 아무리 사소한 것이라도 그 가치는 사 먹는 것과 비교할 것이 아니다.

무언가 자라고 있는 고향의 밭이 있는 것만으로 뿌리가 있다는 느낌까지 든다.

일을 끝내고 연장을 챙겨 밭둑에서 하늘을 보니 든직한 뭉게구름 사이로 하얀 조각달이 한가롭다.

혹 시간이 있어 이곳에 들를 때쯤이면 꽃비라도 맞춤히 내려 가지와 고추가 소담하고 호박꽃이 풍성했으면 하는 기대를 한다.

II 여름

11. 함박꽃

　봄은 짧다. 올봄은 언제 봄이 왔었는지도 잘 모르겠다. 윤사월 긴 해도 봄 해라고 진둥한둥 물러나고 어느 사이 여름이 자리를 잡는다.
　더구나 도심의 봄은 오는 듯 마는 듯하다. 그래도 사방 천지가 한때 꽃으로 채워졌으니 봄이 아니 왔었다고 할 수는 없는 노릇이다.
　어느덧 작약이 화려해지는 6월이다. 작약의 꽃말은 수줍음 또는 부끄러움이다. 작은 화단에 풍성하게 핀 작약을 보면 왜 작약을 함박꽃이라 부르는지 짐작이 간다.
　함박은 통나무의 속을 파서 큰 바가지같이 만든 그릇을 말하며 벌어진 입이 매우 크다는 뜻도 지니고 있다. 함박은 크고 풍성하다는 의미가 있다.
　함박웃음을 떠올리면 함박이 가지고 있는 의미가 쉽게 와닿는다. 함박꽃이라 불리는 작약은 크고 풍성하며 아름다운 꽃이다.

　함박꽃 새싹이 땅을 헤집고 올라오는 것을 보면 생명의 신비와 오묘함을 느끼게 한다. 작약 새싹은 짙은 자주색에 마치 갓 태어난 어린아이가 손가락을 말아 쥐고 있는 모양이다.
　새싹이 세상을 꽉 움켜쥐고 누구에게도 무엇에게도 질 수 없다는 무언의 시위를 하고 있는 모습이다. 어린 생명의 손을 고사리손이라 하는데 오히려 작약 손이라 하는 것이 더 마땅할 듯하다.
　겨우내 찬 바람만 지나다니던 헐벗은 화단 귀퉁이에서 마치 환호작약 하듯 땅을 헤집고 솟아오르는 작약의 어린 싹은 생명의 경이요 자연 순환이 만들어 내는 놀라움이다.

  작약 새싹이 솟아나면 혹 강아지나 새끼 염소가 짓밟을까 몹시 걱정했던 어린 시절의 모습이 떠오르기도 한다.

  예전 고향집에는 해마다 6월이 되면 작약이 풍성하게 피었다. 비록 화단의 가장자리 옹색한 곳에 터를 잡고 있었지만 이른 봄, 싱그러운 자주색 새순은 어김없이 다져진 땅을 젖히고 그 모습을 내밀었다.

  봄비라도 제대로 만나면 새순은 순식간에 푸른빛을 띠며 커다란 꽃망울 터트릴 준비를 바삐 했다. 장미나 키다리꽃이 자리를 잡기 전에 최대한 햇살을 흠뻑 머금어 재빨리 꽃을 피워야 했으니 여간 바쁘지 않았을 것이다.

  곧이어 감나무 잎사귀들이 하늘을 덮고 햇살마저 귀해지면 작약의 한 해도 얼추 끝나야 했으니.

  게다가 작약 뿌리가 여자에게 좋다고 가을만 되면 땅을 헤집는 주인 양반에게 튼실한 뿌리 몇 조각은 나누어 주어야 그나마 명줄을 이을 수 있었다.

  아버지가 살아 계실 때 고향집 아래채 큰 사랑방은 계절 따라 냄새가 달랐다.

  봄에는 묵은 감자나 고구마 냄새가 났다. 여름이면 눅눅한 공기 속에 죽석자리에서 풍기는 대나무 향이 때로는 시큼하고 때로는 뭉뭉했다.

  가을이 되면 천장까지 닿을 정도로 쌓인 나락 가마니와 고구마로 흐뭇하면서도 풍성한 냄새가 났다.

  가을의 큰 사랑방은 한 사람이 겨우 비집고 누울 정도의 공간밖에 남지 않았다. 아침저녁마다 쇠죽을 끓여 대던 사랑방 아랫목 대나무 자리는 검게 변했다.

날씨가 추워지고 나락 가마니가 줄어들면 천정 보꾹에는 이런저런 약재 봉지들이 걸렸다. 산과 잇닿은 대나무밭 옆 작은 비알 밭이 아버지의 약초 재배지였다. 오가피며 당귀에 작약이 철 따라 꽃을 피우고 열매를 맺었다.

가을걷이가 끝나고 나면 짬을 내어 시골의 일상에 긴요한 약재를 갈무리하셨다. 오가피 열매나 당귀, 작약 뿌리를 캐어 흐르는 개울물에 깨끗이 씻고 말려 삼베 주머니에 넣어 보관하셨다.

한약방을 한다는 진외가 인척 아저씨의 영향을 받으셨는지 모를 일이다.

겨울이 되면 아버지는 이런저런 옛 소설들, 《숙영낭자전》이나 《전우치전》을 즐겨 읽어 주셨다. 한가하고 심심할 때는 화투 패 떼는 것도 좋아하셨다.

마을 한가운데 동네 사랑방 역할을 하는 조그만 오두막집에서 딸 둘을 키우면서 세상 걱정 없이 사시는 아버지와 비슷한 연배의 구실 할배는 삼동이 되면 무시로 발걸음했다.

구실 양반은 별다른 말도 없이 아버지가 하고 계신 화투 패 떼는 것을 멀거니 내려다보다가 홍싸리라도 떨어지는 날이면 오늘은 재수가 있을 것이라고 초점 맞추기 어려운 눈으로 등잔을 보면서 혼잣말처럼 중얼거렸다.

휘영청 떠오른 달이 감나무 가지를 창호지에 길게 그리다가 스러진 것이 한참이고 시도 때도 없이 울어 대는 이웃집 어린 수탉이 첫 울음을 운지도 꽤 지났다.

홍싸리 패가 떨어졌다고 오늘 재수가 어떻게 좋아질지는 도무지 짐작되지 않아 졸음 겨운 눈을 껌뻑이다 아버지 화투 방석 옆에서 잠든 적이 많았다.

그런 겨울밤이면 연한 한약 냄새의 당귀나 작약 뿌리 향기가 유난히 은은했다.

벚꽃이 휘날리며 봄을 맞고 봄을 보내더니 어느덧 이팝나무꽃도 아카시아꽃도 지고 말았다. 꽃으로 왔다 꽃으로 떠나가는 봄은 짧다. 꽃이 피어 봄인지 봄이라 꽃이 피는지 헷갈린다.

꽃이 좋았던 나이가 있었고 어느 때는 꽃보다 열매가 좋기도 했다. 하지만 지금은 꽃은 꽃대로 열매는 열매대로 그 가치가 있음을 안다.

향기로 넘치던 꽃들이 간 자리에는 살구며 매실이 주렁주렁하다. 마트에는 이른 여름 과일이 풍성하다.

날씨가 더워지고 햇살이 강해지면서 꽃들도 크고 화려해진다. 장미가 그렇고 수국 또한 마찬가지다.

생명이 넘쳐 나는 계절에 살아 있음에 감사하고 모든 것이 왕성히 활동하는 때이니 후손을 남기기 위해서는 자신을 돋보이게 하는 것에 최선을 다해야 하는 것은 지극히 마땅하다.

이 시기에 피는 함박꽃이 화려하고 풍성한 것은 당연하다.

오늘 서울 도심에 있는 사찰, 소나무와 잔디가 어우러진 화단에서 우연히 함박꽃 무리를 만났다. 산사에서 만나는 함박꽃은 왠지 마음을 푸근하고 밝게 만들어 준다.

도심 사찰의 함박꽃이 깊은 산사에 터 잡고 사는 것보다 더 어울리는 느낌인 것은 어쩐 일일까.

함박꽃은 사람을 반기고 사람과 함께 살아가는 꽃 같다는 마음이 드는 것은 환하고 커다란 탓일 터다.

누나가 있다는 것을 알기도 전, 어릴 때 시집가 일찍 세상 떠나신 아버지 기일 때나 간혹 친정 발걸음하던 예쁜 큰누나를 닮은 꽃 같아서 더욱 그렇다.

고향집에 함박꽃이 없어진 지는 오래되었다. 누나들이 시집가고 난 뒤 어느 날부터 함박꽃도 사라졌다. 봉은사에서 함박꽃을 만난 것은 뜻밖이었다.

어울리지 않을 듯한 곳에서 만난 작약은 어린 시절로 나를 이끌었다. 문득 고향 마을 신작로 맞닿아 사는 친구네 담장 곁 작은 화단에서 해마다 피는 백작약이 떠오르며 아버지가 즐겨 갈무리하던 작약 뿌리 생각이 났다.

작약은 좋은 한약 재료다. 피를 맑게 하여 혈액 순환을 돕는다고 한다. 따라서 심근경색이나 심혈관 질환에도 많이 쓰이는 약재다. 체력이나 기운이 없을 때 자주 마시던 쌍화탕의 주재료이기도 하다.

기력을 보충해 주는 데에도 도움을 주는 작약은 피로나 감기 기운이 있어 기운이 떨어지면 다시 올려 주는 역할을 한다고 한다.

특히 몸에 열이 많은 사람은 작약의 찬 성질로 열을 식혀 주고 땀이 많이 나 수분이 많이 배출된 상태라면 작약으로 기운 보강을 도움 받을 수 있단다.

아버지가 살아생전 작약 뿌리로 건강에 도움을 받았는지는 알 도리가 없다. 장독대 옆 화단에서 소담하고 화려하게 피던 함박꽃을 보며 어떤 생각을 하셨는지 알 방법은 더더욱 없다.

봉은사 함박꽃 앞에서 환상처럼 아버지가 떠오르고 오래도록 질박하고 수더분하게 황혼의 들녘을 거닐며 사시는 큰누나 얼굴이 어른거린다. 함박꽃은 보는 것만으로도 마음이 넉넉해진다.

언제부턴가 큰누나든 작은누나든 누님들을 만나면 함박꽃 같다는 생각이 든다. 고향 근처에서 붙박이로 사는 여자들은 다들 함박꽃이 되는가 보다.

12. 우물이 사라졌다

인간의 욕망은 끝이 없고 편이성에 대한 추구 또한 마찬가지다. 인류 역사를 관통한 시대의 문화는 개방과 폐쇄 그 어느 쪽에서도 충분히 발아하고 진화한다.

시새움과 모방은 그런 관점에서 보면 개방의 텃밭에서 만들어지는 인류 문화 중 대중화라는 이름을 달고 한 시대를 풍미한다.

시새움이 발전의 추동력이요 모방이 창조의 밑거름인 것은 누구도 부인할 수 없는 자명한 사실이다. 인류 진화론 학자들은 인간을 모방하는 동물이라고 한다.

옛 선조들의 물에 대한 애정은 유별났다. 해를 집안에 넉넉히 들이고자 했던 욕심은 따뜻함과 밝음을 위해 당연한 것이었다.

하지만 자연스럽게 솟아나는 샘물을 집 안에 만들어 쓰는 것은 음양오행설부터 따져 보아야 하는 작지 않은 사건이었다.

대체로 마을의 여러 집이 함께 사용하는 공동 우물이 몇 군데 있었고 개별적으로 집 안에 우물을 파는 집은 극히 드물었다.

건강과 편이성을 위해 만든 것이 우물이지만 어떤 면에서는 한 시대의 문화를 창조한 진원지이기도 했다.

옛날 우물은 어떤 곳보다 신성한 장소였다. 새해를 맞아 마을 사람들로 구성된 농악대가 장구와 꽹과리에 징을 치면서 맨 처음 지신을 밟고 복을 비는 곳이 마을 공동 우물이었다.

마을에 역귀가 들어 여러 집에서 우환이 생기면 당골 무당이 흰쌀밥에 나물이며 생선 대가리를 놓고 우선 비손을 하는 곳도 우물가였다.
　어찌 보면 마을의 우물은 한 해를 시작하는 문화의 중심이었고 여자들만의 내밀한 이야기가 만들어지고 떠도는 마을 사랑방 역할을 하기도 했다. 섣달 그믐밤이면 촛불을 켜 두었고 우물 속에 산다는 용왕은 언제나 비손의 대상이었다.
　겨울이 되면 아침마다 가느다란 김이 솟아오르는 풍경은 고즈넉하고 신비했다. 하늘이 맑은 날은 달이며 별이 무시로 우물을 찾아들었다.

　늦은 가을까지 푸름을 잃지 않고 신화같이 살아가던 우물 속 뱀고사리는 파리한 듯한 연초록 빛깔이 무서웠고 햇빛 들지 않는 굴속이 가여웠다.
　달이나 흰 구름이 떠 있는 우물물에 비치는 얼굴은 기이했다. 두레박을 내리면 조각난 얼굴은 삽시간에 사라지고 생경한 속살의 땅 내음이 솟아올랐다.
　우물물은 여름이면 시원하고 겨울에는 따뜻했다. 줄이 끊어진 두레박을 건지기 위하여 돌 틈에 발을 딛고 우물 속으로 내려가면 서늘한 기운과 함께 돌담이 무너져 그대로 파묻힐지도 모른다는 공포가 엄습했다.
　아침마다 손쉽게 물을 길을 수 있는 우물을 집안에 들여놓는 것은 아무나 할 수 있는 것이 아니었다.
　집이 자리한 곳의 위치나 방향, 마당의 크기나 집 안에 자라고 있는 나무의 존재 여부 등 우물을 파는 데 제약 조건은 많았다.
　지금이야 집집이 수도가 있어 원하는 시간에 관계없이 냉수든 온수든 사용하는 데 전혀 제약이 없다. 하지만 그 시절에는 물의 용도에 따라 마을 공동 우물에서 물을 길어 오는 것도 쉽지 않았다.

햇귀가 어스름 담을 넘어오기 시작하는 시간에 마음을 정히 하고 떠온 한 바가지의 우물물은 매일같이 솟는 물이건만 마치 약수처럼 귀히 여겼다.

더구나 새해 첫날 동살이 퍼지기 전 어둠 속에서 길어 온 물은 특별히 한 해 동안 건강한 부엌살림을 염원하는 물이 되어 조왕신에게 경건하게 바쳐졌다.

집안의 누군가가 중요한 일을 하기 위해 집을 나서거나 학교 입학이나 출세를 위해 시험을 치르는 일이 생길 때도 집안의 안주인이 첫새벽에 일어나 아무도 들여다본 적이 없는 새 물을 떠다 정화수(井華水)로 썼다.

휘영청 보름달이 뜬 밤에 우물물을 긷는 것을 삼갔다. 물에 사는 물귀신이 따라와 해코지를 할 수 있다고 했지만 혹 있을지도 모를 어둠 속 여러 나쁜 상황을 염려해서 만들어진 말이었을 것이다.

마을의 공동 우물을 야간에 아무나 접근하여 오염시킬 것을 걱정했음도 물론이다. 지신밟기 행사 때가 되면 마을 농악대가 맨 먼저 우물에서부터 비손과 축수를 시작했다.

고향 마을은 특별히 집 안에 우물을 만들 필요가 없을 정도로 물이 풍부한 곳이다. 높지 않은 산으로 둘러싸인 마을은 사계절이 뚜렷했고 산골짝에서 흘러내린 개울물은 수정처럼 맑았다.

커다란 너럭바위가 만들어 내는 작은 폭포들은 사시사철 마르는 날이 없었다. 학교에서나 언론에서 먹을 물이 부족해 물도 사 먹을 날이 곧 올 것이라고 이야기하는 것을 이해할 수 없었다.

언제나 계곡에는 물이 넘치고 수시로 하늘에서 비가 오는데 돈을 주고 물을 사 먹다니. 그런데 지금은 당연히 물을 사 먹는 시대가 되었다. 가게에서 생수를 사 먹든 가정에 들어와 있는 수도를 이용하든 돈을 내고 물을 사야 한다.

앞개울에는 봄이면 도롱뇽 개구리 알이 똬리가 되어 떠다녔다. 바닥에서 물이 솟는 작은 웅덩이에는 물매암이가 하루 종일 맴을 돌고 작은 돌을 뒤집으면 사람의 손길에 놀란 가재나 징거미새우가 엉금엉금 기어 도망을 쳤다.

큰비가 내리는 여름이면 와룡동천(臥龍東川)으로부터 새 물을 따라 올라온 피라미며 갈겨니가 갓밝이부터 해넘이까지 은비늘 무리가 되어 반짝였다.

어스름이 스멀스멀 밀려들면 하루살이들의 곡예비행이 애처로웠고 밤에는 반딧불이 무시로 날았다.

동사(同舍) 확성기에서 울려 퍼지는 새마을 노래가 아침마다 사람들을 깨울 때쯤 어느 날인가부터 집 안에 우물을 파는 것이 자랑이고 유행이 되었다. 그때까지 마을에 우물이 있는 집이 많지 않았다. 뒷산에서 솟는 샘물을 대나무 수관(水管)을 통해 집으로 끌어들여 이용하기도 했지만 대부분은 개울물을 이용했다. 마을 앞을 흐르는 개울은 한밤중이 아니면 궂은 설거지나 빨래를 삼갔다.

어릴 적 우물은 무서웠다. 사람 몇 길의 우물에는 알지도 보지도 못한 무언가가 살고 있을 것 같았다.

의붓어미의 등쌀에 고픈 배를 끌어안고 찬물이라도 실컷 먹기 위해 무거운 두레박을 끌어올리다 힘에 부쳐 빠져 죽은 곳도 우물이요, 오누이를 잡아먹기 위하여 밧줄을 타고 하늘을 오르던 호랑이가 물속 달을 보다가 줄을 놓쳐 떨어져 죽은 곳도 우물이었다.

집 안 어디를 파헤치는 것은 잘못하면 동티가 나는 일이었다. 땅이 부정을 타거나 놀라는 일은 삼가고 삼가야 했다. 판수를 찾아가 날을 잡았고 우물로 흘러들 만한 샘에 용왕제를 지냈다.
우물터가 정해지면 북어포며 대추 등을 진설하고 막걸리 되나 부어 가며 지신을 달래고 용왕 신을 불렀다. 주인 되는 이는 동티가 나지 않도록 며칠 전부터 몸을 정갈히 하고 보따리 장사나 걸립패가 집 안에 접근하는 것을 막았다.
새마을 운동이 들불처럼 일어나고 잘 살아 보세 구호가 온 마을을 뒤덮을 때 건강한 물을 먹게 해 주는 우물을 파는 것은 나라의 시책에 따르는 당연한 일로 여겼다.
초등학교 생활 조사에도 우물이 집 안에 있는지를 물었고 우물이 완성되면 마을 이장이 조사를 하고 면사무소 담당 공무원이 집을 방문했다.

앵두나무 우물가에 동네 처녀 바람나는 마을 공동 우물은 동네 아낙들의 험담 터였고 대부분의 헛소문이 만들어지는 곳이기도 했다.
집 안에 우물이 있는 것은 자랑이었다. 우물은 소중히 취급되었다. 일 년에 한 번씩은 우물물을 완전히 퍼내고 바닥에 잘 씻은 강자갈을 깔았다.
우물은 낙엽이나 흙먼지가 들어가는 것을 막기 위해 판재나 양철을 이용하여 뚜껑을 만들어 덮었다. 나무를 이용한 두레박을 만들었으나 어떤 집은 삼촌이나 형이 군에서 제대하면서 가지고 온 철모나 파이버—화이 바라고 불렀다―를 두레박으로 쓰기도 했다.

　여름철 장질부사나 이질 등 배앓이 전염병이 돈다는 말이 전해지면 풀방구리 생쥐 드나들듯 마을 이장이 들락거리기도 했다.

　가정마다 수도가 들어오면서 이제 우물이 사라졌다. 산업 폐기물이나 축산 폐기물 탓에 우물이 있다고 하더라도 물이 오염되어 사용이 불가능할 것이다.
　우물을 매개로 한 이웃 간의 정담이며 정화수 문화도 잊혀 가고 있다. 거대 자본이 지배하는 생수가 도시인을 길들이면서 우물이 만들어 주었던 다양한 식문화 나눔 문화를 더 이상 보기는 어렵다.
　가끔 고향에 들르면 용왕이 살았던 곳이라며 완전히 메꾸지 못하고 철관을 박아 숨구멍을 살려 놓은 우물터를 바라보며 정이 넘쳤던 우물 시대 풍습을 회상해 본다.

　앵두나무 우물가에 바람난 동네 처녀는 어느 하늘 밑 어느 도시에서 수더분한 할머니가 되어 황혼의 골목길을 걸어가고 있을까.

13. 라면을 끓이며

　인간의 삶은 장편 서사시다. 삶을 이어 가기 위한 먹거리는 그 어떤 먹거리든 서사(敍事)가 있다. 먹거리는 그것을 만들고 구하는 과정에서 심어지는 가난과 부유(富有), 울분과 서운함뿐만이 아니라 먹거리 그 자체가 희로애락이기 때문이다.
　먹거리를 구하고 만들며 대를 이어 가는 먹거리의 발자국들이 민족이나 국가의 역사다. 야생의 동물들을 가축화하고 먹거리를 용이하게 확보할 수 있도록 발전한 곳이 현대 사회에서도 강대국이 되어 있다는 것은 주목할 만한 연구다.
　하지만 지금 시대에 먹거리의 국적을 따지는 것은 무의미하다. 지구촌 전체가 초연결 세상이 되면서 어지간한 음식점이면 여러 나라 음식을 접할 수 있기 때문이다.

　우리 세대 대부분이 처음 접한 외국 음식이 혹 라면이 아닌지 모르겠다. 빵이나 중화요리 등도 외국 음식이긴 하지만 우리가 태어나기 훨씬 전에 이런 음식들은 곁에 있었다.
　1963년에 처음 선보인 라면은 불과 한 갑자(甲子)밖에 되지 않았지만 라면만큼 서사를 가진 음식도 드물 것이다. 처음엔 괜찮게 사는 사람들의 음식이었다가 가난한 이들을 위한 음식이 되었고 지금은 대부분의 사람들이 가끔 즐기는 음식으로 변했다.
　한류가 세계를 휩쓸면서 라면이 날고 있다. 작년 한 해 수출액이 무려 1조 원이 훨씬 넘었다고 한다.

라면에 얽힌 이야기는 몇 날 며칠 밤을 새워도 다 풀어낼 수 없지 않을까 싶다. 우리 세대는 라면과 함께 나이를 먹어 왔다고 해도 과언이 아니다.

요즘같이 바쁜 세상에 라면을 먹는 것은 한 끼의 끼니를 때우기 위함이다. 라면으로 끼니를 해결해야 할 만큼 생활이 곤궁하지는 않으나 먹을 때마다 가난과 풍요는 물론 이런저런 생각이 떠오르는 것은 라면에 얽힌 사연이 많기 때문일 것이다.

사실 라면은 자체 맛보다 끓일 때 풍기는 냄새가 훨씬 더 맛깔스럽다. 라면에는 표현하기 어려울 정도로 여러 맛이 들어 있다.

구수한 맛에 감칠맛, 시원한 맛에 깔끔한 맛이며 요즘의 대세 맛이라는 매운맛까지 인간의 혀가 받아들일 수 없는 맛도 포함되어 있는 게 아닐까 싶을 정도다.

왜 아니 그러겠는가. 하루가 멀다 하고 새로운 제품이 출시되고 고객의 마음에 들지 않는 제품은 순식간에 사라진다. 맛을 탄생시키는 연구실은 살아남기 위한 엄청난 실험을 할 것이다.

궁핍했던 산골 마을에는 어느 집 할 것 없이 한 끼 밥상이 부끄러움과 비애로 차려졌다. 올망졸망 아이들이 수저를 손에 쥐고 빙 둘러앉은 밥상은 반찬보다 허기가 입맛을 돋우었다.

요행히 누구 생일이거나 잔치 뒷날이라 밥상이 풍성히 차려진 날, 끼니 맞추어 이웃이라도 찾아오면 선한 얼굴에 웃음을 띠고 숟가락을 쥐여 주며 같이 먹자고 권했다.

하지만 대부분의 날들은 삽짝 밖에 인기척이 나면 서둘러 먹기를 마치고 부엌으로 빈 그릇을 날랐다. 권할 것도 보여 줄 것도 없는 밥상은 서로에게 미안했다. 눈치 있고 염치 있는 사람은 끼니때면 아예 남의 집 근처에 가질 않았다.

광에서 인심 난다고 밥 한 끼가 삶을 구차하게 했던 시절, 인정 많다는 시골도 가난이 죄라면 죄였다.

그런 시절에 라면이라는 듣도 보도 못한 음식이 괜찮게 산다는 집 식탁에 오르기 시작했다. 닭 뼈를 고아 만든 것이라니 뱀 허물 가루가 들어 있니 하면서 처음 시판될 때부터 많은 이야깃거리를 만들었다.

라면은 어렵지 않게 우리의 식탁으로 찾아들었다. 새로운 맛이었고 오묘한 맛이었다. 라면에는 슬픔과 아픔 그리고 약간의 환희 같은 혀보다는 마음이 느끼는 맛이 들어 있다.

라면이 처음 출시되었을 때만 하더라도 아무 집에서나 끓여 먹을 수 있는 대중적인 음식이 아니었다. 라면만으로 배를 채울 정도로 풍족하게 먹는 경우도 드물었다. 국물에 식은 밥을 말아 먹는 것은 보통이었고 끓이는 중에 국수를 같이 넣어 국수 라면도 흔히 먹었다.

밀가루 음식을 불편해하셨던 어머니는 평생 라면을 드시지 않았다. 식구 많은 집에서 풍족히 라면을 끓인들 당신 몫이 있었을 리 없기도 했겠지만 일생을 채식으로 사셨던 탓에 국물에서 풍기는 닭고기나 쇠고기 냄새를 못 견뎌하셨다.

라면을 먹을 때는 언제나 약간의 도덕적 열패감이 있었다. 몰래 먹거나 숨어서 먹어야 하는 음식이 가져다주는 자기 모멸감이었다.

집에서 꼭 라면을 먹을 수밖에 없을 경우엔 마을 구멍가게나 윗마을 농협 구판장에서 사다 끓여 먹었다. 형제들과 나누어 먹을 만큼 충분한 양을 사 올 형편이 안 되었으니 기회를 엿보다가 거의 몰래 사다 먹어야 했던 적도 있었다.

혼자 먹는 것을 들킬까 염려하며 끓여 먹는 라면 맛은 본래 맛과 불안한 맛이 혼합되어 제대로 맛을 느끼지도 못하며 삼키고 채우는 맛이 전부였던 때도 있었다.

그렇다고 마을 가게에서 추가 비용을 지불하고 끓여 달래서 먹는 라면이라고 별로 다르지 않았다.

가게에 드나드는 사람들의 눈치도 보아야 하고 아는 이라도 만나면 몇 젓가락이라도 나누어야 했다. 라면 하나를 온전히 먹기는 어려운 세상이었다.

지금도 형제들이 모여 옛이야기를 나누다 보면 엄청난 양의 라면을 끓이는 형을 보면서 이제나저제나 남는 라면을 먹을 수 있으리라 기다리는데 국물마저 말끔히 비우는 것을 보고 그만 울음을 터트렸다는 안타깝고 서운했던 그 시절 이야기를 꺼내고는 웃는다. 가난이 만든 서사가 어찌 라면에만 한정되겠냐마는.

체력이 왕성했던 시기에는 아무리 라면을 먹어도 더부룩하거나 소화가 안 되는 경우는 없었다. 군문에 있을 때는 주말마다 나오는 통통 불어 가락국수보다 더 굵은 라면이었지만 허기진 배로 기다렸다.

외국에서 교육을 받을 때 라면은 눈물의 음식이요 향수를 달래는 특식이었다. 당시 미국 대형 마트에 진열된 라면은 대부분 일본 라멘이었다.

한국 식품점을 가야 한국 라면을 살 수 있었고 가격도 일본제에 비해 훨씬 비쌌다. 한국 식품점은 멀리 떨어져 있었고 어쩔 수 없이 밍밍한 맛에 달기조차 한 일본 라멘을 사서 끓였다.

라멘보다 비싼 김치를 곱으로 먹어야 그래도 느끼함을 없앨 수 있었다. 입맛에 맞지 않는 라면이었지만 한식이라도 먹는 기분이어서 특별한 한 끼 식사였다.

라면을 끓여 먹는 날은 건물 전체가 특유의 라면 냄새와 김치 냄새가 뒤덮여 방문 앞을 지나는 외국인들이 킁킁대는 것이 느껴졌지만 아랑곳하지 않았다.

느끼하고 더부룩한 서양 음식에 질린 상태에서 칼칼하고 매콤한 라면은 단순한 음식이라기보다 나름의 위로라면 위로였다.

라면도 보상이 될 수 있다는 것을 그때 처음 알았다.

언제부턴가 라면을 먹으면 속이 편하지 않아지면서 먹는 횟수를 줄이려 애를 쓴다. 혀나 입은 즐거이 받아들이나 목을 지나는 순간부터 그렇지 못하다.

한때는 오히려 생각하기도 싫을 정도로 질리는 음식으로 변한 적도 있다. 라면은 식탁에서 자연히 멀어졌고 야외에서나 가끔 먹는 별미가 되었다.

지금은 다시 라면을 끼니로 먹기도 한다. 많은 투자와 발전이 이루어진 탓에 맛으로나 영양가로나 한 끼 식사가 되기에 충분할 정도로 진화했기 때문이다.

라면으로 가끔 끼니를 삼아도 소화에 문제가 없거나 불편하지 않다면 건강이 나쁘지 않다는 건강 기준식이라는 라면 덕후도 있다.

요즘 식당에서 사 먹는 라면은 결코 싼 음식이 아니다. 해외여행 시 제공되는 기내식은 미리 예약하지 않으면 먹기 어려울 정도로 찾는 사람이 많다.

해외 유명 관광지에도 어김없이 한국 라면을 판다고 한다. 호텔에서 파는 라면은 그 가격도 만 원 한 장을 훌쩍 넘는다. 어느 사이 라면이 먹는 장소나 가격에 따라 일반 서민이 접근하기 어려운 고급 음식이 된 것이다.

오늘 라면을 끓인다. 라면에 따라 조리하는 방법도 상당히 다르다. 끓는 물에 넣고 몇 분간 기다리다 익었다 싶으면 먹는 단순한 조리법이지만 먹는 이의 기호에 따라 제대로 끓이기가 그렇게 만만하지 않다.

나이가 들면 남자도 주방 살림에 가까워져야 한다는 이야기를 자주 듣다 보니 라면이라도 혼자 끓여 먹을 수 있어야겠다는 생각이 들면서 라면을 끓인다.

말이 쉽지 주방 일이란 것이 절대로 하루아침에 할 수 있는 일이 아니다. 굳이 주방 일을 배워야겠다는 생각보다 밥이나 반찬 가게가 널렸으니 사 먹는 것이 훨씬 경제적이고 현실적일 것이라는 나름의 변명을 만들고 애써 주방 쪽으로 눈을 돌리지 않는다.

그럼에도 세월이 흘러가면 또 다른 라면 서사가 만들어질 것 같다. 이젠 더 이상 서글픔의 서사일 필요는 없다.

14. 제라늄 화분 옮기기

참으로 오묘하다. 저 작은 모든 꽃들이 일제히 해를 향해 돌아앉았다는 것이. 인간의 체취나 목소리에서 멀어지고 싶어 하는 것이 순수 자연인 것은 진작 알았지만 말이다.

인공으로 만들어진 많은 것들로부터 유리(遊離)되기 위하여 갖은 애를 쓰는 것을 보면 자연과 인간이 조화를 이루고 살아야 한다는 생각은 단지 인간의 무지에 비롯된 어리석음임을 알겠다.

인간이 추구하는 조화와 자연이 만들어 가는 균형은 '삶이냐 죽음이냐'만큼 다른 목적을 가진다. 조화는 인간의 가치고 균형은 신의 섭리다.

가치 있는 세상살이가 무엇인지도 모른 채 허겁지겁 뛰어다닌 시간이 지나고 나니 이름도 잊힌 꽃집에서 이사 와 거실 한쪽에 궁색하게 자리하고 있는 제라늄 화분에 눈길이 간다.

올봄 아내는 마치 숙제라도 하듯 화원에서 새 흙을 사다가 분갈이를 했다. 분갈이 흙이 필요하다고 몇 번을 이야기했지만 차일피일 미루다가 마침 화원 근처를 지나는 길에 흙을 사 왔다.

화분 갈이를 하는 것은 나름 적응하여 버티고 사는 것들에게 새로운 어울림, 낯선 생태계를 강제하는 일이다. 시들고 약해진 것들, 더 이상 존재의 의미가 없이 소멸해 가는 것들을 정리하고 제거하는 일이 당연하긴 하지만 자연 환경에 순응하여 사는 식물에게 온당한 일인지는 모르겠다.

보여야 할 것이 보이지 않는다고 있어도 괜찮은 것을 뽑아내는 것은 사람의 욕심이 만들어 내는 횡포가 아닐까.

소용(所用)과 무용(無用)의 경계를 만들고 삶과 죽음으로 나누는 것은 분명 신(神)의 영역이거나 자연의 법칙이 작동되어야 할 부분이다.

제라늄 몇 그루가 화분에 심겨 아파트 베란다의 삭막한 풍경을 바꾼 지는 오래전이다. 분갈이를 한다거나 영양제를 뿌려 준 적 없이 가끔씩 물만 주는데도 사시사철 쉼 없이 꽃을 피워 냈다.

간혹 지저분하게 떨어진 꽃잎들을 쓸어 화분 위에 올려 주면서 언제 비료라도 한번 주어야 할 텐데 하는 말을 중얼거렸다.

옹색한 공간에서 섭섭한 대우를 받으면서도 제라늄은 자신의 일에 충실했다. 화분이 부족할 만큼 몸집을 키웠고 꽃을 피웠다.

창가를 찾아드는 햇살도 잔약하고 지나가는 바람조차 무심한데 키우는 사람이 무색할 정도로 나름의 세상을 만들고 창을 스쳐 가는 빛과 어둠에 잘 어울렸다.

아파트 베란다에 터를 잡고 사는 제라늄이나 이제야 그 화분이 눈에 들어오는 나의 처지가 얼추 비슷하다.

세상을 향해 질풍노도처럼 달리고 싶던 시간은 꿈같이 흘렀고 겁 없이 세상과 맞닥뜨렸던 화려한 날들은 먼 과거의 추억이 되었다.

그래도 애쓴 시간은 쉽사리 잊히고 사라지지 않을 것이라는 말을 되뇌며 황혼의 창으로 흘러드는 나른한 햇살을 무심히 바라본다.

소용의 시간은 자연이든 사람이든 별다르지 않다. 그럼에도 가치로 존재의 의미를 따지는 세상은 너무 잔인하다.

꿈을 꾸던 날들이 스러짐과 동시에 자신의 주변으로 시선이 돌아가는 것은 자연스러운 일이다. 잠의 신 힙노스에게 불려 갈 시간이 점점 가까워지면서 매일 저녁 꿈을 꾼다. 잠을 자면서 꾸는 꿈은 신의 영역이지만 눈을 뜨고 마음속으로 꾸는 꿈은 현재든 미래든 이루고자 하는 가치다.

자신의 가치를 증명할 수 없거나 가치 자체가 사라졌다고 느낄 때 팽개쳐 두었던 주위의 가치를 생각하는 것은 인간만이 갖는 기이함이자 아이러니다.

꿈이 사라지고 텅 빈 가슴만 남은 지금 무심히 보았던 꽃 몇 송이가 쓸쓸함과 허전함을 채우는 것은 소망과 고통도 시간의 흐름에 따라 훌륭한 마음의 치료제임을 알게 한다.

삶이란 결국 세상에 대한 꿈을 꾸다가 버린 후 지우는 일련의 과정이다.

특별하지 않지만 최선을 다해 생명을 이어 가는 화분을 보며 여러 생각이 일어난다. 사람이 자연을 이용해야 할 대상으로 생각하고 살아온 것은 언제쯤부터일까.

자연과 유리(遊離)되어 인공만의 세상에 사는 삶이 만들어진 것은 오래되지 않았을 것이다. 근대화시기를 지나 오직 인간의 손으로 만들어진 밀폐된 공간에서 산다는 것은 사실은 불가능한 일일지도 모른다.

어떤 형태로든 자연 속에서 자연과 더불어 숨 쉬고 관계하며 일상을 이어 간다. 하지만 때로는 마음 그 자체는 사면팔방이 견고한 콘크리트 벽체에 갇혀 자연과 온전히 단절된 세상을 사는 기분을 느낄 때가 많다.

잠시 허랑했던 마음이 제라늄 화분이 주는 위로로 다시 돌아온다. 참 기이하고 신비하다. 인간이 느낄 수 없을 정도의 미동으로 해를 향해 천천히 돌고 있다는 것이.

일 년 중 날씨가 최고로 더워지면 고향집 돌담 사이에 터를 잡고 살던 금작화(골담초)는 마치 노란 나비 같은 꽃들을 소담하게도 피워 냈었다.

날카로운 가시를 달고 조붓한 돌담 사이에서 피워 낸 꽃을 새끼 염소들은 보이는 대로 뜯어 먹었다.

햇살을 향해 창문으로 돌아앉은 제라늄을 보면서 돌담 사이에서 위태롭게 살아가던 그 골담초가 생각나는 것은 어쩐 일일까.

가시덤불 같은 세파를 헤치고 살아오는 과정에서 아직도 아물지 못한 상처 입은 영혼에 대한 안타까움일지 모르겠다.

누군가의 시선이 위해가 되고 어울려 살고 싶은 대상이 되기보다 내쳐짐과 외면의 수모를 당하면서 살아온 날들에 대한 회한일 수도 있겠다.

생각나면 겨우 물 몇 모금으로 생명의 끈을 이어 온 제라늄 화분 앞에서 살아온 날들을 반추한다. 열악한 환경에서도 끈질기게 삶을 이어 가는 화초가 인간보다 훨씬 강인하다는 생각이 든다. 식물도 꿈을 꾸는지 알 수는 없다.

하지만 처한 상황이 어떠하더라도 삶을 이어 가는 본능은 감히 인간의 인내와 의지를 능가하는 것이 분명하다. 도망치지도 좌절하지도 않는다.

먹고사는 일에서 조금씩 놓여나니 이제야 보이는 것들이 있다. 그것이 자연의 순리이자 법칙인 것을 확실히 깨닫기까지는 아직도 좀 더 시간이 필요함이 분명하다.

오늘 무연히 바라보는 제라늄 화분 하나가 주는 위로와 깨달음이 적지 않다.

15. 공짜 복숭아 한 상자

차가운 기온을 뚫고 동쪽 고갯마루에서 찬란히 떠오르는 아침 해는 웅혼(雄渾)하고 장엄미가 있다.

반면 서쪽 하늘로 가라앉는 해넘이는 쓸쓸하지만 고즈넉하고 평화롭다. 매일같이 뜨고 지는 해지만 그것을 바라보며 사람이 느끼는 감정은 사뭇 다르다.

자연에 대해 인간이 갖는 느낌은 자연의 원래 모습과 무관하게 자신의 감정이 만들어 내는 결과일 뿐이다.

서서히 어둠을 밀어 내며 떠오르는 햇귀 속에서 들판을 가로지르는 농군의 모습은 자연과 맞서는 당당한 용기가 빛나 보이고 검붉은 저녁놀을 배경으로 집으로 돌아오는 농군은 넉넉하고 푸근하다.

자연과 인간이 교감하며 만들어 내는 그림은 언제 생각해도 서사(敍事)가 느껴진다. 인간이 자연이 될 때 더욱 그렇다. 자연은 늘 스스로 서사를 만들어 내기 때문이다.

에세이집을 내고 나서 연락이 끊어졌던 사람들과 이런저런 사연으로 다시 소식을 주고받게 된 경우가 많이 생겼다.

그 양반과의 연락을 하게 된 것도 책 출간이 원인이 되었다. 지금도 항공기와 관계있는 일을 하고 있지만 그 양반과 함께 일하던 그곳 그 시절의 기억은 별로 떠올리고 싶지 않다.

그는 지금 복숭아 농장을 가꾸며 자칭 게으른 농부가 되어 있다. 충청도 어디쯤에서 평소 꿈꾸던(?) 농부가 되어 가끔 전화를 걸면 농사에 대해 뭣도 모르는 나에게 큰소리를 뻥뻥 치며 농사꾼 행세를 한다. 그 양반에게 복숭아 한 상자를 부탁한 일이 있었다.

나이가 좀 더 있는 그 양반과의 인연은 일찍이 항공기를 개발하는 회사에서 일할 때 시작되었다.

그때 우리는 하루하루가 정말 힘든 나날이었다. 부족한 실력과 빡빡한 일정으로 살얼음판 같은 항공기 개발의 강을 진둥한둥 건넜다.

게다가 경험 있고 숙련된 연구원은 모자란 상태에서 주어진 인력이 왜 부족한지, 인력 절감 방안은 없는지를 매일 추궁당하다시피 했다. 중간 관리자로서 윗사람들의 질책과 아랫사람들의 불만 사이에서 지쳐 갔다. 많게는 수백 명에서 적게는 수십 명의 부서원으로 구성된 팀 단위 몇 개를 담당이라는 직제 하에 두었다. 항공기 전체 개발 담당 조직 10여 개 중 우리는 하나씩을 맡고 있었다.

부족한 자원과 모자라는 일정으로 매일 개발 회의만 끝나면 한숨만 푹푹 쉬었다. 누구의 도움도 어떤 지원도 기대하기 어려운 상황에서 주어진 과제를 일정 내에 해결해야만 하는 것이 책임이자 의무였다.

감내하기 어려운 개발 위험과 일정 부족에 대한 두려움으로 팀장이나 담당을 그만두고 일반 연구원을 희망하는 이들도 심심찮게 있었고 개발 성공의 압박감을 견디지 못해 퇴직을 하는 이도 없지 않았다.

우리나라에서 정부 예산을 받아 무언가를 개발하는 것이 결코 쉬운 일이 아니다. 언젠가 위성 발사체 나로호 개발 연구진이 언론에 나와 울먹이며 힘들고 어려웠던 개발 과정을 회고하는 것을 본 적이 있다.

아무도 가 보지 않은 길을 가는 것은 그곳이 어디든 마찬가지로 무섭고 두렵고 어렵다. 국산 군용 항공기를 개발하는 일도 결코 이에 뒤지지 않는 어려운 과정을 거쳐 왔다.

더구나 선진국의 첨단 항공기 운용 경험이 있는 군(軍)의 개발 요구 성능은 쉽게 구현 가능한 수준이 아니다.

고객은 결코 가능성을 염두에 두고 제품의 요구도를 정하지 않는다. 그들은 이미 세계 최첨단 성능의 항공기를 운영하고 있고 장단점도 명확하게 파악하고 있다.

그런 항공기를 개발 경험이 거의 없는 엔지니어들이 국산화라는 명분과 대의로 무모다고 할 수도 있는 도전을 하는 것이다.

개발 예산을 대 주는 정부는 절대로 실패를 인정하지도 용납하지도 않는다. 개발을 관리하는 정부 측 사람들이 냉혈한이라서가 아니다.

국산 무기 체계 개발과 관련한 어떤 법과 규정에도 개발 실패를 용인하는 구절은 없다. 실패가 곧 성공의 어머니라는 자비의 구절은 무지개다리를 만들고 없애는 하느님의 사전에나 나올 법한 말이다.

그야말로 백척간두에 선 절박한 심정으로 모자란 기술과 부족한 실력을 때로는 운으로 때로는 기도로 초조히 버텨 내기도 한다.

해외 경험을 구하고 선진국의 개발 사례를 끝없이 더듬지만 조건과 환경이 완벽하게 일치해 그런 선진 사례를 적용하여 수월하게 개발 위험을 줄일 방법은 거의 없다.

한 번도 가 보지 않은 길의 방향을 잡고 성공할지 실패할지 확신도 서지 않는 결심을 해야 하는 사람은 부서의 장이다.

개발 과정에서 만들어지고 받아들여야 하는 스트레스를 이길 능력이 없으면 그 자리에서 내려와야 한다.

성공에 따른 영광은 예산을 제공한 정부 관리자의 몫이고 실패로 인한 처절한 고통의 감내는 그것이 정신적이든 물질적이든 비용을 받아 간 회사 개발자의 몫이 되는 것은 계약서가 만들어 내는 피할 수 없는 법칙이다.

이런저런 것들이 두렵고 힘들어 중간에 그만두는 것도 대단히 용기가 필요한 일이다. 세상에 없었던 것을 새로 만들어 내는 데 호락호락한 것은 아무것도 없다.

우연한 기회로 인해 제법 사적인 대화까지 나누게 된 그 양반이 어느 날 심각한 얼굴로 '담당' 자리를 그만두어야겠다고 이야기했다. 그래도 조금만 더 버티면 끝이 보일 텐데 중간 관리자인 우리들 누구도 힘들지 않은 사람이 있겠냐며 어쭙잖게 버틸 만한 것처럼 말하면서도 내심으론 나부터 당장이라도 그만두고 싶은 것이 당시 솔직한 심정이었다.

어렵고 힘든 개발 과정에서 단 한 번도 웃음을 잃지 않던 그는 예의 밝은 얼굴에 잔잔한 웃음을 띠고

"나는 정년도 얼마 남지 않았고 또 이만큼 했으니 그만두어도 여한이 없어요. 이 담당은 아직 젊고 패기도 있으니 개발 마지막까지 최선을 다해 자리를 지켜야지요."

하면서 전에 없이 약간은 쓸쓸한 표정으로 자신의 사무실로 들어갔다.

그런 일이 있고 난 후 어머님이 세상을 떠나셨고 장례에 참석하느라 항공기 개발 현장을 잠시 멀어졌다가 다시 회사에 돌아왔다. 마침 연말이라 회사 조직의 변화가 있었고 보직자들의 변경도 있었다. 인사명령을 확인

해 보니 그의 이름은 어디에도 없었다. 마치 농담처럼 이야기했던 그 양반의 퇴직이 현실이 된 것이다.

항공기 개발의 험난한 길을 먼저 걸었고 아무리 힘들어도 넉넉한 웃음을 잃지 않던 양반이라 기대고 의지했던 마음이 적지 않았었는데 서운하고 아쉬웠다.

장례식 때문에 회사를 나서면서 그 양반을 마주쳤을 때
"일을 끝내고 돌아올 때까지는 계실 것이지요?"
하고 말했던 그 장면이 오래도록 머리에 남았었다. 정년은 아직 몇 년 남아 있었지만 그는 홀연히 회사를 떠난 것이다. 얼마나 힘이 들었으면 정년을 채우지 않고 그만두었을까 하는 생각도 했지만 진심으로 그 양반이 부러웠다.

자조적인 이야기일 수도 있지만 우리나라에서 무기 체계 개발 업무는 전형적인 힘들고 더럽고 위험한 업종으로 불린다. 그중에서도 항공기 개발 업무는 최악이다.

그 양반은 훌륭하게 3D 현장에서 탈출했다. 이후 들리는 풍문에 의하면 이런저런 과정을 거쳐 복숭아를 생산하는 농부가 되었다는 것이었다.

거대 태풍 '카눈'이 유례없이 한반도를 종단한다는 기상 예보로 연일 언론이 시끄러울 때 걱정되어 그 양반에게 전화를 했다. 절반 정도 수확했다며 피해를 보더라도 어쩔 수 없지 않겠냐는 특유의 담담함과 넉넉함으로 오히려 전화를 한 사람이 머쓱해졌다. 다행히 태풍 피해는 거의 없었고 복숭아 수확을 제대로 한 모양이다.

이때쯤이면 마트나 과일 가게 매대를 장식하고 있는 제철 과일이 복숭아다. 어릴 때 삼촌댁 바깥 마당가에 서 있던 달고 아삭한 복숭아가 생각나 해마다 때가 되면 복숭아를 사 먹는다.

복숭아가 생산되는 철이 되면 가끔 그 양반이 떠올랐다. 그에게 연락하여 복숭아를 사 먹어 볼까 하는 생각을 여러 번 했지만 여러 이유로 조심스러워 마음만 내었다 그만두었다.

하지만 올해는 어쩐 일로 복숭아 한 상자를 보내 줄 수 있겠냐고 덜컥 용기를 내어 전화를 했다.

수확이 끝나 보내 줄 수 없다는 이야기를 듣고는 약간 서운하기도 했지만 한편으론 성가신 일이 벌어질 수도 있겠다는 생각도 들어 잘되었다고 생각하고 있을 때 그 양반에게서 주소를 보내 달라는 문자가 왔다. 주소를 보내면서 계좌번호를 알려 달라고 했더니 다소 근엄한 목소리가 전화기 너머 들려왔다.

아니나 다를까 그예 염려하던 일이 벌어진 것이다. 계좌번호를 알려 주지 못하겠단다. 뜻하지 않게 피땀 흘려 지은 농부의 수확물을 공으로 취하게 되었으니 이를 어쩐단 말인가. 아무리 생각해도 괜한 짓을 했다. 공짜 복숭아 한 상자가 만들어 버린 이 난감한 상황을 수습할 방책이 없으니.

항공기 개발 당시 어려웠던 그 순간들이 갑자기 떠올랐다. 삶과 죽음이 교차하던 전쟁터 같았던 그 고통의 항공기 개발 현장들이 선연히 눈앞에 전개되었다. 검독수리 개발 과정에서 실제로 몇 사람이 과로로 순직하기도 했다.

잊을 수 없는 것은 세월이 흘러도 참으로 잊기 어려운 모양이다.

16. 호박잎쌈

오랜 장마 끝에 채소 가격이 장난이 아니다. 고추며 가지가 작년 이맘때보다 배는 더 오른 것 같다. 아무리 가격이 올랐다 하더라도 채소 가격은 사실 거기가 거기다. 도시의 소비자의 아우성은 괜한 엄살일 때가 많다. 비싼 채소는 그 시기만 조금 건너뛰거나 덜 사 먹으면 된다. 작물 재배 방법이 다양해진 요즘 반드시 그때 아니면 먹지 못하고 해를 넘길 염려는 없다.

온 식구의 생계가 농작물에 달려 있는 농사꾼의 처지는 다르다. 단순히 생계일 뿐만이 아니라 농사를 짓는 일이 자식을 기르는 일이라 했다.
추적추적 끊임없이 내리는 비를 바라보며 열매를 달지 못하는 작물을 보는 농부들의 속이야 얼마나 타들어 갈까. 농사를 지어 본 사람만이 타는 농부의 속을 알 것이다.
가을로 접어드는 시기의 오일장 구경은 할 만하다. 여름내 자란 푸성귀며 이제 막 익기 시작하는 과일들도 풍성하다. 오랜만에 비 그친 장터에는 활기가 넘친다. 날씨의 영향을 상대적으로 덜 받는 고급 식재료는 그런대로 가격이 괜찮다.
오히려 공터 아무 데서나 자라 평소 쉽게 접할 수 있는 호박잎이나 고구마 순이 귀하고 가격도 만만치 않다.

재래시장에서 그럴듯한 물건을 사는 것은 발품과 흥정 실력에 달렸다. 호박보다 호박잎이 더 비싸다. 흥정만 잘하면 오일장에서 천 원에 먹음직한 애호박 두 개를 살 수 있지만 시들어 추리한 호박잎 한 묶음은 천 원짜리 두 장은 주어야 한다.

난전에서 싱싱한 푸새들을 해찰스럽게 만지작대다 가격도 묻지 않고 자리를 뜨는 것은 파는 사람을 심란하게 하는 짓이다. 참기름 장수와 서너 발 떨어져 텃밭 채소 등속을 팔고 있는 이에게 흥정이라도 할 듯 바쁜 장꾼들 사이를 헤치고 명매기걸음으로 다가간다. 오가는 손님들에게 식후 졸음 가득한 눈길을 보내고 심드렁하게 앉아 있는 아낙에게 재우쳐 묻는다. 짐짓 호박에 대해 전문가인 마냥,

"잎이 넓고 색깔이 검은 게 조선호박 같지 않은데. 이 호박잎이 진짜 전래 약 호박잎 맞아요?"

하며 기분 나쁘지 않게 약간의 웃음기를 얼굴 가득 띤 채 너스레를 떤다.

거무튀튀한 얼굴에 건강해 보이는 젊은 아낙은 호박잎 한 무더기 사면서 별 가납사니 같은 양반 다 본다는 표정이 역연하면서도 해도 기울어 가니 떨이 욕심에 마음을 다잡는 눈치다.

"오늘은 호박잎 찾는 이마다 까탈스럽게 뭘 그리 물어보우? 아, 옆집 호박 농사 전문가 아저씨네 사돈집인 전라도 강진에서 씨앗을 특별히 부탁해서 가져다 심은 맷돌호박이 맞다니까 그러네. 사려면 사고 안 사려면 마시우. 장마 통에 호박이라곤 열리지 않아 가을 호박이나 기다려 볼까 하다가 호박잎도 괜찮게 팔린다 해서 손 떨어 가면서 몇 잎 가져왔더니 조선호박이니 전통 호박이니 타박도 심하우."

더 이상 말대꾸를 못하고 종이 상자 위에서 가을 햇살에 말라가는 호박잎 두 묶음을 떠밀리듯 샀다.

지금도 그렇지만 예나 지금이나 호박만큼 데면데면하고 친근한 먹거리도 흔하지 않다. 집에 복이 들어온다는 말을 호박이 넝쿨째 굴러들어 왔다고 하는 말이 널리 쓰이는 것을 보면 일찍부터 호박은 우리의 생활과 밀접한 관계를 맺어 왔음이 분명하다.

다른 채소류는 심어만 두어서는 수확을 하기가 어렵지만 호박은 그런대로 잡초와 경쟁하면서 열매를 맺는다. 그래서 그런지 호박에 대한 기억도 살아온 세월만큼이나 다양하고 풍성하다. 가을걷이가 어느 정도 끝나면 할머니는 추녀 밑으로 낮게 가라앉듯 밀려드는 따스한 가을 햇살 아래 늙은 호박 껍질을 벗겨 내고 말랭이를 만들었다.

잘 익어 먹음직한 노란색과 껍질 바로 아래 푸른빛이 드문드문 섞인 두툼한 호박을 끊어짐 없이 칼로 길게 오려 초가지붕이나 돌담 위에 늘어 말린다. 찐득하게 달라붙는 호박의 붉은 속은 달콤하면서도 비릿한 향이 느껴진다.

헝클어진 실타래 같은 것들로 서로 묶인 호박씨는 미끈거리지만 다음 생을 보듬고 알알이 자리를 잡고 있다가 볕바른 곳에서 몸을 말린 후 다시 봄이 오면 풍성한 이야깃거리를 만든다.

봄이 무르익어 가면 비닐을 뒤집어쓰고 길러진 호박 모종을 나누어 심는다. 텃밭 빈자리든 밭둑 공터든 햇볕만 잘 들면 어디에나 수월하게 뿌리를 내린다.

구덩이를 넓고 깊게 파고 두엄을 넉넉히 쟁여 넣은 뒤 어린 모종을 심은 뒤 강한 봄 햇살만 가려 주면 며칠 지나지 않아 자리를 잡는다.

맞춤하게 비가 내려 주고 나무 그늘이 가리지만 않으면 넝쿨이 텃밭 울타리나 밭둑 전체를 자기 세상으로 만드는 것은 순식간이다.

사립문 옆 울타리를 거침없이 기어올라 감나무 가지를 감아 도는 호박 넝쿨을 보면 왠지 그 집 안주인은 호박잎만큼 오지랖도 넓을 것 같은 생각이 들어 이런저런 어려움을 묻고 싶은 마음까지 생긴다.

봄부터 무서리 내리기 직전 늦가을까지 가난한 밥상을 책임졌던 호박과 호박잎은 어르신 밥상을 넘본 적은 적지만 여자들과 아이들 둘러앉은 저녁상을 수더분하면서도 푼푼하게 했다.

들면 밍밍하고 빠지면 서운한 된장찌개 속 애호박보다는 차라리 목젖을 씻듯 넘어가는 강된장 얹은 호박잎쌈이 눈치 보지 않고 먹기에 훨씬 흐뭇했다.

쌀과 보리가 적당히 섞인 푸른 호박잎 물든 밥이야 그렇다 치더라도 넙데데한 박 바가지에 모양 없이 담긴 밥알 붙은 찐 호박잎을 먹을 때마다 어머니는 심지어 싱싱한 감칠맛의 개발(조개) 냄새가 난다고도 했다.

비가 자주 내리는 여름 초입이나 장마가 이어지는 한여름에는 호박이 잘 열리지 않는다.

호박 넌출만 무성하게 돌담을 감아 돌고 있는 뒷집 아지매는 아침저녁으로 틈만 나면 호박잎을 들추며 손짭손(좀스럽고 얄망궂은 손장난) 심한 옆집 막딸이가 꽃이 피자마자 곪아 떨어지라는 축수—어린 호박이 달린 것에 손가락질을 하면서 골매골매를 읊조리는 행위. 골매골매를 몇 번만 하면 호박이 크지 못하고 반드시 떨어진다는 믿음을 어릴 때 가지고 있었다—를 해 대서 그렇다며 구시렁거렸다.

골매골매하는 막딸이의 저주에 호박이 자라지 않았다는 것이 사실이 아님은 어린 세근(분별력 있는)에도 진즉 알았다. 그 아지매가 자기 성질을 못 이겨 고래고래 소리 지르듯 고년의 손가락도 썩어 문드러질 것이라고 목청을 높였다.

하지만 막딸이 손가락이 아프다거나 썩는다는 이야기를 단 한 번도 들은 적이 없었고 손이 우악스럽게 컸던 그 여자애는 마을 숲 콘크리트 바닥에 앉아 공기놀이만 늘 일 등 했었다.

암꽃 아래 달린 어린 호박이 크기도 전에 떨어지는 것은 비가 내리면서 수정해 줄 벌과 나비가 날아들지 않았거나 꽃에 고인 물이 수정을 방해해서임을 나이를 한참 먹고 난 이후에야 알았다.

예전처럼 밥을 짓는 가마솥에 그냥 넣고 밥물이 파래지도록 호박잎을 찌지는 않았지만 구멍 숭숭한 채반 같은 데 넣고 찐 호박잎을 갈치속젓으로 양념하여 쌈으로 먹는다.

보리밥에 강된장이 제격일 수도 있으나 싱싱한 풋내와 비릿한 짠맛이 어울린 호박잎쌈도 먹을 만하다. 전통 음식은 때로는 고루하나 가끔은 찬연하다.

세상이 너무 살벌하고 시끄럽다. 가끔 생각한다. 실익도 논리도 없으면서 가문에 이어져 온 모든 세사(世事)를 묵수(墨守)하는 것보다는 비록 위패 안에 계신 선대로부터 욕을 먹더라도 차라리 일변하는 것이 세상과 화합하는 일일지도 모른다.

하나 먹거리만은 이런 묵수의 울타리를 굳건히 지키는 것이 좋다는 마음이 든다. 뼈와 살은 물론이고 피에서조차 견고히 녹아 전해지는 자신의 정체성은 결국 지금까지 이어져 온 음식에 있음이다. 전통의 음식이 건강임은 새삼 이야기할 필요도 없다.

갈치속젓 듬뿍 얹은 호박잎쌈을 먹으면서 드나드는 생각이 너무 거창하지만 오랜만에 시골 밥상 같은 것을 대하는 마음의 안락과 여유가 준 즐거움이 아니겠는가.

17. 배롱나무꽃 추억

어린 시절 시골에서 태어나 자연의 품속에서 자란 사람이라면 누구나 꽃에 대한 추억 하나쯤은 있을 듯하다.

계절 따라 산과 들판이나 집 근처 공터에 피는 꽃은 홀로 무심히 피었다가 지기도 하나 어스름 저녁의 서산마루 갈고리달처럼 마음을 흠뻑 적시기도 한다. 고향 마을 산과 들에는 가꾸는 꽃보다 홀로 피고 지는 꽃이 지천이었고 이름 아는 꽃보다 이름 없는 꽃이 더 많았다.

바람과 함께 꽃은 계절을 바꾼다. 일찍 봄을 느끼게 하는 생강나무꽃이 그러하고 참꽃 또한 오지도 않은 봄을 마중하며 마음을 술렁이게 하긴 마찬가지다.

초가집을 둘러싼 싸리 울바자 근처 공터에 홀로 피어 있는 민들레나 돌담 옆 매화는 말할 것도 없다. 이른 봄 나뭇가지에 피는 배꽃처럼 하얀 꽃들은 처연하고 돌담 아래 무리 지어 피는 노란색 꽃다지나 푸르스름한 봄까치꽃은 앙증맞고 따뜻하다.

온 산과 들이 꽃대궐로 변하면서 봄이 무르익으면 굳이 화려한 꽃이 싫증 나지 않아도 청신한 연초록 잎들에게 마음을 빼앗기기 시작한다.

빛나는 햇살을 한껏 받아들이며 푸른 하늘을 즐기는 새순과 새싹들을 보면 가슴 저 아래서부터 삶에 대한 희망과 기쁨을 느낀다.

여름방학이 시작되기 전부터 피기 시작하여 방학이 끝나고도 따가운 가을 햇살 아래서 계속 피는 꽃이 있다. 배롱나무꽃이다. 예전에는 배롱나무를 마을에서 쉽게 볼 수 없었다.

언제부터인가 배롱나무가 흔해졌다. 여름날 어릴 적 자연의 푸른 기운을 느끼고 싶어 들르는 고향길에는 배롱나무가 반긴다. 얼룩덜룩한 근육질의 등걸에 두꺼운 잎을 자랑하는 배롱나무는 함부로 꺾어서는 안 될 듯한 위엄이 있다.

배롱나무꽃은 대체로 희거나 붉지 않으면 연분홍색이다. 읍내를 지나 와룡산 민재봉을 바라보며 근남골로 접어드는 예의동 마을 도로변에 심어진 붉은 배롱나무꽃은 화사함을 넘어 화려하다.

예전에 삼십 리 황톳길을 걸어 학교 다닐 때는 없었던 풍경이다. 광에서 인심 난다는 말이 있듯 삶이 여유 있어야 좋은 꽃나무도 심는 법이다.

조경수로 활용하기 위하여 묘목으로 길러지고 있는 나무들이 성목(成木)이 되도록 논밭에 방치되면서 숲을 이룬 곳도 몇 군데나 있다. 넘침이 모자람만 못하다는 말을 다시 생각하게 된다.

한때 몸이 옴츠려질 정도로 예쁘던 꽃들이 가로수로 심어지면서 그 신비함은 줄어들지 모르지만 유년 시절의 경외심은 전혀 변하지 않았다.

배롱나무꽃은 자잘한 꽃들이 무리 지어 피면서 동살이 퍼지기 시작할 무렵이면 붉다 못해 푸르기조차 하다.

산마루를 넘은 햇귀가 넓은 들판을 지나 햇발로 어스름을 밀어 내면 이슬방울 초롱초롱 맺힌 꽃들은 투명한 빛으로 온유하게 빛난다. 이윽고 해가 중천에 떠오르면 맺혔던 이슬을 털고 작열하는 햇살을 온몸으로 맞는다.

배롱나무꽃은 목백일홍이라 불린다. 열흘 붉은 꽃이 없다 했는데 백 일 동안 피어 있는 꽃이라니. 비록 하루를 피었다 지는 꽃일지언정 부질없이 피었다 지는 꽃은 없다.

봄도 아니고 벼 이삭이 뭉실뭉실 자라고 볕내도 맡기 어려울 정도로 어둑어둑한 논고랑에 초봄 밟아 넣은 봄 풀 썩는 냄새 향긋해지면 백일홍은 하나둘 꽃망울을 터트리기 시작한다.

온 산야가 노란 꽃 붉은 꽃으로 지천인데도 배롱나무는 무심히 가지를 키우고 잎을 피운다. 기다림과 인내의 시간을 보내는 것은 배롱나무가 갖는 겸화다. 염천 더위 속에 꽃을 피우려면 나른하고 뭉뭉한 봄날의 유혹을 이겨 내야 한다.

어린 시절 초등학교를 오가는 신작로, 학교가 있는 마을로 돌아드는 야트막한 산모롱이 곁 공터에 아담하게 돌담 둘러싸이고 팔작지붕이 얹힌 비석 하나가 있었다.

비석은 무덤가에서나 보는 물건인지라 한자를 깨치지 못한 나이에 보는 길거리 비석은 그곳을 지날 때마다 어쩐지 으스스 한 기분이 들었다.

산마루 아래로 저녁 어스름이라도 일찍 내려오고 철 늦은 소쩍새라도 처량하게 우는 겨울이 되면 그 으스스함은 무서움이 되기까지 했다. 무덤가에 있어야 할 비석이 마을 입구에 서 있는 것도 두려운데 청승맞은 새 울음마저 더해지니.

지금 와서 생각해 보면 그 비석은 무섬증 자아내는 죽음비가 아니라 효자비나 정절(貞節) 비 종류였을 것이다.

비각을 둘러싼 돌담 남쪽에는 그리 크지 않은 배롱나무 한 그루가 터를 잡고 살았다. 나무 이름을 알 리 없는 아이들은 비각 옆에 서 있는 나무를 다들 귀신나무라 불렀다.

비각은 죽은 이의 사적을 기록해 놓은 것으로 알고 있었던 아이들은 비각 근처 배롱나무도 당연히 귀신을 위한 나무로 알았다.

핏빛만큼이나 진한 붉은색 꽃은 어쩌다 나타난다는 살별만큼이나 꽃무리가 크고 소담했다. 아침 이슬이나 비에 젖은 꽃무리는 무겁게 고개를 숙였다가도 해가 중천에 뜨면 불꽃이 일렁이듯 화려했다.

자잘한 꽃들이 다붓다붓 모여 피어 있는 모습은 먼 신작로에서 보는 초가지붕 정겨운 마을 같았다. 서로가 서로에게 어깨를 내주고 가슴을 껴안는 마을의 오래된 집들처럼 다닥다닥 붙어 따스하기조차 하지 않았던가.

벌이 잉잉대는 꽃무리를 손으로 헤집고 가만히 들여다보면 작은 꽃잎들 속에는 노란색 꽃술이 어우러져 멀리 시집간 큰누나가 친정 올 때 입고 오던 뽀쁘린(포플린) 저고리처럼 눈부시고 예뻤다.

어느 여름날, 돌아가신 아버지 생일이라고 발걸음했던 큰누나가 생각나 꽃무리에 눈을 가까이 대고 산마루 낮달을 올려다보았지만 누나의 달덩이 같은 얼굴은 보이지 않았다.

귀신 꽃 사이로 누나가 보일 턱이 없다고 혼자 투덜대며 괜히 비각 앞 돌멩이만 툭툭 걷어찼다. 그해 여름은 참으로 더웠다.

어릴 적 무섭고 괴기한 배롱나무꽃은 사내아이들만 만졌다. 배롱나무는 두꺼운 껍질이 없이 마치 벌거벗은 맨살 목피에 얼룩얼룩 무늬만 새겨져 있다. 화려함이 사라진 가을의 화사(花蛇)처럼 나무 대궁 무늬는 섬뜩하고 해마다 새로 자라는 가지는 선홍빛으로 무섭다.

세월의 두께가 쌓이지 않는 나무껍질을 보면 더더욱 괴이했다. 짓궂은 아이들은 꽃을 꺾어 오가는 아이들에게 던졌고 꽃을 맞으면 귀신이라도 달라붙을까 봐 여자아이들은 반 울음을 터트리며 정신없이 내달렸다.

달빛이 교교한 밤이면 배롱나무 가지에는 인(燐) 불이라도 달린 듯 푸르스름하게 빛났다. 밤길에 배롱나무꽃이 핀 비각 옆을 지날 때가 있으면 멀리서부터 아예 눈을 감고 달음박질을 했다.

　포장이 잘된 고향의 신작로에는 언제 심었는지 알 수 없는 여러 그루의 배롱나무가 이맘때쯤이면 화려하게 꽃을 피운다. 나부산을 배경으로 큰 내를 건너 잘 정돈된 들판과 진등 사이에 자리한 배롱나무는 마을 풍경과 어우러질 만한 곳에 터를 잡았다.
　징거미를 잡고 미꾸라지를 쫓았던 구불구불 논도랑은 흔적조차 없지만 새롭게 터를 잡고 사는 배롱나무가 있어 옛 추억을 떠올리게 한다.
　마을 돌담은 여기저기 무너지고 인적 드물지만 신작로 옆 배롱나무는 널찍한 곳에서 겨룸 없이 살아간다.
　도깨비도 만지지 않는다는 저승꽃, 아무리 붉은 배롱나무꽃도 자신을 심은 사람이 세상을 떠나면 3년간은 흰 꽃을 피운다는 선비의 마음을 닮은 꽃이 지금도 고향길에는 붉게 피어 있을지 모르겠다.

　파란 하늘 아래 눈이 부시도록 햇살이 부서지는 날 아침, 선연한 핏빛으로 맑은 이슬방울을 매단 채 초가을 쓸쓸함을 맞고 있을 고향길 배롱나무꽃을 생각한다.

18. 밭은 죄가 없다

    좀 배웠다는 사람들은 다 떠났다. 배우지 못한 사람도 대부분 떠났다. 물길 따라 산길 따라 떠날 사람은 떠났다. 뭇 짐승도 살기 좋은 곳을 찾아가는데 사람이야 오죽하랴. 보다 나은 삶을 누릴 권리는 누구든 똑같이 가졌다.
    예나 지금이나 시골이란 곳이 좁은 땅을 일구거나 남의 땅을 빌려 소작하며 사는 것에 희망이 보이지 않았기 때문이다. 그들은 전부 도시로 유입되었다.
    배운 만큼 윤택한 생활을 영위한 이도 있었을 것이고 요행히 운이 좋아 배운 것보다 더 많은 혜택을 누리며 산 이도 있을 것이다.
    원래 살던 도시인보다 훨씬 어렵고 힘들게 삶을 꾸렸을 수도 있지만 어찌 되었든 버티고 이겨 냈다.
    이제 남아 있는 해는 짧고 황혼의 긴 그림자는 아직도 친숙하지 않은 도심의 시멘트 바닥에 길게 드리워진다. 가고 싶은 곳이 있는데 아직도 돌아가지 못함은 서글픔이요 씁쓸함이다.

    수구초심(首丘初心)이란 말이 있다. 여우도 죽을 때에는 구릉(丘陵)을 향해 머리를 두고 초심(初心)으로 돌아간다는 말로 고향을 그리워하는 마음을 비유한 것이다.
    한갓 미물인 야생의 짐승도 그러하거늘 가족을 꾸리고 사회적 관계를 유지하는 만물의 영장이라는 인간이야 더 말할 것도 없다.
    먹고살기 위해 고향을 떠났든 성장과 발전을 위해 도시로 갔든 어느 정도 이루고 마무리가 되었으면 고향으로 돌아가 자신을 태어나게 하고 길러 준 곳에 투자를 하거나 기여를 함으로써 빚을 갚고 의미 있는 노년을 보내는 것은 어떠냐고 한다.

빛나는 태어남과 용솟음치던 젊음, 고뇌와 방황이 있던 곳에서 유유자적 일생을 돌아보는 황혼을 보내는 것이 좋지 않냐 말한다.

물론 틀린 말은 아니다. 태어난 곳으로 돌아가서 지금까지 살아온 여정을 되돌아보고 아름다운 마무리로 오간 흔적 없이 생을 마감하는 것은 많은 이들의 바람일 것이다.

하지만 막상 실행에 옮기려면 그렇게 수월하지가 않다. 도시 생활에 적합한 유전자를 갖고 태어나지도 못했고 도시적 삶의 사고 체계를 키우는 데도 한계를 가진 천생 시골 사람인 나 같은 이는 오로지 마지막 소망이 있다면 고향으로 돌아가는 것이다.

그것도 불가능하다면 맞춤한 시골에라도 터를 잡고 여생을 사는 것이다. 아침 이슬을 적시며 텃밭을 가꾸고 저녁달을 보면서 이웃과 술잔이라도 기울이는 자연의 삶을 진정으로 원한다.

그러나 엮이고 걸린 것이 몸과 마음을 붙들어 맨다. 떨치고 나설 용기도 부족하지만 이제는 어느덧 고향이 낯선 곳이 되고 말았다.

서울에서 거주하다가 지방—그가 사는 곳이 시골 마을인지 읍내 정도의 도시인지 알지 못한다—으로 이주하여 10여 년 가까이 과일 농사를 짓고 있는 지인으로부터 전화를 받았다.

순전히 자기 생각이라고 전제하면서도 고향을 떠나 배우고 가지게 된 사람들이 어느 정도 할 일이 마무리되면 고향으로 돌아와 발전도 시키고 사라져 가는 마을도 다시 일으켜 세우면서 의미 있는 노년을 보내지 않는지 모르겠다고 타박 아닌 타박을 했다.

그는 공학을 전공한 전형적인 도시인으로 내 판단으로는 전혀 농사꾼이 어울리지 않을 것 같은 사람이다.

'나도 가고 싶은 마음이야 굴뚝같다.' 하면서 시골로 갈 수 없는 여러 가지 이유를 나열했더니 그럴 수도 있겠다면서 '그래도 소멸되어 가는 농촌을 되살리기 위해 우리 세대라도 무언가 해야 하지 않겠냐.' 하며 안타까워했다.

한참 동안 이야기를 하다가 말미에 자신도 농사를 지을 수 있는 체력도 재주도 없지만 어머니를 닮아 손 하나는 투박한 농사꾼을 닮았다며 웃었다.

사람 좋게 웃는 그에게 고향집 근처에 텃밭을 가꾸려고 봄만 되면 해마다 안절부절못한다는 말을 차마 하지 못했다.

선대에서 터를 잡은 곳이고 선조들이 영면에 든 곳이라 버리려야 버릴 수도 없고 잊으려야 잊히지도 않는 곳이 고향이다.

비록 몸은 떨어져 있지만 마음만은 항시 그곳에 머물고 싶어 송곳이라도 꽂을 만한 작은 밭뙈기를 마련하고 뭐라도 심어 텃밭처럼 가꾸어 보려 했다.

철새가 계절에 맞추어 사는 곳을 옮기듯 이른 봄만 되면 어떻게든 틈을 내어 고향 발걸음을 하고 팽개쳐진 땅을 일구려 한다. 도저히 스스로 할 수 없는 일이라 마을 선배에게 땅 갈아엎기를 부탁한 후 호박 몇 구덩이에 가지, 고추 모종 몇 개를 심는 것에 불과하지만 어떤 일을 하는 것보다 신이 나고 재미가 있다.

간 김에 둑에 심어진 감나무, 매실나무를 감고 있는 칡덩굴도 쳐내고 사위질빵 넌출도 제거한다. 오직 심어만 두고 가꾸질 못하니 잡초 정글에서 자라지도 열매를 제대로 맺지도 못하겠지만 심을 때만은 정성을 다한다.

생각하면 주인 잘못 만난 것들이 불쌍하나 그래도 싹을 틔운 후 사람의 손길에 의해 뿌리 내릴 곳을 찾은 것만으로도 다행으로 생각하라며 그들에게 위로의 중얼거림을 보낸다.

그곳의 감나무와 매실나무도 사람의 돌봄이 필요하긴 마찬가지다.

주인이 찾지 않아도 나무들은 계절의 순환에 맞추어 삶을 이어 간다. 감나무 매실나무를 볼 때마다 많은 생각을 하게 된다. 자주 가서 가꾸고 돌아보지 못하는 나무라 더욱 그렇다.

나무는 꽃보다 새싹이 더 거룩하고 빛난다. 꽃은 후대를 잇기 위해 필요하지만 잎은 현재의 삶 그 자체다. 지연된 정의는 정의가 아니 듯 현재를 기반을 두지 않은 미래는 없다.

대궁을 살찌우고 키우고 꽃을 피우고 열매를 맺게 한 나뭇잎은 단풍 들고 낙엽 되어 떨어진 후 그곳에서 흙으로 돌아간다. 인간이 능히 해낼 수 없는 일을 초목은 자연의 순리에 맞추어 해낸다.

아무 가꿈도 하지 않는 나무가 소담한 열매를 아낌없이 내주는 것을 보면 기특하다 못해 처연하기까지 하다. 바람도 기다림도 없이 사는 자연은 아름답다. 어찌 보면 산야의 무수한 초목이나 인간이나 별다를 바가 없다.

사실 제대로 채소를 가꾸는 것이 아무나 할 수 있는 심상한 일이 아니다. 시골에 사는 사람들이야 장난이랄 수도 없는 하찮고 허접한 수준이겠지만 시기에 맞추어 모종을 준비하고 터를 골라 밑거름을 뿌린 후 잡초가 자라지 않게 둑을 만든 후 비닐을 덮는 정도까지도 일머리를 알아야 하고 요령도 필요하다.

심은 후 자라는 과정에서 필요한 물 주기나 웃거름 주기, 약 치기 등은 어깨너머로라도 배우지 않으면 흉내 내기조차 어렵다.

자연과 계절의 시계에 맞추어 심고 기르며 수확해야 하는 농사는 대단히 전문적인 기술과 지식 그리고 경험 집약적 산업이다.

막연히 어릴 적 보았던 기억을 더듬어 가꾸기에 도전하면 십중팔구 제대로 된 고추 하나 가지 한 개 따 먹기 어렵다. 땀 흘려 노력하지 않으면서 그저 얻을 수 있는 것은 어디에도 없다.

올해도 고향집 근처 밭에 호박 세 구덩이와 고추, 가지 몇 포기를 심어 놓고 한 번도 가 보지 못했다.

풀을 매고 지지대를 세워 주기는커녕 물 한 바가지 약 한 번 제대로 치지 못했다. 밀림같이 자라난 잡초들에 둘러싸여 볕이나 제대로 맡고 있는지 모르겠다.

내년부터는 더 이상 가지나 고추 심는 것을 그만두어야겠다. 가꾸지 못하면서 심기만 하는 것은 그들을 지옥문 앞에 팽개치는 일이다.

어느 날 꿈속에서는 가지귀신, 고추귀신이 나타나 사람을 괴롭힌다. 막연히 갈 기회가 생기면 가서 돌보고 가까이 사는 친구가 있으니 둘러보라고 해서 될 일이 아니다.

살아 있는 모든 것들의 생명과 자람, 열매 맺음은 똑같이 가치 있고 소중하다. 그 소중함을 하찮게 여길 권리는 누구에게도 없다.

오늘도 책상 앞에 앉아 봄에 심어 두고 가 보지 못한 호박, 가지, 고추에게 미안하다는 인사를 보낸다. 감나무야, 매실나무야, 미안하다. 밭은 죄가 없다.

19. 얼떨결에 산 빵

　낯선 곳 어디를 가나 맨 먼저 들르고 싶은 곳이 전통 시장이다. 어떤 사람들이 모여 어떤 것들을 사고파는지 궁금하기도 하지만 그보다는 멀어지고 사라진 소시민들의 생활 내음을 맡고 싶기 때문이다.
　낮은 추녀 아래를 감돌며 피어오르던 재래시장 가게들에는 달곰하고 고소한 맛들이 언제나 넘쳐 났다. 물건을 사고팔면서 만들어지는 왁자지껄한 소리들에는 사람의 냄새가 묻어났고 말뚝에 매인 집 떠난 소나 염소들의 긴 울음소리가 조금 슬프긴 했지만 심상했다. 손님을 붙잡고 흥정하는 악다구니는 시끄럽지만 흥이 묻어났다. 리어카와 보따리상 사이를 뛰어다니는 장터 아이들은 가살궂었다. 근처에 사는 아이들은 하나같이 어른만큼이나 영악하기도 했다. 가게 근처를 어슬렁거리는 개들은 눈길이 흉흉했지만 짖지는 않았다. 짖어야 할 사람과 짖어야 할 때를 시장통 강아지는 너무나 잘 알고 있었다.

　운동을 하러 가는 길 옆에는 작은 전통 시장이 있다. 입구 선전 홍보물에는 백 년도 훨씬 더 된 역사를 자랑하고 있지만 차를 타고 지나다 보니 한 번도 들러 보지 못했다. 옛날식 기름집이 있는지 어묵을 만들어 파는 가게는 어떤 모습인지 궁금했었다.
　오늘은 운동 시설 근처 주차장에 차를 대 놓고 삼십 분 정도를 걸어 시장 구경을 한다. 이곳도 여느 시장처럼 세련된 아치형 유리 지붕으로 하늘을 가리고 깔끔한 포장을 한 직선형 골목에 가게들이 가지런히 줄지어 터를 잡았다.

과일 가게며 어물전이 주를 이루고 곡류 가게도 여럿 있다. 닭강정 가게도 구경하고 민물고기 파는 곳도 기웃거리고 있는데 시장 중심가가 끝나는 지점, 좁은 골목에 사람들이 끝이 보이지 않는 긴 줄을 만들고 있다.

서 있는 사람들은 어린아이가 딸린 새댁에서부터 할머니, 후줄근한 작업복 차림의 장년 남자와 머리가 하얗게 센 할아버지까지 대중이 없다. 시장을 오가는 사람 대부분이 그 줄에 매달려 있는 것처럼 느껴진다.

줄을 선 사람들은 하나같이 땀을 흘린다. 폭염 경보가 내려진 도심의 한낮은 말 그대로 모든 것이 파김치다. 그런데도 줄을 선 사람들은 바쁘다거나 힘들어하는 기색은 전혀 없다. 여러 번 그런 줄 서는 것을 경험해 본 눈치다.

무엇 때문에 이런 땡볕에 줄을 길게 서서 무수한 땀 흘림의 수고를 아끼지 않는지 하는 궁금증이 생긴다. 줄에 선 사람들의 눈치를 흘깃흘깃 보면서 앞으로 가 본다.

혹 유명한 시장 맛집이 있는 곳인가 해서 스마트폰 지도 앱을 켜고 위치 정보를 확인하니 다만 몇몇 가게 이름만 검색될 뿐이다.

사람들에게 왜 이렇게 더운 날씨에 긴 줄을 서서 고생을 하느냐 묻고 싶지만 지나가는 사람들에게 숫제 눈길조차 주지 않아 물을 용기마저 멀리 도망친다.

중간에 끼어들려는 사람도 없고 줄을 이탈하는 사람도 없다. 긴 줄이 두 번이나 꺾이고 나서 보이는 그 줄의 끝은 의외로 시장 안 대형 편의점이다.

편의점을 들어갔던 사람들은 하나같이 검은빛이 나는 투명 봉지 하나씩을 들고 여유 있는 표정을 지으며 가게 문을 나선다. 어떤 사람은 득의

만면함을 넘어 기꺼운 모습 같아 보이기조차 한다.

순간 '아, 마트가 개업을 기념하여 오늘 가게를 찾은 고객에게 무언가 감사 기념품을 주는가 보다.' 하는 어쭙잖은 잔머리를 돌리며 부리나케 되돌아서서 긴 줄의 맨 뒤에 가서 섰다.

오늘 처음 와 본 시장이지만 고객 명부를 놓고 선물을 줄 만큼 용의주도한 전통 시장일 턱이 없으니 이런저런 따짐도 하지 않고 무언가 공짜 선물이 주어지지 않겠냐는 얄팍한 욕심이 불현듯 발목을 잡아끌었다.

여지없이 열파(熱波)는 도심 속으로 마구 쏟아졌고 땀은 줄줄이 흘렀다. 줄은 느리게 움직였고 줄에 선 사람들은 언제나 그 마트로 들어가는가만 생각하는 듯했다.

무더위 속의 침묵은 기이했고 그 침묵을 깨려는 시도는 누구도 하지 않았다. 그나마 뒤로는 더 이상 아무도 줄을 만드는 사람이 없었다.

점심시간이 가까워서인지 시장 안에서 풍겨 오는 튀김 냄새, 순대 냄새, 과일 향기 등이 자꾸만 허기를 느끼게 했다. 배가 몹시 고팠다.

줄 선 것이 순간 후회되기도 하고 그만두고 싶은 생각이 들기도 했으나 중간에 포기하기는 들인 수고가 아까웠다.

거의 삼십 분 가까이 흐르고 나서야 가게로 들어설 사람이 다섯 정도 남았다. 알게 모르게 뒤로는 그 사이 네 사람이 더 줄을 섰다.

목을 길게 내빼고 무언가를 나누어 주고 있는 점원 쪽을 바라본다. 사람들은 카드를 건네거나 현찰을 주면서 물건을 받는다.

아뿔싸! 공짜로 기념품을 나누어 주는 사례 행사가 아니다. 그렇다고 이제 와서 줄에서 비켜서기도 눈치 보인다. 사도 괜찮을 물건인지 살 필요가 없는 물건인지를 따지기엔 너무 늦었다. 잠자코 끌려가듯 가게 문을 들어선다.

점원은 연신 종이 박스에 담긴 물건 숫자를 세면서 줄을 선 고객 수를 살피고 한 사람에게 한 봉지씩을 건넨다. 드디어 나를 흘깃 본 점원은 말한다.
"아버님, 재수 좋으신 날입니다. 그 뒤에 서신 분들은 다음 기회를 이용해 주시기 바랍니다. 오늘 들어온 물건이 다 떨어졌습니다. 죄송합니다."
빈 종이 박스를 뒤집어 흔들며 마치 공짜 물건을 나누어 주다 행사가 끝난 듯 너스레를 떤다. 뒤에 서 있던 사람들은 아쉽고 황당한 표정으로 편의점 문을 나선다.
엉겁결에 카드로 물건 값을 결제하고 자세히 봉지를 보려는데 팔고 난 점원이 무언가 이상함을 느꼈는지 설명하는 말이 건너온다.
"아버님, 그게 일본식 포켓몬 빵이라고 요즘 아주 난리가 난 빵입니다. 저희 가게에서는 1200원에 팔고 있지만 동네 구멍가게나 24시 편의점에서는 그보다 몇 배는 주어야 살 수 있을 겁니다. 어떤 집 아이들은 중고거래 플랫폼에서 몇 배까지 프리미엄을 주고 사기도 한답니다. 집에 손주나 애들 가져다주면 엄청 좋아할걸요. 오늘 득템 하셨습니다. 안녕히 가십시오."
순간 멍해졌다. 이깟 빵 하나를 사기 위해서 이 염천 더위에 삼십 분 넘게 긴 줄을 서 있었다니.

허탈함을 애써 감추고 시장 안으로 다시 들어서는데 젊은 아주머니 둘이 지나가면서 구시렁거린다.

"일주일 내내 시달리다 오늘 모처럼 포켓몬 빵을 구했네. 가게 직원들조차 언제 몇 개나 들어올지 모른다니 도대체 이게 무슨 난리람. 줄을 서서 기다려도 산다는 보장이 없다니. 고도의 장사 술법임에 틀림없어. 공정거래위원회니 소비자권익보호니 하는 단체들은 뭘 하고 있는지 몰라."

포켓몬 빵 광풍에 멋모르게 나까지 끼어들었으니. 고작 빵 하나에, 하면서도 아이들의 등쌀에 더위를 무릅쓰고 긴 줄을 서서 기다려야 했으니 정부의 공정거래 단체를 들먹이는 것이 한편으로 이해되기도 한다.

숨기듯 감추듯 빵 봉지를 들고 집으로 오니 이를 본 아내가 평소에 눈길도 주지 않는 웬 초코빵이냐 한다. 순간 얼굴이 붉어지면서 말이 더듬어진다.

세상 물정 모르고 혹 공짜 선물이라도 생기는가 하고 긴 줄을 서서 기다렸던 속내가 들킨 듯하다. 짐짓 목소리를 높여

"아, 요새 난리 법석이 난 포켓몬 빵도 몰라? 빵 맛이 하도 좋다길래 같이 먹어 보려고 한 시간 가까이 줄을 서서 사 왔구먼. 약간 달기는 하지만 커피랑 같이 먹는 것이 요즘 젊은이들의 대세래, 대세."

하고 시답잖다는 듯 대꾸를 하는데 등짝에 땀만 비 오듯 흘렀다.

한여름에 도심에서 되지도 않은 욕심에 눈 멀어 줄 한번 잘못 서면 더위 먹을 일이 한두 가지가 아니다.

사람 많은 곳. 긴 줄이 늘어서 있는 곳은 무조건 피하고 볼 일이다. 더위는 이기려 해서 될 일이 아니다. 피해야 한다.

20. 골목길

　골목길은 아이를 키웠고 아이는 골목길을 지켰다. 마을을 벗어났다가도 골목길 근처에만 오면 안심이 되었고 뒷산 여우가 캑캑거리며 울어도 골목길에 들어서면 뛰지 않았고 뒤를 돌아보아도 무섭지 않았다.
　그곳에 떨어진 감꽃타리는 누구나 주워 가도 아무 말 하지 않았고 돌담에 걸린 가지에 알른알른 매달린 홍시는 눈치 보지 않고 따 먹어도 마음 불편함이 적었다.

　그 옛날 골목길은 그랬다. 어린 마음에 아이 많은 집 덕동 아재가 가끔씩 술 취한 채 고래고래 소리 지르는 화풀이 길이 아니길 소원했다. 철부지 아이들이 짧은 나무 막대기 들고 가여운 길고양이를 쫓는 무서운 시달림의 길이 아니길 염원했다. 낯익은 어린아이들이 사방치기를 하고 구슬치기를 하고 자치기를 하면서 웃음이 끊일 시간이 없는 골목길이길 바랐다.
　밤이 늦었더라도 아이를 찾는 할머니와 어머니의 목소리, 형의 목소리, 누나의 목소리까지 도란도란 정겹게 울려 퍼지는 골목길을 꿈꾸었다.
　군대 갔다가 동작 느리다며 매만 맞다가 제대당했다는 마음 여린 동네 형은 언제나 골목길을 서성거렸다.
　가실 타작마당에 내놓기 위해 항아리 가득 밀주 담가 산 초입 대밭에 숨겨 둔 대곡 양반은 면사무소 술 치는 공무원 무서워 골목길 입구에 명석을 깔고 자는 듯 쉬는 듯 밤을 새워 지켰다.
　발바닥 티눈을 뽑는다며 조약을 잘못 써서 절름발이가 되었다는 새몰 양반이 제대로 묶지도 않은 마른 삭정이를 잔뜩 지고 들어서다 담벼락에 걸린 시래기 다발을 건드려 떨어뜨려도 수더분한 불당골 댁은 푼푼한 웃음으로 눈만 살짝 흘겼다.

이른 봄 태어난 잔망한 새끼 염소가 겨우 버티고 있는 어그러진 돌담 위에서 까닭 없이 기웃거리다가 마지막 남은 돌 하나를 쓰러뜨려도 누구도 뭐라 그러지 않았다.

이웃 간 정(情)은 골목길에서부터 드는 법이다. 고모가 친정 왔다 밟고 갔던 골목길은 가을 향기가 있었고 누나가 놀다가 시집간 골목길은 언제나 봄 햇살이 따뜻했다.

엿장수 아저씨가 부러진 숟가락, 떨어진 흰 고무신을 훑어 간 그 길에는 달콤한 울릉도 호박엿 냄새가 오래도록 배어 있었다.

붉은색 자전거를 따르릉거리며 매일 새 소식을 날랐던 집배원 아저씨 지나가면 볼이 붉은 아가씨는 괜스레 돌담 넘어 얼굴을 내밀었다.

그 골목길에는 정신없는 어느 집 씨암탉이 골골거리며 버리듯 알을 낳았고 이웃집 아이는 구렁이 알이라며 나무 꼬챙이로 조심스럽게 알을 들어다 대밭으로 던졌다.

골목길은 아련한 추억의 길이다. 그곳은 바람이 통과하는 길이고 삶의 이야기가 곳곳에 묻어나는 곳이다.

사람이 사는 곳이라면 어느 곳이나 골목이 있기 마련이다. 골목길은 큰길에서 들어가 동네 안을 이리저리 통하는 좁은 길을 가리킨다.

골목은 좁다. 좁다는 것은 골목을 이웃하고 있는 사람끼리 겉으로 드러나는 것은 물론 은밀한 생활까지 조금은 알고 있다는 것이다. 가난한 날에는 골목길을 접한 이 집 저 집에서 김칫국을 끓였고 술지게미라도 넉넉히 먹은 날은 온 골목이 잘 익은 홍시 냄새로 흘러넘쳤다.

오랜만에 시집간 딸이 친정 오면서 쇠고기 자투리라도 끊어 온 날은 얼기설기 대나무 엮어 만든 사립문을 살그머니 닫아 걸었다.

어느 집 큰아이 생일이 언제인지, 오월의 기제사는 멀리 북해도로 징용 간 뒤 얼마잖아 세상 떠난 누구를 모시는 제사며, 한여름 제상에 놓이는 생선은 대체로 소금기 많은 굴비를 주로 올린다는 것 정도는 알고 있었다.

지난봄 오일장에서 사 온 강아지 복실이가 혀를 빼물고 마당을 가로질러 삽짝 문을 밀치며 얼이 빠져 내뺐다.

그런 날은 틀림없이 그 집 주인장이 윗마을 도가에서 술친구를 만나 고주망태가 되어 집으로 와서는 대청으로 오르다가 마루 밑에서 졸고 있는 강아지 꼬리를 공연히 밟았음은 누가 이야기하지 않아도 알았다.

골목길을 샅샅이 훑고 다니는 복실이는 주인장이 술 취해 골목길이 부산해지면 으레 꼬리를 내리고 다른 집으로 피신을 하는 것이 보통인데 재수 없이 가을볕에 졸다가 밟혔다고 너나없이 혀를 껄껄 찼다.

골목길이 주는 기억은 마을 집들만큼이나 다양하다.

골목길은 의미심장함과 묘함의 의미가 응축된 신비로운 단어다. 골목길을 나선다는 것, 골목길을 밟아 돌아온다는 것, 골목길은 만남과 헤어짐이 매일같이 이어지는 삶의 현장이다.

한여름 밤이면 바람이 잘 통하는 곳에 모깃불을 피우고 평상을 가져다 두곤 골목 아낙들이 모여 이야기꽃을 피우기도 했다. 도시로 돈 벌기 위해 떠난 딸이 소환되고 월남에 파병된 김 하사가 느닷없이 화제에 오르기도 했다.

어느 날인가부터 고향의 골목길에는 사람이 사라지고 닭이 사라지고 새끼 염소도 사라졌다. 한 집 두 집 빈집이 늘어나더니 아예 골목마저 사라졌다. 담이 무너지고 장맛비가 훑고 간 골목은 길이 아니라 돌 버덩이 되었다. 여름이 오면 감꽃 향 싱그럽던 골목은 어둠과 적막 속에 잠겼다. 달이 뜨고 별이 지나던 그곳은 우묵장성으로 자란 풀들이 물결처럼 흔들린다.

이 집 저 집 다 비어 인적조차 없는 긴 골목 모퉁이 접어들면 휑하니 빈 바람만 울어 분다. 가 보지도 않은 한양 궁궐을 그대로 닮게 지었다고 대목 아재 큰소리치던 골목길 대궐 같은 집 마당에도 길고양이만 한가하다.

미래를 준비하면서 쌓은 돌담들은 현재로 남았는데 텅 빈 골목길은 오직 과거만 남았다.

오늘은 마음속에만 남아 있는 고향의 골목길을 걷는다. 추억으로 쌓이던 돌담과 마음을 여닫던 사립문은 언제까지 남을 수 있을까.

밥 짓는 연기 나지막하게 깔리고 장수잠자리 곡예비행하며 누비던 그 골목길이 그립다.

# Ⅲ 가을

21. 누나가 보낸 고구마

가을이 깊어지더니 차가운 이슬이 내린다는 한로를 지나 강원도 어디에서는 벌써 얼음이 얼었다는 겨울 초입이다. 기러기 떼 지어 하늘을 난다.
아파트 앞 베란다에서 바라다보이는 황금 들판에는 벼를 거두어들이는 기계들이 바쁘게 오가고 며칠 사이에 땅이 드러나면서 계절 손님 기러기 내려앉는다. 머잖아 높은 산에는 눈이 내렸다는 소식이 들릴 것이다.

하늘이 높아지면서 도심의 마트마다 먹거리가 차고 넘친다. 이름도 낯선 외국 과일에서부터 샤인 머스캣 같은 꽤 비싼 포도와 수확기를 맞은 대추나 감 등 우리나라 제철 과일이 식품 진열대를 가득 채우고 있다.
싸지 않은 가격이긴 하지만 감자나 고구마 등도 사시사철 매대 한편을 차지하고 구색을 맞춘다. 올해는 유난히 과일 값이 천정부지다. 작년에 비해 배 이상 오른 느낌이다.
지구촌 전체가 코로나 재정 확대로 인한 유동성 과다에 한 번도 겪어보지 못한 고금리, 인플레이션이 서민의 식탁까지 가난하게 만들고 있다.
그뿐만 아니라 우크라이나와 러시아의 전쟁 장기화에 더하여 중동의 화약고까지 터지다 보니 내일을 예측할 수 없을 정도로 세계의 물가는 불안해졌다.
미국의 연방 준비은행이 고금리 정책을 계속하고 있지만 급격한 물가 인상이 쉬 잦아들 기미는 보이지 않는다. 그러니 올겨울은 유난히 연료비와 식재료비의 급격한 인상으로 엄청난 고통을 요구할지 모른다.
그렇다고 하더라도 우리가 어릴 적 겪었던 굶주림의 시간들과는 전혀 다른 가난이다. 아무리 고유가, 고물가 시대라지만 분명 풍요의 시대다.

눈이 시리도록 하늘이 짙푸른 날 집으로 가난이 배달되었다. 그 가난은 기억 속의 가난이자 여전히 가슴 어느 곳에 응어리같이 남아 있는 유년 시절의 고통스러운 가난이다.

고구마는 한때 가난의 상징 같았다. 가난한 사람들이 자갈돌 뒤섞인 비탈밭에 서 물 주고 풀 뽑으며 길러 낸 고구마를 칼이나 작두로 썰고 말려 빼떼기(고구마를 썰어 건조시킨 것)를 만든 뒤 농협에 매상을 내었다.

고구마는 생각만 해도 가슴이 먹먹해지는 궁핍의 농산물이다. 유난히 가물었던 올해 수시로 물을 주는 수고와 한여름 뙤약볕에서 몇 번이나 풀을 매는 어려움 끝에 갈무리한 고구마 한 상자를 작은누나가 보내온 것이다.

한 달 전쯤 시제 때 고향에 다녀갈 계획이 있냐며 문자가 왔었다.
'혹 시제 참여 차 내려오면 고구마를 좀 줄 테니 집에 들러라.' 하는 내용이었다. '그러지요.' 하고 조금은 냉정해 보일 수도 있겠다는 생각이 들 정도로 짧은 답문을 보내고 한동안 잊고 있었다.

오늘은 회사에 출근하는 날이다. 어느 회사나 할 것 없이 연말이 가까워지면 한 해의 매출과 영업 이익, 계획했던 사업의 달성 여부 등 이런저런 일로 바쁘고도 어수선해진다.
더구나 올해는 경제 성장은 정체되었는데 급격한 환율 변동과 화물 수출입의 병목 현상으로 수입 가공 후 고객에게 인도되어야 하는 제품의 납기를 맞추기가 힘들어 어느 회사 할 것 없이 상당한 어려움을 겪고 있다.

가끔 나가는 회사이긴 하지만 발을 동동 굴리며 계약자에게 늦어진 상황을 설명하고 납기 지연에 대한 양해를 구하는 것을 자주 목격하다 보니 마음이 무거울 때가 많다.

회사에 출근하자마자 아침부터 본부장급 이상의 중역이 모여 대책을 수립해야 한다느니 후속 조치를 어떻게 해야 되겠느니 하면서 중구난방으로 토론을 하고 있는데 작은누나한테서 전화가 왔다.
전화를 받을 수 없다는 문자를 보낼까 하다가 그래도 무슨 일이 있는 게 아닌가 싶어 회의장을 잠시 빠져나와 전화를 받았다.
전화기 너머로부터 약간 흥분되고 급한 목소리가 사정없이 날아왔다. 전화 받는 사람이 동생이라 그랬겠지만 이쪽 사정은 전혀 개의치 않고
"내 지금 고구마 좀 부치러 왔는데 니 전화번호를 모리겠다. 문자로 좀 알리 주라."
"예? 지금 나한테 전화하고 있는 거 아임니꺼. 그기 내 전화번호지."
"그거는 내 모리겠고 지금 전화 끊고 바로 문자로 보내라이. 고마 전화 끊는다."
가끔씩 카톡으로 문자나 사진도 보내고 장문의 글도 올리는 누나가 전화를 하면서 전화번호를 알려 달라 하니 약간 어이없기는 했지만 알았다 하고는 다시 회의실로 들어갔다.
전화 받는 사람에게 전화번호를 알려 달라고 하긴 하지만 작은누나 연세에 스마트폰을 그런대로 사용하는 것만 해도 디지털 문맹 세대로서는 아무나 할 수 있는 일이 아니라는 생각으로 피식 웃음이 나왔다.
맛있는 고구마를 빨리 보내 주고 싶어 동생이 다녀갈 때를 기다리지 못하는 누나의 따스한 조급함도 느껴졌다.

그러구러 하루가 지나고 오늘 고구마 한 상자가 배달되었다.

돌이켜 보면 대부분이 가난했던 시절 고구마는 먹거리 부족한 겨울 한 철 끼니를 해결해 주는 고마운 식재료이자 모자라는 쌀을 늘려 먹는 가난의 대체재였다.

밤이 긴 겨울밤 밥 위에 얹어 찐 고구마와 차가운 동치미 국물과 같이 먹는 것은 그런대로 허기도 달래고 배고픔도 잊게 했지만 과하게 먹으면 신물이 오르내리고 속이 썩 좋지는 않았다.

지금이야 별미로 가끔 생각이 나기도 하지만 밥 양을 늘리기 위하여 껍질째 듬성듬성 썰어 넣고 지은 밥은 고구마가 있는 부분이 질기도 하거니와 들척지근한 맛이 쉽게 받아들여지지도 않았다.

특히나 도시락에 고구마 조각이 들어 있으면 질색을 했고 어머니나 누나가 뭐라 그러건 말건 밥상머리 한쪽에 고구마 조각을 일일이 파내어 두면서 속을 썩이기도 했다.

밥을 지을 쌀이 없어 그랬는지 아니면 고구마가 좋아 그랬는지 알 수는 없었지만 점심 도시락으로 고구마를 싸 오는 아이들도 꽤 있었다.

어릴 적 우리 집 큰 밭에는 밭 전체에 고구마를 심었다. 먹기 위해서보다도 고구마 빼떼기 매상을 내기 위해서였다.

봄 가뭄이 심할 때 그 큰 밭에 고구마를 심고 가꾸는 일도 만만치 않았다. 지금도 마을에서 우리 집 밭 이름을 '큰밭'으로 알고 있는 사람들이 있는 것을 보면 밭이 크긴 했던 모양이다.

그 밭에서 한 해에 수확하는 고구마가 적지 않았다. 남자들은 논일에 매달리다 보니 밭일은 대부분 여자들의 몫이었다.

지금 와서 생각해 보면 그 큰 밭에 고구마를 심고 가꾸는 일은 얼추 어머니와 누나의 일이었음이 틀림없다. 물을 길어다 일일이 부어 주고 땡볕에 풀을 뽑는 일이 얼마나 지난했을까.

고구마를 캘 때는 물론 괭이로 파고 지게로 져다 나르는 일에 손을 보태기는 했지만 오롯이 어머니와 누나의 수고로 그 많은 고구마를 가꾸고 팠을 것이다.

작년에도 작은누나한테서 고구마를 얻어먹었지만 올봄 언젠가 만났을 때 고구마를 심으면 좀 주겠다는 이야기를 했다.

같이 있던 막냇동생이 일흔도 훨씬 넘은 연세에 그런 거친 일을 하다가 허리라도 삐끗하면 어쩌려고 하느냐며 인상까지 지어 가며 지청구를 했지만 누나는 고구마를 캐어 아는 사람과 나누기도 하고 소일거리로 하다 보면 건강에도 좋다며 웃음으로 뜻을 굽히지 않았다.

작은누나가 고생스러웠던 옛날을 추억하며 즐거이 고구마를 길렀는지 아니면 나누기 위한 기대감으로 수고로움을 즐겼는지 알 수는 없지만 고구마 상자를 받고 보니 고맙기도 하고 울컥해지는 기분이 들기도 한다.

고구마밥을 먹으니 차라리 굶겠다는 오기로 살던 철없던 시절, 밥알이 군데군데 붙은 고구마 도시락을 안방 앞마루 끝으로 휙 던지며 죄 없는 작은누나에게

"고매 벤또 한 번만 더 싸모 인자 학교도 안 가 끼다."

하면서 가슴에 상처를 만들었던 기억이 새삼스럽게 떠올랐다.

어쩌다 보니 올해는 키우지도 않은 고구마 풍년이 들었다. 지인이 고구마를 좀 주기도 했고 테니스 동호회 시합에서 준우승하면서 맛있는 고구마 한 상자를 부상으로 받기도 했으니 말이다.

요즘은 하루 한 끼를 고구마로 때운다. 고구마를 먹을 때마다 먹거리 귀했던 그 시절이 생각난다. 고구마는 맛도 맛이지만 건강에도 좋다고 하니 일석이조다.

작은누나가 보내온 고구마를 받자마자 한 개를 꺼내어 전자레인지에 익혀 맛을 본다. 옛날에 지겨워하던 물고구마가 아니다. 누나가 보내온 나눔의 의미와 정성이 곁들여져 그런지 유난히 고구마 맛이 좋다.

순식간에 부자가 된 느낌이다. 거실 한 곁에 놓아둔 고구마 상자에 자꾸만 눈이 간다. 작은누나로부터 가난이 한 상자 배달되면서 오늘은 마음이 풍선처럼 부풀었다. 덕분에 한동안 추운 겨울도 풍성한 기분으로 마음은 따뜻하게 지낼 수 있겠다.

조만간 고향에 발걸음할 기회가 있으면 맛있는 음식이라도 대접해야겠다는 생각을 해 본다. 그래 보았자 누나가 보내 준 정성과 수고에 비하면 하잘것없는 것이긴 하겠지만.

22. 꿈꾸는 농막

나이를 먹어 가면서 우선해야 할 일이 내려놓고 버리는 일이다. 사람 사는 세상, 어디 걸리고 엮인 것이 계산 가능한 숫자겠냐마는 그래도 하나씩 둘씩 정리해야 함을 해가 갈수록 크게 느낀다.

비단 관계뿐만 아니다. 먹고사는 데 필요한 최소한의 것만 남기고 단출해져야 한다. 지금까지 별 쓰임이 없었으면 앞으로도 소용이 생길 것 같지 않지만 그냥 끌어안고 사는 것이 부지기수다.

의식주 전부를 점진적으로 줄여 가야 한다. 정말 필요한 것들 몇 가지만 챙겨 들고 무작정 시골로 이주하여 농막 생활을 하면서 마음을 내려놓고 자유로운 자신을 찾고 싶은 마음이 굴뚝같다.

가끔 푸른 하늘 가까이 있고 햇귀 넉넉히 드나들 수 있는 창이 큰 농막으로 가는 꿈을 꾼다. 그곳이 태어난 마을이기보다 마음만 먹으면 걸어갈 수 있는 정도의 거리라면 좋겠다.

갖은 고난을 겪으며 바다를 헤엄쳐 갔던 연어가 까마득한 기억 속에 각인된 물 내음을 떠올리며 자신이 태어난 강물로 되돌아오듯 오늘도 고향 언저리로 돌아갈 수 있으리란 기대와 희망으로 힘든 시간을 이겨 낸다.

5월에 꿈을 꾸었던 사람이라면 10월에 꿈을 꾸지 못할 이유가 없다. 꿈 대부분은 꿈으로 끝나지만 기어코 꿈을 이루는 이들도 있다.

그녀는 꿈을 이루었다.

오랜 시간 부전 시장 상인으로 삶을 이어 왔던 그는 초등학교 동창이다. 학생 때 명랑하고 쾌활했던 그녀는 키도 껑충하고 하는 짓도 선머슴 같았다.

  모범생이었는지 공부를 잘했는지 기억은 별로 없지만 그의 곁에는 친구들이 많이 모여들었고 언제나 밝은 기운이 넘쳤다.

  그랬던 그녀를 다시 만난 것은 조카 결혼식을 앞두고서였다. 나보다도 오히려 사회 활동이 많은 큰형을 더 잘 알고 있었고 그날도 조카 결혼식 때문에 큰집에 머물고 있었는데 그녀가 축의금 봉투를 들고 큰형을 만나러 왔던 것이다.

  눈이 마주친 순간 둘이 동시에 놀라며 '네가 어떻게, 네가 왜 거기서 나와?' 했다. 초등학교를 졸업하고 20년도 훌쩍 넘은 어느 날 그렇게 그녀를 만났다.

  이후 그녀가 부전 시장에서 잡화 장사를 한다기에 부산 가는 일이 있으면 시간을 내어 두어 번 가게를 찾아갔었다. 그러던 그녀가 코로나 재난 상황을 맞아 장사하는 것을 힘들어하더니 가게 문을 닫고 꿈꾸던 귀촌 생활을 시작했다.

  처음에 그녀가 고향 마을에 땅을 좀 사고 쉼터를 준비한다기에 농담인 줄 알았다. 그러나 억척스럽게 살아온 그녀답게 바깥양반과 함께 뚝딱 농막을 지어 아예 고향으로 돌아온 것이다.

  농막은 아담하나 없는 것 없이 갖추갖추 갖추었다. 장년의 부부가 생활하기에 조금도 모자람이 없다. 바람 소리 산새 소리에 때맞추어 일어나 한 잔의 차를 마시며 얻는 열락은 도시 생활 어디에서도 누리지 못하던 호사다.

  가까이 사는 친척이며 인근에 터 잡고 있는 어릴 적 벗들과 가끔씩 시간을 같이하는 것도 마음을 안정시키고 삶의 여유를 느끼게 한다.

　농막이 있는 자리는 바람만 지나가는 조용한 곳이지만 양지바른 땅이다. 좌청룡 우백호를 타고 앉은 길지 중의 길지다.
　좌측으로는 충무공이 임진왜란 때 몇 번을 올랐다는 향로봉이 청룡이 되어 감싸고 우측으로는 백호의 기상을 품은 나부산이 멀지 않다.
　농막 앞으로는 솔지뻔덕 근처 잘 정돈된 논들이 탁 트인 시야를 만든다. 초등학교 시절 정기를 심어 주던 와룡산 버금 봉우리 민재봉이 마치 진산처럼 마당 앞을 기웃거릴 정도로 가깝다.
　봄이면 들판 아스라이 아지랑이가 피어오르고 여름이면 밀고 달리듯 몰려오는 빗줄기들이 창문 커튼처럼 산과 산 사이를 뒤덮는다.
　농막에서 바라보는 전경이 가장 볼만한 계절은 가을이다. 황금 들판이 눈앞에 펼쳐지고 마른 고춧대 위로 한가로이 잠자리 날면 선경이 따로 없다.

　꿈으로 마련한 농막의 문을 열고 나오면 인근 마을의 새벽 수탉 우는 소리 들리고 서산마루 개재 어디쯤에 걸린 계명성이 파르스름한 빛을 서서히 잃는다.
　도장골을 타고 내려온 동살이 대나무 우듬지에 걸리는 이른 아침이면 천으로 만든 가방 하나 들고 농막을 나선다.
　세석이 깔린 뜨락은 이미 봄기운이 수런거린다. 대밭과 이웃한 작은 텃밭에는 자주색 방아 새싹이 솟고 취나물도 여기저기 땅 틈을 헤집는다. 농막 입구로 들어오는 길목 철쭉은 도톰해진 떡켜가 제법 붉은 색깔을 띤다.

작은 텃밭을 끼고 오르는 가파른 시멘트 포장길을 지나면 곧장 고사리밭을 만난다. 지난겨울 유난히 따뜻한 겨울 탓에 철모르고 꽃을 달았던 진달래는 전례 없는 이상 난동 때문에 가리사니를 아예 잃은 듯 봄을 맞을 기척조차 없다.

한두 번 속은 김에 기화요초가 온 산을 덮을 때까지 아예 숨죽이고 있을지 모를 일이다.

누런 가을색이 뒤덮인 무덤가 양지쪽에는 이미 짚신나물이며 항가꾸(엉겅퀴) 새 촉이 해죽해죽 웃고 있다.

물소리 또랑또랑한 계곡에는 버들개지가 이미 솜털을 날리기 시작했고 물버들과 홑잎나물 가지는 연초록 새싹을 연방 밀어 올린다. 나른하게 불어오는 봄바람에는 산 내음 풀 냄새가 상큼하다.

옛날 소 풀 먹이러 올랐던 오솔길에는 아름드리 떡갈나무와 소나무가 하늘을 가릴 듯 우람하다. 사람들이 떠나고 난 산야는 간섭 없이 자리를 잡은 자연은 나름의 경쟁이 치열하다. 그중에 가장 덕을 본 것은 억새인 듯하다. 벌거벗은 산을 보호한다고 소나무나 참나무는 간벌(間伐) 외 손을 대지 못했지만 억새는 여름이면 소먹이에 가을이면 불살개(불쏘시개)로 뿌리조차 남아나지 않을 정도로 베어 갔다.

지금 산은 예전 산과 전혀 다르다. 해마다 떨어지는 낙엽은 그대로 쌓이고 썩어 부엽토로 변했고 그 깊이가 발이 푹푹 빠질 정도다.

햇볕 한 점 들지 않을 정도로 우거진 밀림 같은 숲속에는 아무것도 자라지 못한다. 자연 속의 나무도 인간과 다름없이 스스로 제어할 수 없는 욕심을 가졌다.

숲은 겉으로 평화롭고 조용하나 살아남기 위한 이면의 경쟁은 치열하다 못해 참혹하다. 굵은 나무 곁에서 미처 자라지도 못하고 그대로 말라버린 어린 멀대 나무며 마치 벼락이라도 맞은 듯 부러지고 찢긴 가지가 숲속 여기저기 널브러져 있다.

영역 싸움에 밀려나고 선점(先占)을 따라잡지 못해 도태 당한 나무를 보면 코로나 환란에 맥없이 문을 닫던 상점들이 불현듯 떠오른다.

도장골을 지나 산마루에 올라서니 멀리 고성만이 눈에 들어오고 흔들리는 아지랑이 사이로 사량도 가마봉이 아득하다.

아장골 너머 이어지는 무이산 보현암 가는 길에도 이미 봄이 왔겠다. 동창들의 모임에 쓰일 의미 있는 사진이라도 만들어 보겠다고 찾았던 암자 입구에는 커다란 돌확에 약수 흐르고 진초록 잎사귀 무성한 동백나무 아래는 붉디붉은 꽃들이 뚝뚝 떨어져 나뒹굴고 있었다.

지금은 연락도 끊어진 채 도시의 어느 곳에선가 열심히 살아가고 있을 벗들을 생각하며 가슴이 먹먹해지기도 했다.

멀리 고성만 쪽에서 해가 서서히 떠오르더니 온 산자락에 볕내 가득하다. 가지고 간 생수를 한 모금 마시고 왔던 길을 되짚어 농막으로 들어선다.

먹고살기 위해 아등바등 살았던 시간들이 주마등처럼 지나간다. 많이 가질 능력도 없었고 많이 가지기 위해 애면글면 조바심을 하지도 않았지만 남처럼 사는 것도 힘이 들었던 그 시간들이 떠오른다.

꿈으로 만들어진 벗의 농막에 와 보니 신산했던 젊은 날의 내 모습이 어쩐지 가여워진다. 한 칸 초옥에 살더라도 마음이 편해야 그 집이 아름답듯이 비록 농막이지만 열두 대문 거옥(巨屋)이 부럽지 않아 보인다.

대나무 평상에 앉아 벗이 내놓는 진한 커피를 마시며 뭉게구름 곰비임비 모여드는 민재봉을 바라본다.

생업을 내려놓고 글품쟁이로 살아가는 모습이 농막에 드니 이제야 그럴듯하다. 해는 이미 중천이다.

23. 붕어빵과 호박식혜

　즐거움과 고통 중 몸은 어떤 것을 오래 기억할까. 기억하는 시간 길이보다 사실 중요한 것은 기억이 아름다운 추억으로 남느냐 아니면 잊히지 않는 상처로 남느냐가 더 중요한 문제다.
　불행하게도 인간은 즐거웠던 시간보다 힘들고 어려웠던 시간을 더 선명하게 오래도록 기억하는 동물이다.
　이것은 고통으로부터 회피하기 위해서 가지는 당연한 방어 기제(防禦機制)의 작동일 수도 있다. 흔히 현대인이 많이 겪는 심리적 외상도 이런 고통스러운 기억의 하나다.
　하지만 인간은 대체로 즐거웠던 기억을 떠올리며 힘든 시간을 이겨 낸다. 돌이켜 보면 힘든 시간의 계속도 즐거운 시간의 지속도 그리 많지 않았다. 고통과 환희는 돌발적이고 단속적으로 반복되었다.
　고통과 환희로부터 벗어나 여유로운 마음으로 살아가는 것은 범인이 접근할 수 있는 경지가 아니다. 성냄도 기쁨도 평정심 속에 묻어 두고 살 수 있다면 이미 도를 얻고 길을 아는 사람이다.

　사천에서 항공기 개발에 참여하면서 보낸 시간은 때론 기쁨이었고 한편으론 회복하기 어려울 정도로 마음의 상처가 되기도 했다.
　팀장이니 실장이니 하는 관리자 입장에 있기는 했지만 매일같이 고민하고 결정해야 하는 일의 연속이었다. 분야의 책임자로 있긴 했지만 단 한 번도 경험하지 못한 것들, 동료 직원들은 물론이고 윗사람이라고 해도 절대 조언해 줄 수 없는 것을 수명이 줄어들 듯한 고민 속에 외롭게 결심해야 했다.

　아무리 전문 서적을 뒤적이고 앞서간 항공기 개발 선진 업체의 자료를 살펴보아도 동일한 문제점을 발견하기 어려웠고 유사한 사례도 거의 없어 결정에 도움이 되지 못했다.

　가끔은 낭떠러지고 때로는 막다른 골목길에서 오도 가도 못하는 신세를 서글퍼하며 오직 기도만이 유일한 위안이었던 적도 많았다.

　그런 힘든 과정과 어려움 속에 유일한 낙은 고초를 겪고 있는 이런저런 사람들과 어울려 술잔을 기울이며 힘들었던 시간의 고통을 씻는 것이었다.

　그것은 비겁한 일일 수도 있었지만 시간을 버텨 내는 불가피한 방법이기도 했다. 가끔은 시간이 해결해 주는 것도 있는 법이다.

　그곳에 들르면 아픈 사람, 고픈 사람, 잊고 싶은 사람들을 만날 수 있었다. 시골 밥상 같은 식당의 분위기에 젖어 자주 찾았고 저렴한 가격에 다닥다닥 붙은 작은 방들은 신세한탄하기에 그저 그만이었다.

　그 식당은 힘든 시간을 풀어내고 기쁨의 기억으로 치환할 수 있는 노변정담(爐邊情談)의 장소이기도 했다. 누군가가 저녁 시간에 보자면서 오늘은 어디서 무엇을 먹을 것이냐는 고민이 되면 자연스레 '그 집에서 하지 뭐' 하는 말로 시간도 장소도 저절로 정해졌다. 그 집은 강산이 두 번 바뀔 만큼 긴 세월이 지나면서 단골이 되었다.

　지금은 이미 그런 일에서 떠났지만 오늘도 예전에 같이 근무했던 후배를 만나러 사천으로 간다.

　어디서 식사를 했으면 좋겠냐고 전화가 왔고 늘 그랬던 것처럼

"거기서 보지 뭐."

하는 말로 어렵고 번거로운 모임 장소 결정이 쉽게 결론 났다. 거기는 아주 오래된, 그래서 조금은 허름해 보이는 식당이다.

돼지고기에 소주를 좋아하는 공장 근로자들이 주로 모여든다. 밑반찬은 가정식이며 깔끔한 맛을 지녔다. 반찬을 만든 이의 손맛이 느껴진다. 식당 사장은 그쪽 지방 아낙들의 억센 모습과는 조금 결이 다르다. 워낙 손님이 많아 바쁘면서도 다정함과 친근함에 더해 넉넉함까지 갖춘 양반이다. 어쩌다 사회관계망을 통해 허접한 글이라도 보내면 만날 때 잘 읽고 있다고 곰살맞게 인사도 한다.

일전에는 출간한 에세이집을 두 권이나 샀다며 그 바쁜 와중에도 서명을 해 달라고 필기도구까지 펼쳐 놓았었다.

오랜만에 찾은 사천은 가을색이 완연했다. 숙소에 들렀다가 시간에 맞추어 모임 장소로 걸어간다.

아직 찬 바람이 불거나 회색 하늘이 낮게 내려앉으며 길거리 음식에 쉬이 눈이 가지 않을 시기인데 식당으로 가는 동안 붕어빵집을 여러 곳 만났다.

반가웠다. 빵플레이션이니 유(油)플레이션이니 하면서 서민들의 삶을 좌지우지하는 생필품들의 가격 오름이 장난이 아니다.

가는 길에 고속 도로 휴게소에 들르니 그저 그런 사과 한 알이 만 원이 훌쩍 넘었다. 우크라이나와 러시아 간 전쟁에 중동의 화약고까지 터졌으니 앞으로 다가올 서민들의 고물가 고통을 가늠하기조차 어렵다.

붕어빵을 구워 파는 포장마차가 길거리에 등장하면서 작년까지만 해도 3개에 2천 원 하던 붕어빵이 이제는 1개에 천 원이다. 서민들의 군것

질거리이자 아이들의 즐거움인 붕어빵이 지갑을 만지작대며 사 먹어야 하는 음식으로 변했다.

노릇노릇 잘 구워진 붕어빵은 작은 등불이 켜진 투명한 플라스틱 진열대 안에 갇혀 있다. 제법 많은 양의 붕어가 가지런히 진열되어 손님을 기다리고 있는 것을 보면 지나는 사람들이 많이들 사 가지는 않는 모양이다.

따스해야 할 길거리 붕어빵이 무슨 죄가 있으랴. 가난한 서민의 주머니를 자꾸만 비게 만드는 먼 나라의 전쟁과 고물가를 탓할 수밖에.

작은 손수레에 지붕 덮개를 씌우고 알록달록 천으로 앞면만 남긴 채 휘장을 친 붕어빵 포장마차 귀퉁이에 3개에 2천 원이라는 가격표가 붙어 있다.

작년 겨울에도 근처 포장마차에서 같은 가격으로 샀던 기억이 되살아나며 이게 웬 횡재냐 하는 기분까지 들었다.

다들 같은 가격에 팔면서 크기를 줄이는 등 실질적으로 가격을 올렸다는데. 옛날 가격을 붙여 놓고도 팔리지 않고 식어 가는 붕어빵이 애처로워 덜렁 6개를 샀다.

혹 아는 사람이라도 볼까 싶어 얼른 붕어빵 봉지를 받아 들고는 짐짓 점잖은 걸음으로 부지런히 발걸음을 옮겼다.

식당에 들러 빵 봉지를 건네니 바삐 일을 하고 있던 사장님이 반색을 한다.

"그새 붕어빵이 나왔는갑네예."

하면서 한 마리를 들어 머리부터 입으로 가져간다. 붕어빵을 잡자마자 다짜고짜 머리부터 먹는 사람은 맛보다 양에 더 집착하는 사람이라고 분석해 놓은 어느 어설픈 심리학자의 글이 생각나 나도 모르게 웃음이 났다.

 고기를 주로 파는 식당 사장님이 붕어빵 몇 개가 무슨 대수라고 그리도 맛있게 먹겠냐마는 식탁에 음식을 차리는 동안 오며 가며 붕어빵 전부를 다 먹는다.

 모임을 마치고 식당 문을 나서는데 농담 반 진담 반인 표정으로 문밖에 놓인 호박을 한 덩이 가져가라고 인사를 한다. 여러 개 쌓여 있는 호박은 그 모양새도 예쁘고 누렇게 제대로 익은 것이 몹시 튼실해 보였다.
 시골에서 가지고 온 것이라면 보기만 해도 흐뭇해하시는 장모님 생각이 나 불현듯 호박에 욕심이 생겼다. 그 무거운 호박을 그냥 들고 갈 수가 없을 것 같아 내일 들러서 가져가겠다고 진지한 표정으로 말을 건넸다.
 그러자 "그러셔요." 하는 말로 짧게 대답하고는 여전히 바쁘게 움직인다.

 다음 날 집으로 돌아오는 길에 어젯밤 붕어빵과 호박이 생각나 식당을 잠시 들렀다. 아침부터 부지런히 움직이고 있던 사장은 반갑게 인사를 한다.
 이제는 힘들고 어려움을 털어 내기 위해 찾는 곳이 아니라 그런지 인사를 받는 마음도 편안하다. 그래도 약간 겸연쩍은 표정에 서툰 웃음을 띠고
 "어제 주신다던 호박 가져가려고 왔습니다."
 하면서 말을 건네니
 "그러세요. 그중에서 제일 마음에 들고 큰 놈으로 가지고 가세요."

하고 환한 미소를 보낸다. 아픔의 순간들이 좋은 기억으로 저장되던 옛날들이 또다시 가슴을 찌르르 찔러 왔다.

그래도 미안한 마음에 중간 크기쯤의 호박 한 덩이를 차에 싣고 떠나려는데
"아, 잠깐잠깐, 지금 막 호박식혜를 끓였는데 한 통 가지고 가이소. 맛은 어떨지 몰라도 건강에 좋다니까 집에 가서 한번 잡숴 보이소."
하는 말과 함께 투명한 페트병 가득 진노란색 묽은 죽 같은 음식을 담아서 건넨다. 얼떨결에 병을 받아 들고는
"난 호박죽을 별로 잘 안 먹는데……."
하는 말이 목구멍으로 기어들어 간다.
서울로 올라오는 내내
"붕어빵이 호박식혜를 낳았나?"
하면서 혼자 말로 몇 번이나 중얼거렸다.
편안한 마음으로 찾은 후배와의 저녁 식사 자리가 단골집이라 그런지 감성의 근육을 움직였고 그 감성의 작용이 생각지도 못한 난생처음 음식을 맛보게 했다.

가을 색 수수한 골목길에서 만난 붕어빵 몇 마리가 생각지 않은 풍성함과 넉넉함을 가져다주었다. 겨울이 짙어지면 따뜻한 붕어빵을 찾아 낯선 골목길이라도 돌아다녀 보아야겠다. 감성의 근육이 강해지면 추운 겨울도 책 속에 묻혀 쉬이 지낼 수 있지 않을까.

24. 부전 시장에서 온 뜻밖의 선물

　어묵 하면 대부분 부산어묵이다. 백화점 식품 코너부터 동네 반찬 가게뿐만 아니라 서울의 큰 재래시장이나 이곳 오일장도 마찬가지다.
　어묵이 부산을 중심으로 한 바닷가 근처 생선을 가공하기 좋은 곳에 생산 시설이 있어 그런지 모르지만 특정 지명을 너무 많이 사용한다는 느낌이다.
　하지만 그런 지명을 딴 상표의 어묵들이 전부 부산 지역에서 만들어졌다고 믿는 사람은 거의 없어 보인다.

　이곳 오일장에 트럭을 끌고 와 어묵을 만들면서 원조 부산어묵이란 간판을 달고 있다. 그럼에도 마트나 시장에서 어묵을 살 때는 부산어묵으로 표기된 제품에 저절로 손이 간다.
　그것은 우리의 마음속에 자리 잡고 있는 부산이라는 지명이 주는 이미지 탓이다. 푸른 바다, 싱싱한 생선이 삶의 활기를 주는 자갈치 시장, 자유롭게 하늘을 나는 갈매기 등이 깊은 맛의 어묵을 연상하게 한다.
　어쩌면 어묵을 만드는 재료에서부터 이미 비릿한 바다 맛과 싱싱한 생선 맛이 배어 있을 것이라는 믿음이 뇌 깊숙이 깔려 있을 것이다.

　시장이든 마트든 어묵의 맛은 사실 비슷비슷하고 거기가 거기다. 식용유가 주는 어정쩡한 고소함에 약간 덜 마른 코다리 같은 담백함과 짭조름함을 가미한 순한 비린 맛이면 그런대로 잘 만든 어묵이다.
　재래시장의 어묵 장사꾼이 직접 만들어 파는 것을 보면 깻잎이나 당근

등 추가되는 여러 부재료에 따라 품명도 맛도 약간 차이가 있다. 물론 총칭해서 부산어묵이다.

아침 일찍 파는 어묵은 대체로 연한 노란색을 띠고 있으나 시간이 갈수록 갈색에 가까워진다. 튀기는 시간과 방법의 차이 때문일 수도 있지 않나 했었다.

어묵 장사 곁에 서서 유심히 살펴보니 암만 생각해도 튀김용 식용유의 재사용에 따른 혼탁함 때문인 듯싶다. 겉으로 보이는 색깔이 진하면 진할수록 맛깔스러워 보이고 고소함은 강해진다.

어묵이 가지고 있는 특유의 쫄깃함과 탄력은 혼합 사용하는 밀가루나 어분의 양이 결정할 것이다.

이런 것들로 보아 하나같이 부산어묵이라고 해서 싱싱한 생선을 원재료로 하여 부산 지역에서 만들어진 제대로 된 제품일 것이라는 믿음이 많이 사라졌다.

요즘은 굳이 부산어묵을 고집하지 않는다. 여러 재료로 만들어진 담백하면서도 약간 칼칼한 맛의 육수에 부드럽게 끓여 낸 어묵탕이라면 괜찮은 한 끼의 반찬으로 충분하다.

가끔 신설동 재래시장에 가서 부산어묵을 사 먹는다. 어묵을 포장된 채 그대로 팔기도 하고 즉석에서 먹을 수 있게 끓여서 팔기도 하는데 여느 가게와는 다른 신선함과 고소함이 적당히 배합된 어묵 특유의 맛을 지녔다. 가격이 만만치 않은 대형 포장 어묵을 사 가지고 오면 아내는 즐겨 떡볶이를 만들기도 한다.

언젠가 부산 가는 기회가 있어 자갈치 시장 근처 어묵 전문 가게에서 사 먹던 맛은 아니지만 꿩 대신 닭이라고 그런대로 특유의 바다 내음에 신선한 생선 풍미를 지니고 있다.

산골 소년으로 나고 자랐지만 어묵에 대한 추억은 상당히 오래되었다.
초등학교 수학여행—여기서 잠깐 여담, 수학여행은 학생이 실제 경험을 통하여 지식을 넓히도록 교사의 인솔하에 행하는 여행이라고 정의되어 있는데 당시 그 여행은 현장 체험 여행이라기보다 졸업 여행이라고 해야 맞을 것 같다—을 통영으로 가서 처음으로 어묵을 만났다.
그때 맛본 어묵은 오묘하고 신비한 맛으로 기억되었다. 가끔씩 구운 생선이나 찌개, 생선이 들어간 국 등이 밥상에 오르기도 했지만 생선을 갈아 만든 어묵은 상상 밖의 음식이었다. 수학여행이 끝나고도 한동안 그 맛이 혀끝에 매달려 있는 느낌을 가졌었다.

어묵과의 두 번째 만남은 서글픔과 씁쓸함이었다. 중학교 시절, 집에서 30여 리나 떨어진 읍내에서 동생과 함께 자취를 하면서 학교를 다녔다.
어머니는 자취방에서 먹을 일주일 치 반찬을 만들어 주셨다. 가끔은 커다란 풋고추를 듬성듬성 썰어 넣고 굵은 멸치와 졸인 반찬도 있었지만 대개 제철에 나는 무나 배추를 이용한 김치가 주였다.
먹어도 먹어도 배가 부르지 않았던 그 시절, 어떠한 반찬을 가지고 가더라도 주중에 반찬은 바닥이 났다. 일주일 치 밥숟갈과 반찬 양을 미리 계량하여 아무리 아껴 먹어도 수요일을 넘기기가 쉽지 않았다.
지금도 그때 습관이 남아 밥 양에 비해 반찬 먹는 것이 부실하다고 아내에게 지청구 아닌 지청구를 들을 때가 있다.
반찬이 다 떨어지면 오로지 양조간장에 맨밥만을 비벼 먹었다. 하루치 끼니를 걱정하던 시절에 맨밥에 간장도 호사이긴 했던 시절이다.

그래도 도저히 입안이 밍밍하고 허기가 너무 빨리 느껴지면 기름기 있는 반찬이 필요했다. 한창 먹고 커야 할 시기가 아니었던가.

어쩔 수 없이 아끼고 아끼던 몇 푼의 차비로 어묵을 사고 반찬을 만들어 먹었다. 토요일 집으로 갈 차비까지 털어 어묵을 사 먹은 날은 속절없이 먼지 풀풀 날리는 삼십 리 자갈길을 걸어야 했다. 돈이 죄였지 어묵은 잘못한 것이 없던 시절이었다.

당시 소전머리 시장 근처 어묵을 만들어 파는 집은 언제나 퀴퀴하면서도 고소한 생선 기름, 튀김 기름 타는 냄새가 났다.

가게 천장과 벽면은 온통 기름때에, 어묵을 올려놓은 좌판은 어묵 기름 탓으로 학교 나무 판재 복도의 양초 칠한 바닥같이 반질거렸다.

어묵을 파는 아주머니는 보기 드물게 큼지막한 체수에 수더분하면서 손이 컸다. 얇은 네모 어묵은 보통 어른들이 10원어치를 사면 3개를 넘지 않았으나 배고픈 자취생이다 싶으면 손에 잡히는 대로 싸 주었다.

마음이 넉넉했던 그녀는 어묵이 몇 개든 언제나 웃음 띤 얼굴로 신문지 조각에 둘둘 말아 주었다. 간판도 상호도 없는 뚱뚱이 아줌마 집 오뎅이라 불렀지만 맛은 그저 그만이었다.

비록 빛나는 청춘이라고 어찌 부끄러움마저 없었을까. 혹 지나가던 여학생이라도 보면 그 창피한 모습을 어떻게 숨길까 하며 짐짓 근엄한 표정으로 잽싸게 집으로 달려와 물과 간장으로만 간을 하여 볶았다.

석유곤로 위 양은 냄비에서 어묵과 국물이 졸여지면서 내는 소리는 기대 반 서글픔 반이 어우러진 배고픔과 씁쓸함의 소리이기도 했다.

계획에도 없던 어묵 값 지출은 주말 빈 김치 단지를 어깨에 둘러매고 흙

먼지 풀풀 날리는 시골길을 걸어가야 한다는 것이다.

학교를 가지 못하는 이들에게는 부럽기도 한 읍내 유학 중학생이었지만 자취생 시절 어묵볶음은 고픈 배를 움켜쥐고 눈물과 함께 먹던 가난의 음식이었다.

지금은 아무리 비싼 어묵이라고 해도 길 가다 괜찮아 보이는 어묵집이 있으면 몇 개 정도는 별생각 없이 사 먹는다. 가난과 추억이 서려 있는 음식이라 어린 시절의 자신을 되돌아보는 느낌이 든다. 일전에 신설동 시장에서 어묵을 사 먹고 부전 시장에서 수십 년째 장사를 하고 있는 친구에게 자랑질을 했었다.

그 동네 어묵도 어묵이라고 사 먹고 그러냐는 듯 어묵 한 상자를 떠억하니 보내왔다. 그리도 고급진 어묵을 한 상자씩이나 받아 본 것은 세상살다 처음이다.

어묵을 받고 나서 미안함과 염치없음에

"이생에 와서 복만 짓다가도 짧기만 한 것이 인생사인데 그렇게 남이 준 물건을 탐하며 업을 쌓고 가면 다음 생이 어떻게 되겠냐."

하면서 괜한 어깃장을 부렸다.

"너는 공덕을 쌓고 나는 거지 업을 만들라는 말이냐."

라며 볼멘소리를 해 댔다. 받고 나니 어떻게 갚아야 그 업이 지워지고 그만한 복이 쌓일지 또 다른 걱정이 생긴 것은 사실이다.

보내지 말라고 애원을 하다시피 했는데 그 친구는 기어이 자기 고집대로 선물을 보냈다. 황혼길을 걷는 이들은 원래 그런가 보다.

성씨 따라 고집통이 다르다는 옛 어른들 말씀이 허언이 아니다. 친구의 성씨가 고집 성씨임을 이제는 확실히 알겠다.

  어묵 가게에서 포장까지 끝내고 지금 바로 부쳐야 한다고 난리 법석을 피우면서 주소를 부르라고 막무가내를 부리는 바람에 얼결에 주소를 알려 주고 말았던 것을 한동안 후회했다.

  친구가 보내 준 어묵 상자를 뜯어 놓고 글 한 편을 쓴다. 부전 시장에서 온 뜻밖의 어묵 한 상자가 황혼의 우정과 함께 빛나던 청춘의 서글픔을 동시에 소환했다.

25. 선풍기 재포장

　역대급이자 유례없던 한반도 내륙 종단 태풍 '카눈'이 거제도로 상륙한다면서 전국이 공포에 질려 있다.
　지금까지 커다란 피해를 주면서 지나갔던 '사라호', '매미' 등이 다시 소환되며 강력한 태풍의 위력을 설명한다고 방송국마다 야단법석이다. 올해는 유난히 국지적 폭우로 생각지도 못한 물난리를 겪기도 한다.
　대형 화마가 거쳐 간 자리는 땅이라도 그나마 온전히 남아 있지만 큰물이 훑고 간 자리는 스산한 자갈밭과 흉물스럽게 파인 웅덩이만 남는다.

　해마다 몇 개의 태풍이 지나가는 남쪽 지방에 살았지만 그중 기억에 가장 남는 것은 아주 어릴 때 마을을 덮쳤던 사라호 태풍이다.
　당시 태풍이 남해안에 상륙한 날은 추석 전날이었지만 검고 두꺼운 구름과 세찬 바람이 부는 것으로 단지 큰비가 올지 모르겠다는 정도로 그 거대한 태풍을 맞았을 것이다.
　텔레비전은 물론 라디오도 귀하던 시절이라 마을 사람 대부분은 태풍이 오고 나서야 태풍이 왔다는 것을 알았다.
　집 앞을 흐르는 개울물은 밤사이 불어난 계곡물과 합쳐져 집 대문 앞 가까이까지 무너뜨렸고 마을 안길 곳곳을 휩쓸고 갔다. 동네 작은 초가집 지붕은 물론이고 기와지붕이 군데군데 날아간 집도 여러 채였다.
　지금도 고향을 지키고 있는 친구네 돌담은 일부러 누가 무너뜨렸는지 아니면 태풍이 그랬는지 잠긴 물속에 간신히 무너진 돌들만 보였다.
　마을 길은 부러진 나뭇가지로 어지럽혀져 있고 큰물이 훑고 간 신작로는 커다란 웅덩이와 드러난 자갈돌로 마치 폐허가 따로 없을 지경이었다.

사람들이 몰려나와 떠내려간 다리 근처에 서서 웅성거렸고 붉은 탁류로 넘실대는 와룡동천은 초가지붕에 호박 넝쿨이며 꽥꽥대는 새끼 돼지까지 떠내려가면서 난리도 그런 난리가 없었다. 어린 마음에 쿵쾅거리며 마을을 휘감아 내리는 개울물이 무섭긴 했지만 추석날이라 큰삼촌 댁으로 가는 발걸음은 즐겁고 신났다.

추위도 더위도 느끼지 못하는 아이들을 철부지라 한다. 세상이 뒤집혀도 신나는 것만 보이는 아이들은 무서운 물난리에도 하늘을 날듯이 마을 길을 달렸다.

한바탕 태풍으로 난리가 나고 나니 무더위가 공포로까지 느껴지던 여름도 이제 끝이다. 밤새 내리던 비가 걷히고 푸른 하늘에 밝은 햇살이 비친다.

텔레비전에서는 아직도 태풍 피해 상황 생중계가 계속되고 있지만 언제 그랬냐는 듯 거짓말같이 하늘이 맑아졌다.

구름은 구름대로 비는 비대로 사람의 삶에 간여한다. 눅눅하고 어두운 마음에 절망을 느끼게도 하고 쓸쓸하고 처연한 마음에 진한 고독의 향기를 덧들이기도 한다.

세상의 벼랑 끝에 선 듯한 무지막지한 태풍이 지나고 푸른 하늘에 비치는 찬란한 태양이 주는 희망과 환희의 느낌은 무어라 말로 표현하기 힘든 희열이며 열락이다.

영원한 고통과 극복되지 않는 절망이란 없는 법이다.

올해는 다른 해에 비해 유난히 무더위가 일찍 찾아들었다. 해마다 심해지는 무더위라고 하지만 올 더위는 공포스럽기까지 했다.

　냉방 혜택에서 밀려난 쪽방촌의 가난한 노인들의 사고 소식이 수시로 언론을 장식한다. 인구가 증가할 때도 가난했던 이는 가난했고 인구가 줄어 걱정인 나라인데도 가난한 이는 여전히 가난하다.

　이상 기후가 연례화하고 정례화되는 것은 인구 증가가 가장 큰 원인이라고 한다. 우리나라는 인구 정체 단계를 지나 거의 감소 추세로 접어들었다고 하나 동남아시아를 비롯한 아프리카 신생국들의 인구 증가는 가히 폭발적이다.

　세계적 인구 증가에 따른 화석 연료의 사용 증가와 육류 소비 확대는 당연한 귀결이다. 해마다 가축은 늘어나고 이에 따른 이산화탄소 증가도 필연적이다. 지구의 기후 변화도 매년 재앙 수준으로 돌변한다.

　도심의 확장과 고층 빌딩 난립으로 인한 온도 급변도 통제 불가능하다. 에어컨 없이 살인적 무더위 여름을 견뎌 보겠다는 생각은 무모함을 넘어 스스로 절망의 상황에 뛰어드는 것에 다름 아니다.

　여름이 끝났다. 덥다 덥다 하면서도 정작 여름이 간다고 하니 한편으로 마음이 허우룩하다. 계절의 변화가 곧 한 해를 마감한다는 생각이 언젠가부터 들기 시작했다.

　그래도 오늘은 기꺼이 가는 여름을 보낸다. 여름을 밀어낸 가을에 환호작약하며 오늘 선풍기를 해체하여 보관용 상자에 넣는다.

　늦더위가 염려되어 며칠 더 선풍기를 그대로 두어야 하나 하고 생각하다가 가을을 빨리 맞고 싶어 재빨리 마음을 굳혔다.

　가을의 진객 기러기도 매일 황금 들판에 내려앉는다. 하늘을 가로지르며 나는 기러기 울음소리는 상당히 시끄럽지만 역동적인 전원 교향곡으로 들린다. 가을이다.

올해도 선풍기 바람으로 여름을 이겨 냈다. 봄이 채 끝나기도 전에 올해는 역대급 무더위가 올 것이라는 예상을 언론마다 쏟아 내었지만 이를 그대로 받아들이긴 싫었다.

올해는 에어컨을 사서 달아야 하나 하는 생각을 하지 않은 것은 아니지만 기껏 보름 정도의 혹서기를 못 버텨 낼 정도로 체력이 떨어졌다는 것을 인정하기에는 아직 자존심이 허락하지 않았다.

어려서부터 더위를 잘 못 참는 체질이라 일견 걱정을 넘어 공포를 느끼기도 했으나 분명 냉방 기기를 제조하는 업체와 언론의 유착이 만들어 낸 호객용 겁주기도 있을 것이라는 생각도 들었다.

아파트 창문을 있는 대로 열고 더위를 몰아내다가 더 이상 참기가 어려워지면 작년 가을에 해체 후 상자 속에 넣어 보관해 둔 선풍기를 조립한다.

염천 더위가 자긋자긋할 정도로 힘들어지면 고향의 맑고 차가웠던 고향 와룡동천(臥龍東川)의 작은 소(沼)인 용소와 하리소 그리고 얄방이 생각났다. 한여름 심장까지 얼게 하던 그 차갑고 서늘했던 기억을 어찌 잊을 수 있으랴.

무더위 한낮에는 입술이 파래지도록 멱을 감다가 아래윗니가 덜덜거리며 부딪칠 정도로 차가워지면 물속을 나와 바위에 누워 해를 쬐며 몸을 데웠다.

밤에는 시원한 감나무 아래 평상을 놓고 모깃불로 모기를 쫓으며 하늘의 별을 세며 더위를 잊었다. 더위가 만들어 준 놀이와 더위가 데리고 온 재미는 더위가 더위인지를 모르게 했다.

  더위가 곧 재미였다. 틈이 나면 멱을 감다가 노란 세숫대야에 된장을 조금 풀어 넣고 가운데 조그만 구멍을 뚫은 무명 보자기로 씌운 후 피리나 갈겨니를 쫓던 재미는 지금 생각해도 더위가 저절로 가신다.

  우리 부모 세대들은 대부분 에어컨은커녕 선풍기 바람도 없이 등목과 부채질로 무더위를 견뎠다. 태생이 산골 촌놈 체질이라 그런지 에어컨 바람을 오래 쐬면 골이 지끈거리고 몸 전체가 축 처진다.
  혹 사무실로 출근이라도 하는 날은 에어컨 바람을 피해 구석자리에 앉는다. 여름은 좀 더워야 여름답다. 견디기 힘들 정도로 더운 여름을 보내야 추운 겨울을 나는 데도 분명 도움이 될 것이다.
  좀 귀찮긴 하지만 욕조에 물을 받아 놓고 바가지 물을 몇 번씩 뒤집어 쓰며 더위를 피하는 것이 훨씬 현실적이고 건강에도 도움이 된다고 생각한다.

  산책길에 나서면 풀벌레 소리 잦아지고 풀숲을 뛰어나온 귀뚜라미 바쁘게 움직인다. 휘영청 달빛 아래 가을 향기 짙어진다. 역대급 무더위일 것이라는 공포 분위기에도 선풍기 하나로 버텨 낸 스스로에게 상이라도 주고 싶은 심정이다.
  전기 요금 몇 푼을 아낀 것도 장하지만 지구 건강 유지에도 한 사람 몫을 톡톡히 했으니 말이다. 선풍기를 해체하여 원래 있던 곳에 보관하고 나니 드디어 가을이 왔음을 실감한다.
  지금부터 먹을 것 제대로 챙겨 먹고 열심히 운동하여 내년에도 선풍기 바람만으로 무더운 여름을 무사히 나야겠다는 생각을 해 본다.

나이를 먹어 갈수록 자연에 가깝게 맞추고 견디며 인내하는 삶이 가치 있음을 느낀다.

선풍기를 다시 보관용 박스에 넣는 지금 햇살 가득한 창가에 가을바람이 소슬하다. 내년 더위도 포장하는 선풍기로 이겨 내 볼 것이라는 다짐을 박스 안에 슬그머니 같이 밀어 넣는다. 고추잠자리 떼 지어 창밖을 스쳐 지나간다.

26. 까치밥

　지리산으로부터 온몸을 얼릴 듯 찬바람이 산 계곡을 사정없이 휘몰아치는 날 마을 길을 걷다 보면 간혹 새벽하늘에 걸린 별 같은 붉은 홍시를 만난다.
　가을 끝을 지나 겨울로 접어들었음에도 생명으로 남아 있는 모습은 경이롭고 애틋하다. 소멸을 향하는 시간에도 마지막까지 의미가 담긴 자연의 질서이고 싶은 모습 같아 보이기도 한다.
　하얀 무서리를 뒤집어쓴 홍시는 인적 없는 대문에 매달린 차가운 전등 같기도 하다. 깨질 듯 푸르고 맑은 하늘에 걸린 가을의 심장이다. 가난하고 굶주린 생명들을 위한 희망의 등대다.

　남겨 둔 것인지 남겨진 것인지 알 수는 없다. 어쩌면 따지 못한 것일 수도 있고 따지 않은 것일 수도 있다. 버려진 것이 아니라 굶주린 생명을 품기 위해 힘든 시기를 견디고 있다 생각하니 더욱 느껍다.
　우두둑 서릿발 차가운 산길을 걷다가도 감나무 가지 끝에 알알이 매달려 있는 작은 홍시들을 보면 마음이 따뜻해진다.
　모질게 거두어 가지 않는 여유와 살아 있는 모든 것들과 어려운 시간을 같이 하겠다니. 까치밥이 감나무 여기저기 달려 있는 한 아직 늦바람 된 겨울은 시작되지 않았고 어치며 직박구리가 푸른 하늘에 생기를 불어 넣었다.
　시리도록 푸르고 투명한 하늘 아래 반짝이는 까치밥은 단순한 홍시가 아니라 추운 겨울을 희망으로 헤쳐 나가게 하는 따스한 등불이다.

옛 어른들은 까치밥을 남기는 데 진심이었다. 자연과 나누고 어울려 산다는 것은 배려와 여유가 만들어 내는 하찮은 것들과의 교감이다.

감을 따다 보면 까치밥이 남는다. 감을 따다가 어쩔 수 없이 남기는 건 까치밥이 아니다. 자연에게 따뜻이 내어주는 것이 까치밥이다.

감을 따기 위해 대나무 끝을 마치 집게 날처럼 다듬고 두툼한 삼 줄로 옹골차고 야무지게 묶는다. 묵은 대를 늦여름에 베어 햇볕에 말린다고 말렸으나 워낙 굵고 길다 보니 무게가 만만치 않다. 감 따는 대나무 작대기가 힘에 부친다. 감나무에 몇 발자국 어렵사리 올라 가지에 등을 기대고 어렵사리 감이 달린 가지를 겨냥한다.

작대기는 휘청대며 좀체 감꼭지가 집게 날에 꿰어지지 않는다. 가장귀에 매달린 감을 따다 보면 굵은 가지도 꺾을 수밖에 없다.

여러 개의 감을 장대에 걸고 힘을 주다 보면 자칫 몸이 쏠려 위험해지기도 한다. 맑고 투명한 가을 하늘과 햇살은 감을 겨냥한 눈 속으로 마구 쏟아져 내린다.

할 일 많은 시골에서 감을 따는 날은 미리 정해 놓지 않는다. 가을걷이를 하다가 틈이 나면 대나무 작대기에 바지게를 지고 감나무 골로 들어서서 따는 것이 감이다.

소금물에 담가 떫은맛을 빼거나 카바이드를 넣고 감싸 연시를 만들어 시장에 내다 팔면 아쉬운 대로 가용 돈이 되기도 한다.

대봉이나 반시 등의 연시(軟柿)가 없는 것은 아니나 도심의 마트에서 팔리는 감은 대부분 단감이다.

요즘 단감나무는 성장 과정에서 가지치기와 틀 잡기를 통해 수확이 용이토록 강제로 형체를 만들지만 옛날 시골의 감나무는 그렇지 않았다. 거의 자연 상태에서 자라다 보니 가지도 제멋대로고 높이와 크기도 제 마음대로였다. 감 따기가 수월치 않았다. 기다란 작대기로 올려다보며 몇 시간씩 감을 따고 나면 고개가 심히 아팠다. 몸은 흔들리고 다시 작대기를 내린다. 홍시가 다 된 감이 그새를 못 참고 툭 떨어진다.

선홍색 홍시는 투명하게 아른거린다. 풀 위나 낙엽 쌓인 곳에 떨어진 홍시는 깨어지긴 하지만 그래도 먹을 만하다.
감을 따는 날은 푸근하고 푸짐하다. 옛날 커다란 나무의 감들은 특별히 약을 치거나 관리하지 않았다. 감은 해거리가 심하다. 어떤 해는 단 몇 개의 감도 따지 못한다. 그런 해는 서운하기보다 시원했다. 감을 따는 일은 만만한 일이 아니다. 온몸을 곧추세우고 다리에 힘을 주어 균형을 잡아야 한다. 한참 동안 감을 올려다보면 눈이 가물가물하고 몸이 휘청인다.

한때는 그랬다. 감을 어느 정도 따고 도저히 더 따기가 어려울 정도로 지치면 꼭대기 높은 곳에 열린 감은 포기하면서 '옜다. 까치밥이다. 잘 먹고 잘 살아라.' 하고는 마치 적선이라도 베푸는 듯 감나무를 내려온다.
내심 아깝다. 하지만 딸 수가 없으니 마치 이솝 우화의 여우와 신포도 이야기 같은 마음으로 포기한다. 지금이야 감을 딸 일도 없지만 그때는 감 한 개도 알뜰히 땄다. 채우기 위한 삶은 절박했고 나눔의 삶은 멀리 있었다. 사람이 가난한 세상은 자연도 가난한 법이다.
버려진 채 감나무에 매달린 감은 얼고 녹기를 반복하다가 재수 좋게 온전한 상태로 감나무 낙엽 쌓인 곳에 툭 떨어져 귀하디귀한 겨울 홍시 맛을 보여 주기도 했다.

그런 날은 뜻하지 않은 홍시 맛을 보며 흐뭇했다.

젊은이가 사라진 요즘은 시골에도 감 딸 사람이 없다 보니 손댄 흔적도 하나 없이 나무째 버려진 곳이 많다. 세상이 변하여 이제는 홍시도 단순히 까치밥이 아니라 까치밥 창고다.
그때나 지금이나 야생의 겨울은 살아남기가 만만치 않을 것이다. 먹을 것이 귀한 겨울이 되면 홍시로 허기를 채우는 날짐승이 제법 있다. 까치뿐만 아니라 작박구리, 동고비나 박새 등 우리나라에 터를 잡고 사는 산새들은 홍시를 요긴한 식량으로 활용한다.
옛날 배고프던 시절, 감나무 가지 끝에 달린 까치밥을 보면 어쩐지 마음이 편안하기도 했고 애잔하기도 했다. 비록 딸 수 없어 남겨 두었건 굶주린 새들을 생각하여 남겨 두었건 차가운 바람 속에 붉디붉은 홍시를 달고 서 있는 헐벗은 감나무는 그 자체로 흐뭇하고 한가로운 풍경이다.
학교를 일찍 파하고 집으로 돌아와서 배가 고파 이 솥 저 솥을 뒤지고 시렁 위까지 훑은 후 찐 고구마 한 알도 보이지 않는 날이면 감나무에 올랐다.
도저히 감 작대기도 닿지 않을 곳에 매달려 있는 마지막 까치밥을 멍하고 혼곤한 기분으로 한참을 바라보곤 했던 기억이 새삼 떠오른다.

인위적으로 만든 홍시가 연시고 홍시는 감나무에 매달린 채 말랑말랑하게 익은 것이다. 까치밥은 그래서 언제나 홍시다.
옛날 가난했던 시절, 굶주린 까치를 위해 감을 남겨 둘 만큼 살림살이가 넉넉했던 집은 별로 없었을 것이다. 그래도 대부분 집에서는 까치밥을 남겨 두었다.

자연이 주는 선물을 인간이 남김없이 거두어들여선 안 된다는 염치가 작용하기도 했겠지만 그보다는 말 못 하는 미물의 고달픈 삶을 챙기고자 하는 측은지심이 더 강했으리라 생각해 본다.

잘 익은 감을 따서 항아리에 넣어 두고 겨울이 되면 만들어지는 연시만으로도 만족하는 삶을 살았던 우리 선조들의 마음은 생각할수록 여유 있고 따뜻했다는 생각이 든다.

어느 시인이 읊었던 까치밥, 굽이굽이 살아온 이 세상에서 소용돌이치고 휩쓸려 배 주릴 때도 인연 하나 없이 공중을 오가는 날짐승에게 길을 내어주는 따뜻한 등불이라는 시가 가을이 깊어 가니 더욱 가슴을 파고든다.

총선이 가까워지면서 정치권은 연일 네 편 내 편으로 나뉘어 시끄럽다. 어떤 경우에도 상대방을 인정하지 않겠다며 잔인한 말들을 쏟아 내는 이들을 보면 푸른 가을 하늘이 부끄럽다.

가난 속에서도 이웃은 물론 미물들까지 보살피며 까치밥을 챙기던 우리 민족의 그 고아한 품성은 이제 어디서 찾을 수 있을까.

옛 시절에도 한양의 지체 높으신 어느 대감님이 높디높은 기와 담장 안 감나무에 까치밥을 남겨 두었다는 글은 물론 이야기도 듣지 못했다.

오늘 하루의 끼니를 노심초사하고 내일의 신산한 삶을 걱정하던 가난한 농자(農者)의 초가지붕 오두막집 뒤란의 높다란 감나무 가지 끝에 까치밥은 옹기종기 오순도순 매달려 있었다.

홍시 하나가 그냥 사람의 노력으로 만들어진 것이 아니다. 자연의 수확물에는 우리가 알지 못하는 많은 것들의 수고가 있었을 것이다.

햇빛과 달빛, 비와 눈은 물론 바람과 벌, 나비 등 곤충들까지도 기여함이 없었다고 누가 말할 수 있을까.

    땀 흘리지 않고 재물을 가지는 것은 죄악이다. 더더구나 한 푼도 안 되는 권력으로 남의 것을 빼앗는 것은 인간이기를 포기한 것이다. 비록 정당하게 번 것이라 해도 자신만을 위해 쓴다면 이 세상에 와서 공덕 하나 짓지 못하고 미물처럼 살다 가는 것이다. 부정한 돈을 먹고도 거짓말과 궤변으로 국민을 호도하는 비열한 정치인들을 보면서 부끄러움과 염치가 사라진 세상이 참으로 안타깝다. 그들만의 리그를 만들어 권력을 탐하고 음험하게 숨어서 나눈다. 취하고 버리고 배신한다.
    높은 가지에 남겨진 홍시, 까치밥이 자신을 돌아보게 한다. 아침 햇살 속 홍시는 마치 항구의 등대처럼 따뜻하고 희망 어린 모습이다.
    나눔과 배려는 인간이 가질 수 있는 최고의 미덕이다.

    많은 것을 가지는 것은 염치없는 짓이다. 청정하고 담박하게 살아야겠다는 다짐을 한다. 사람의 감성 근육 굵기는 자연이 만들어 가는 아름다움을 느끼게 하는 크기와 동일하다.
    여유와 배려의 마음은 하찮고 가여운 것들을 향한 측은지심(惻隱之心)에서 비롯된다. 마음 하나 내는 것이 세상을 바꾼다.

    굶주린 것들을 위하여 까치밥 하나 남겨 두는 여유가 세상을 바꾸어 온 것이 아닐까.

27. 전원 고향악(故鄕樂)

  나이를 먹어 가면서 만나는 친구는 시골 초가집 사랑방의 오래된 멍석 자리 같다. 한쪽 구석에는 호박도 놓여 있고 먹다가 밀쳐놓은 개다리소반도 보인다.
  없으면 불각시(不覺時)에 찾게 되고 있으면 거치적거리는 것들이 대중없이 자리를 잡고 있는 풍경이 옛 시골집과 너무 흡사하다.
  몇 년 전 고향 근처 터앝을 장만하고 농막도 지어 살아야겠다는 이야기를 들었을 때 설마 했었다. 가정을 이루면서 시장에서 장사를 하면서 산 친구의 이력을 알고 있었기 때문이었다. 그런데 정말 자신이 태어난 마을에 농막을 짓고 시골 생활을 시작한 것이다. 처음 방문한 벗의 귀촌 농막은 나이에 걸맞게 푼푼한 집이자 친구들의 사랑방이다.

  고향의 친구는 삶의 울타리다. 어릴 때는 경쟁하며 자랐고 어느 정도 나이를 먹고는 시기와 부러움도 있었다. 가난의 강을 더불어 건넜고 고통의 늪을 어깨동무하며 지났다.
  질풍노도의 시기를 함께 아파했고 코스모스 핀 들판을 밤새 걸었다. 햇살보다는 달빛이 더 친근했고 빗방울 떨어지는 처마를 바라보며 뜬금없이 내일은 눈이 내릴 거라고 생각했다.
  내일을 위해 오늘을 처절하게 살았던 벗이 도시를 벗어났다. 가진 것도 배운 것도 없는 삶은 고달팠다. 이기고 지는 삶이 아니라 그저 살아남기 위해 복작거렸다.
  싸움을 걸지 않았지만 싸움은 매일 찾아왔다. 버리고 떠나왔다. 더 이상 그렇게 살다가는 제명에 못 죽을 것 같았다.

벗이 터를 잡은 곳에는 낮게 드리운 구름 아래 푸른 산이 걸려 있다. 넓은 벌판에는 이제 막 익어 가는 탐스러운 벼들이 넘실대고 구름인지 안개인지 모를 느릿느릿한 띠구름이 와룡산 허리를 따라 머무는 듯 흐르는 듯 한가하다.
집보다 더 넓고 큰 검은색 너울 장막이 없는 그늘을 만들고 가녀린 줄기를 철제 기둥에 휘감은 여주 덩굴은 어린애 주먹보다 더 작은 도깨비방망이 하나를 매달고 있다.
아담하고 예쁜 농막 문은 열려 있고 사람들 이야기 소리 두런두런 들린다. 왔나 보다 하면서 모기장 커튼을 젖히는 사람 모습이 보인다.

고향 가는 길은 언제나 멀다. 작달비 질척거리는 길은 힘들었다. 마음이 먼저 가는 먼 길을 가야만 하는 일은 힘들다. 등잔불을 켜도 어둑한 기운이 물러가지 않는 옛 시골집은 퀴퀴하면서도 아늑하다.
옅은 어둠으로 채색된 황토벽 방은 할머니 냄새도 나고 누나 냄새도 난다. 틈이 쩍쩍 갈라진 곳에는 옆집 주태백이 아저씨의 막걸리 타령이 스며 있는 듯 바람이 불면 윙윙거리며 소리를 만든다.
호박떡거리를 지나 근남골로 돌아드니 빗방울을 한껏 머금은 붉은색 배롱나무꽃은 아직도 붉다.
작은 빗방울이 차 앞 유리창에서 투두둑 튄다. 창을 열고 고향의 가을 냄새를 맡고 싶지만 빗방울이 굵어진다.
하필이면 고향길 접어드는 날에 때맞추어 비님이 오시는지 의외로 와룡동천은 가뭄이 심했나 보다. 물기 없는 강바닥에는 성하게 자란 억새

덩굴이 제철을 만났다.

안방 웅덩이에서 첨벙대고 넓은 바위 위에서 몸 말리기를 거듭하다 해 기울 때쯤 빈 꼴망태가 걱정되어 염소가 먹을지 어쩔지 걱정하며 무성한 억새를 마구 베다가 손가락이 풀잎에 베여 쓰리고 아렸던 기억이 떠오른다. 염소는 귀신같이 맛없는 풀은 거들떠보지도 않았다.

와와 쏴아 작달비 몰려온다. 와룡산은 은빛 춤추는 장대비 커튼 뒤로 숨는다. 들리는 것은 빗소리뿐이다. 여유 있는 삶을 살다 보면 듣고 싶은 소리만 들어도 된다.

돈 벌기 위해 먹고살기 위해 어릴 때 고향을 떠나 지치고 지친 도시인이 된 친구가 아무 표정 없이 '여기 참 비 멍 때리기 좋다.' 하면서 무심히 비 내리는 창밖에 눈길을 멈춘다. 벼 가득한 들판이 좁은 문으로 몰려온다. 비가 데리고 온 산 그림은 어릴 적 풍경이다. 가을색을 연하게 띤 들판은 신비스러울 정도로 평온함을 느끼게 한다.

정신없이 뛰고 달리며 앞만 보고 사는 도시인들은 삶을 끌고 가는 모든 것들로부터 가끔은 도망치고 싶어진다.

자신의 삶이 어디까지 와 있는지 무슨 의미를 가지고 있는지 수준을 넘어 아예 자신의 영혼마저 잊고 싶을 때가 있다. 이럴 때 멍때리기를 한다.

두 눈은 초점을 잃고 정신은 아득히 사라진 채 멍하니 무념무상의 상태를 유지하는 것이 멍때리기다. 불 멍, 물 멍이라는 얘기는 들어 보았지만 비 멍이란 말은 처음 듣는다.

어릴 때 소여물을 끓이기 위해 아래채 사랑방 아궁이에 불을 때다가 아름답고 신기한 불꽃에 마음을 빼앗겨 부지깽이로 옮아 붙은 불로 인해 큰

불이 날 뻔했던 적이 있었다. 타오르는 불을 보고 있으면 속절없이 마음을 빼앗긴다. 물 또한 마찬가지다. 파문 하나 없이 잔잔한 웅덩이 물이건 심하게 요동치고 넘실대며 흐르는 무서운 탁류건 가만히 물을 보고 있으면 혼이 나가는 느낌이 든다.

어른들은 불속에 불신이 살고 물속에는 물귀신이 깃들어 정신없이 보고 있으면 혼을 빼앗긴다 했다. 한데 요즘은 가끔 혼을 빼앗길 정도로 정신 줄을 놓는 것이 건강에도 좋다고 하니 참 모를 일이다. 하기야 물아일체(物我一體), 외물계(外物界)와 자아가 하나가 되어 객관과 주관의 판단을 버리고 자연계, 정신계와 하나가 되는 것은 심신을 재정비하는 데 도움이 아니 될 리 없다.

모르긴 해도 명상에 빠지거나 선정에 드는 일도 멍때리기에 다름 아닐 것이다. 자신을 버리는 순간 자신을 찾게 되는 역설의 아이러니다.

푸짐하게 부친 고추전에 막걸리 한 잔을 마시고 시골 밭에서 나는 고구마순, 고춧잎, 가지나물 등 맛깔스러운 여러 가지 나물 점심 밥상 앞에 앉으니 미안하고 고맙다. 얼마 만에 맛보는 고향 음식이며 시골 밥상이냐.

예전 와룡산 언저리에서 등을 붙이고 가난의 삶을 살아온 거개의 집들은 너나없이 그렇고 그런 입맛에 그러저러한 반찬으로 살았을 것이다. 그 맛이 어디로 가랴.

지금은 기억마저 아물아물한 어머니의 반찬 맛과 어느새 할머니 반열에 오른 어릴 적 친구의 손맛도 실개천 와룡동천이 남해 앞 바다까지 이어지듯 알게 모르게 연결되어 있으리라 생각하며 혼자서 피식 웃는다.

도시에서는 좀처럼 맛보기 힘든 청정한 텃밭의 소채들이 한상 가득 올랐다. 뒤로는 대밭이 울울하고 너른 들판에 쏟아지는 빗소리를 음악 삼아 성찬을 즐긴다.

갈치 두 토막을 얼른 집어삼키는데 진목정 친구 농 한마디가 걸쭉하게 날아든다.

"서울에는 갈치가 없더나?"

"내 사는 동네는 갈치 없다."

허허하며 웃는다. 비가 잦아든다. 까치 한 마리 꼬랑지를 졸랑거리며 집 앞 전봇대에 내려앉는다.

점심상을 물린 뒤 고구마순을 가지고 가야 할 거라고 친구 부부가 같이 성화를 댄다. 워낙 좋아하는 고구마순이니 이곳에 오기 전부터 주면 못 이기는 척하고 가지고 가야지 하는 마음이 없지는 않았다.

커다란 양푼에 가득 담긴 고구마순을 보니 잠시 망설여진다. 알뜰하고 정갈하게 잎을 따고 풋풋하고 싱싱한 것들로만 준비했다. 주고자 하는 친구의 마음이 그대로 다가온다.

껍질을 까지 않은 고구마순은 길고 굵다. 도시의 마트나 버스 정류장에 아낙들이 앉아 까면서 파는 가늘고 야리야리한 물건과는 근본적으로 다르다.

강렬히 내리쬐는 가뭄을 이기기 위해 일일이 물을 주고 가꾸었을 농자(農者)의 정성이 깃들어 있는 것이다.

그냥 주면 주고도 욕먹을 것이라며 집주인 양반까지 껍질을 깐다. 두런두런 이야기하며 부산서 온 친구도 손을 보탠다. 손끝이 떫은 감물 들 듯 물이 든다. 오고 가는 이야기는 다 늙은 이야기이자 잊힌 옛이야기다.

껍질을 깐 고구마순이 봉지 두툼하게 담긴다. 땀으로 가꾼 정성과 친구를 생각하는 마음이 한가득이다.

　다시 빗방울이 굵어진다. 처마 없는 농막 집에 비가 들이친다. 와룡산 허리는 하얀 구름으로 가려지고 장대비들끼리 부딪히며 분무(噴霧) 분분하다. 인적 드문 산야에 앉아 비 내리는 푸른 들판을 바라보는 재미는 특별하다.

　가야 할 길이 멀어 일어서는데 비닐하우스 안에서는 양주의 손이 바쁘다. 이바지 챙기는 모양이다. 호박잎에 청오이 등 보따리 보따리 시골 선물에 고맙고 미안하다.

　앞이 보이지 않을 정도로 비 내린다. 고향 언저리에 등 붙이고 사는 친구 삶이 따뜻해 보이기도 하고 부럽기도 하다.

　어릴 적 친구가 둘이나 함께 자리를 하니 할 얘기도 없고 못 할 이야기도 없다. 가끔 고개를 들어 바라보는 것만으로 충분하다. 그럭저럭 버텨 낸 삶이 어떠했음은 서로가 이야기하지 않아도 뻔하다.

　위로해 줄 이도 위로받을 이도 없는 신산한 삶이었을 것이다. 이제 다시 돌아와 고향 언저리에 기대고 얼마 남지 않은 삶을 이야기한다. 친구가 있는 풍경은 옛 토담집 황토방이다. 훈훈하고 따스하다.

　집으로 돌아오는 길, 달리는 차 앞 유리가 흐릿하다. 오직 비로 인한 탓만은 아닌 듯하다.

28. 연(鳶)

연(鳶)을 날리는 것은 꿈을 날리는 것이다. 묶여 있던 마음을 풀어 끝 간 데 없이 푸른 하늘에 자신을 둥둥 띄우는 일이다.

연(鳶)을 날리는 만큼 배가 고파지는 일도 없다. 하늘 높이 나는 연은 친구들의 부러움을 한껏 받는 멋진 놀이다.

아이들의 꿈은 단순하다. 욕심이 없다. 등으로 불어오는 꽁무니바람을 맞으며 연을 날린다. 마을에는 유난히 연을 잘 만들고 연을 잘 날리는 아이들이 항상 있기 마련이다.

방패연을 만들기 위해 귀한 한지를 어렵게 마련했던 그 순간을 생각하면 지금도 가슴이 두근거린다. 자를 이용하여 가로세로 크기를 재고 네 번을 접어 가운데를 오려 내어 연을 만들었다. 오려 낸 가운데 종이는 진하게 먹칠을 한 다음 연 위 중앙에 붙이면 그럴듯한 연 모습이 만들어진다.

연(鳶) 살을 만든다고 얼마나 다듬고 깎았든지……. 사포질에 오징어 껍질로 마무리를 했었다. 머릿살과 허릿살, 장살에 중살까지 굵기와 길이가 적당하지 않으면 연이 날기도 전에 땅으로 꼬꾸라졌다.

종이와 살이 잘 붙어 적당히 마르고 나면 활벌이줄을 잡는다고 손이 달달 떨렸다. 윗줄과 목줄, 가운뎃줄을 꽁숫구멍에 연결한 뒤 연줄을 묶으면 방 가운데 앉아도 연신 엉덩이가 들썩거렸다.

목줄의 길이는 하늘 높이 나는 연이 재주를 넘는 데 가장 중요한 역할을 한다. 여간한 실력이나 경험이 없으면 제대로 목줄 길이를 맞추지 못

한다.

바람이 나고 안 나고는 순전히 목줄에 달렸다. 처음 날리는 연은 바람이 날까 봐 긴장과 초조 속에서 정작 나는 순간을 놓친다.

겨울철, 아이들 놀이 중 최고의 놀이는 누가 뭐래도 단연 연날리기다. 연날리기는 아무나 할 수 있는 놀이가 아니었기 때문에 더욱 흥미롭고 자랑거리였다.

얼레를 준비하고 연을 만드는 것은 상당한 손재주와 연이 나는 원리에 대한 이해가 필요하다. 하지만 원리를 따지고 이해하기는 너무 어렸다. 그저 요행과 꿈으로 연을 날렸다.

그냥 뛰어다니며 날리는 가오리연은 연 놀이가 아니다. 방패연을 하늘 높이 날리고 얼레를 서로 비껴 감아 끊어 먹기 놀이를 해야 연을 날린다 했다. 연(鳶)싸움을 하는 것은 대단한 기세이자 과학이었다.

덕산 까마귀 마을 들판에 무리 지어 내려앉고 바람산을 돌아 북풍이 불기 시작하면 연(鳶)을 날렸다. 심한 바람이 불고 추운 날이면 숲으로 들어가는 입구 근처 동사(同舍) 양지쪽 황토벽 아래서 연을 날렸다.

바람을 타고 높이 나는 연은 마을 들판을 지나 아득히 흥무산 꼭대기까지 올라간 듯 보였다. 연은 언제나 마을에서 남쪽으로 향해 날았다.

그때는 왜 항상 연이 흥무산 쪽으로, 학교가 있는 방향으로 나는지 알지 못했다. 겨울이면 바람이 북에서 남으로만 불어오는지를 알지 못했다.

남으로 넓은 펀더기를 바라보며 날리는 연은 곧장 하늘로 떠올라 깃대봉을 가렸다. 아이들은 박수를 쳤고 우쭐한 마음에 논둑도 훌쩍 뛰어넘으며 재주를 부렸다.

키가 크고 힘이 센 아이들은 방패연을 날렸고 작은 아이들은 신작로를 뛰어다니며 가오리연을 날렸다. 방패연은 곤두박질치고 밀리듯 떠오르며 재주를 부렸다.

큰 아이들은 얼레—우리는 이것을 자세라 했다—에 몇 꾸리미의 실을 감아 온몸을 구부렸다 펴곤 하면서 연을 날렸고 작은 아이들은 나무토막이나 손에 실을 감아 뛰어다니며 바람을 만들어 날렸다. 문종이로 만든 연은 질겼고 습자지로 만든 연은 강한 바람에 쉽게 찢어졌다. 꼬리가 긴 가오리연은 높이 날아오르지 못했다.

연 따라 같이 달리던 아이들이나 강아지에게 밟혀 자꾸만 꼬리가 떨어져 나갔다. 꼬리를 파들거리며 주춤주춤 떠오르는 연을 보는 아이들은 조마조마했다. 어른들은 그것을 보고 웃었고 아이들은 무안해했다. 산토끼 털에 검정 고무줄로 만든 귀마개가 자꾸만 벗겨졌다.

방패연은 연실을 단단하게 하기 위해서 연실에 부레나 풀 끓인 물에 사기 가루를 타서 서슬이 일도록 가미를 먹였다. 작은형은 가미를 먹인다고 사기그릇 조각을 주워다 깨고 간 후 풀칠을 하다가 손에 가시가 들기도 했었다.

방패연이 어느 정도 높게 하늘을 오르면 얼레를 풀었다 놓아 곤두박질을 치거나 자맥질을 하기도 하고 마치 연줄이 끊어진 것처럼 너울너울 떠가게도 했다.

연줄을 서로 걸어 끊어 먹기 싸움도 하면서 자기 연이 최고라고 온 동네 자랑을 하곤 했다. 까마득히 사라지는 연을 보며 동네 아주머니들은 혀를 찼다.

하라는 공부는 뒷전이고 연실을 내놓으라며 해찰만 부리는 아이들이 마치 자기 집 애들인 것처럼 걱정스러웠다.

　방패연은 남의 손을 타면 바람이 난다면서 좀처럼 얼레를 다른 사람이 잡아 볼 수 있게 해 주지 않았다.
　키가 껑충해진 아이들은 납작 얼레는 어린아이들이나 하는 것이라며 하찮게 여겼고 네모얼레나 육모얼레를 가지고 있으면 바람이 불건 안 불건 연을 날린답시고 들고 다녔다.
　마땅한 얼레가 없던 나는 못줄을 감아 놓은 커다란 못줄 얼레를 들고 나가 길지도 않은 연실을 묶어 연을 날리다가 혼꾸멍이 난 적도 있었다.
　어렵게 만든 연을 얼레에 묶고 아이들이 놀고 있는 곳까지 정신없이 뛰어나가다 정작 대문도 벗어나기 전에 마당가 감나무에 연이 걸려 울면서 다시 돌아와야 했다.

　연이 하늘 높이 바람을 타고 올라가면 그 터질 듯한 기쁨은 말로 이루 표현하기 힘들었다. 은근히 부는 바람 속에서 연신 옷소매로 코를 닦아가며 연을 날렸다.
　하지만 알 수 없었다. 정월 대보름이 되면 왜 그렇게 재미있는 연(鳶)날리기를 그만두어야 하는지. 어른들은 정월 대보름이 되면 연(鳶)을 걷어다 달집에 걸어 불에 태웠다.
　설혹 눈길을 피해 시렁이나 고방 깊숙이 숨겨 두어도 눈에 띄기만 하면 영락없이 아궁이 속으로 들어가는 신세를 면하기 어려웠다. 연 날리는 일은 바람을 만드는 일이고 어른들은 심한 봄바람을 언짢아했다.
　대보름이 지나고 연을 날리는 아이를 보면 마을 사람들은 약간 모자라거나 철없는 짓이라고 나무랐다.

이제는 연 날리는 모습을 보기가 쉽지 않다. 지자체가 주관하는 특별한 행사나 이벤트가 있어야 연을 날린다.

연을 만들고 날리는 과정에서 얻어지는 손기술이나 과학적 지식도 중요하지만 푸른 하늘에 꿈을 날려 보내는 것도 잊지 못할 추억이다.

가느다란 실에 묶여 허공에서 재주를 부리는 연날리기는 무한한 꿈의 세계로 나래를 펴는 일이다. 연을 날리는 날은 배고픔도 걱정도 사라졌다. 하늘 높이 나는 연(鳶)이 마냥 좋았다.

사라진 놀이, 기억으로만 남아 있는, 아이들이 연 날리는 꿈을 꾼다. 바이러스 재난이 하늘 멀리 날아가는 연(鳶)처럼 사라지는 꿈을 꾼다.

이제는 고향 숲 근처에도 지금은 아무도 연(鳶)을 날리지 않을 것이다. 모든 것들이 우리 세대에서 사라진다는 것이 안타깝다.

고향 연천(鳶川)이 연(鳶) 날리는 냇가라는 뜻이라 더욱 그런 생각이 드는 아침이다.

29. 신기료장수

구두를 신는 것이 가끔은 익숙하지 않을 때가 있다. 구두가 몸에 버성기기도 하지만 구두를 신는 것은 뭔가 특별한 행사나 이유가 있어야 한다고 생각하는 것이 더 큰 이유일지 모른다.

구두는 아무 때나 신어서도 안 되고 신을 수도 없는 특별한 물건이었다. 어린 시절 구두는 관(官)에 출입하거나 높은 사람, 선생님들이나 신는 것으로 알았다.

학교에 입교하자마자 수 켤레의 구두가 지급되었고 그 구두는 용도에 따라 색깔도 신는 행사도 달랐다.

그때의 구두는 청춘을 빛내는 마음속의 긍지였고 꿈을 이루어 가는 상징이었다. 거의 매일 구두를 닦았고 그 손질된 구두를 검사받았다. 구두는 언제나 신성한 그 무엇이 되어 갔다.

신발장에는 산 지 10년이 넘은 구두 몇 켤레가 있다. 낡은 구두를 오래도록 버리지 못하는 습관 탓이다. 오늘은 구두 뒷굽을 수선하러 간다. 4년 전에 샀던 낡은 구두지만 마음에 드는 신발이라 쉬이 버릴 수가 없다.

항상 같은 구두만 신는 것이 아닌데도 벌써 굽을 세 번이나 바꾸었다. 구두 뒷굽을 수선하러 갈 때마다 아버지를 생각한다.

아버지는 반세기도 훨씬 전에 세상을 떠나셨지만 새 구두를 사거나 헌 구두를 수선할 때면 지금도 기억 속에는 선연히 살아 계신다.

당신께서는 평생 동안 구두를 신어 보기나 하셨을까? 아버지에 대한 기억이 만들어지고 그 후 짧은 몇 년의 기억 속에 남아 있는 아버지는 구두를 가지셨던 기억이 없다.

　기억 속의 아버지는 검정 고무신만을 신으셨고 읍내 출입이나 친구나 친척 집 등을 방문하실 때는 두툼한 양말에 흰 고무신을 신으셨다.

　이 동네에는 "○○션"이란 구두 수선 집치고는 상호가 다소 생뚱맞은 가게가 있다. 신기료장수 아저씨는 작은 수선집에 아주 궁합이 잘 맞을 듯한 외모와 체구를 지녔다.
　그가 어떤 삶의 과정을 거쳐 신발을 수선하는 신기료장수가 되었는지 알 수 없다. 한때 '신기료'란 말이 재미있었고 그 말의 유래가 몹시 궁금했던 적이 있었다.
　자료를 조사해 보니 이런 종류의 수선 전문가를 일컫는 무슨무슨 '료'란 말은 보부상이 흔하게 마을을 찾아다니던 조선 후기부터 생긴 말이라고 한다.
　관련 문헌 자료에 의하면 신기료란 말은 이런 종류의 일을 하는 사람들이 마을을 돌아다니며 신을 기우겠냐는 뜻으로 '신 기리오?' 하고 외친 것에서 유래된 이름이라고 설명되어 있다.
　맷돌이나 매통을 쪼아서 날카롭게 만드는 사람을 '매죄료장수'라 이르는데 이 또한 '매죄료' 하고 소리치면서 마을의 고샅을 누비고 다니던 것에서 나온 말이라고 한다.
　이런 단어의 유래로 추측건대 동네 신기료장수 아저씨가 번듯한 구두 가게를 운영하는 데 성공하지 못했거나 기술만은 어떤 신발도 만들 수 있는 수준이지만 여러 사정상 낡은 구두를 수선하면서 살 수밖에 없는 상황에 연유한 듯하다.

아무튼 신기료장수 아저씨가 들으면 섭섭할지 모르지만 외양은 길거리에서 흔히 마주치는 흔한 장년으로 보였다.

길거리 컨테이너 박스 구두 수선집과 다른 분위기라 집에서 상당히 떨어진 곳임에도 일부러 찾아갔다. 수선을 의뢰하는 구두를 보는 순간 수십 년간 구두 수선으로 살아온 엄청난 내공을 지닌 전문가로 표변하는 느낌을 받았다.

산전수전을 겪는 동안 삶의 질곡이 만들어 내는 사람의 특별한 얼굴이나 표정 같은 겉가량과 달리 전문가적인 내면의 실력은 주머니 속 송곳과 같아서 어떤 형태로든 드러내기 마련이지 않은가.

그날 낡은 구두 두 켤레를 내미는 것을 본 신기료장수 아저씨는 썩 유쾌한 표정은 아니었다. 물론 이런 느낌을 받은 것은 그 아저씨가 미간을 찌푸리거나 힐난하는 듯한 눈빛을 보여서가 아니다.

헌 구두 두 켤레를 수선하기 위해 기웃거리던 자격지심이거나 좀 더 고급스러운 가게를 생각했던 것과의 차이에서 비롯된 것이었다.

구두를 받자마자 상표부터 살피는 것이 '헌 구두를 수선하러 온 네까짓 게 고급 명품 구두를 신어 봤겠냐?' 아니면 '기껏 수선한다는 게 이런 싸구려 구두냐?'라고 묻고 있는 듯했다. 물론 이런 추론은 순전히 혼자의 생각에 불과했지만.

알 수 없는 힘에 눌려 최대한 부드럽고 겸손한 어투로 뒷굽을 바꾸는 데 얼마이며 언제 찾으러 오면 되는지, 수선한 구두는 닦아 주는지 등을 물었다.

수선집 아저씨는 표정의 변화 없이 외양에 맞는 듯한 다소 퉁명한 목소리로 켤레당 만 원이며 오후 어느 때나 찾으러 오면 된다고 한다.

평생 냄새나는 남의 헌 구두를 수선하며 살아온 신기료장수의 무시당하지 않겠다는 결연한 마음이 대답과 자세에서 그대로 느껴졌다. 이 또한 단지 혼자만의 느낌일 따름은 물론이다.

웬일인지 신기료장수 아저씨의 태도를 보면서 10여 년 전 국산 헬기를 개발한다고 유럽의 항공기 선진 업체에 가서 오기와 자존심으로 기술 자료 제공이 한심하고 어처구니없음을 나무라면서 협상이 아닌 싸움을 했던 기억이 떠올랐다.

분명 경험에 의해 앞선 기술은 가지고 있었지만 시대 상황에 알맞게 문서화나 자료화가 되어 있지 않은 낡은 시대의 전문가처럼 보여서 그랬을 것이다.

어쩌면 그는 화양연화의 세상을 잊지 못하고 기술의 정점에 있었던 그 시대의 일상적 말과 자세를 보여 준 것에 불과했겠지만 비록 작은 구멍가게 신기료장수일지라도 세상에 절대 항복하지 않겠다는 장인의 결기에 찬 모습이 느껴졌다.

오후 늦게 다시 그 신기료장수에게 수선한 구두를 찾으러 갔을 때는 더욱 부드럽고 겸손한 어투로 구두 수선이 끝났냐고 물었다. 그러자 그 아저씨는 만면에 웃음을 띠고 맞았다.

"아직 새 구두네요. 몇 번 더 뒤축을 갈아 신어도 괜찮겠어요."

깍듯이 절을 세 번이나 더하고 가게를 나왔다. 그 신기료장수 아저씨는 문밖까지 나와 배웅했다.

온 하늘을 붉게 물들인 저녁노을이 서산에 걸려 있었다. 산등성이를 뚫고 떠오르는 아침 해보다 고적한 들판을 꽉 채운 어스름 황혼이 더 장엄한 법이다.

시대를 풍미했던 장인(匠人)이 평생에 습득했던 경륜과 기술을 옹골찬 자존감을 지키며 길거리를 오가는 보통 사람들에게 펼치는 모습은 얼마나 아름답고 경이로운가. 평생을 제대로 만들어진 구두 한 번 사서 신지 못하시고 세상을 살다 가신 아버지와 그 신기료장수가 갑자기 겹쳐서 떠오르는지 모를 일이다.

새삼스러운 말이 아니라 직업에는 귀천이 없는 법이다. 단순한 밥벌이가 아니라 잊혀 가는 기술자이지만 당당하게 세상과 맞서는 모습이 아름답게 느껴진다. 아니 오히려 낡고 떨어진 구두를 수선하며 세상을 맑고 밝게 만드는 모습을 보니 신기료장수 아저씨가 위대해 보이기조차 한다.
덴마크 출신으로 세계적인 동화 작가가 되었던 한스 크리스티안 안데르센도 아버지는 구두 수선공이고 어머니는 세탁부였다.

수선 후 얼굴이 비칠 정도로 윤기 나게 닦은 구두 두 켤레를 들고 집으로 걸어오는 마음이 여러 갈래로 복잡하다.
낡은 구두 한 켤레에 소환되는 시간들의 의미가 어쩌면 열심히 산 인생 여정이라는 생각이 든다. 그 신기료장수 아저씨도 아마 그럴 것이다.

IV 겨울

30. 활수와 판수

　사람의 일생은 사람과의 관계 이어짐이다. 우리 선조들은 귀신을 섬기고 귀신과의 관계에도 진심이었다.
　귀신은 묻지도 답하지도 않는다. 그럼에도 귀신이 뭔가 징조를 보이고 응답을 보냈다며 귀신 모시기를 살아 있는 부모보다 더 극진히 하는 이들도 있었다.
　한심하고 어리석은 일이다. 이치에 닿지 않는 엉뚱하고 쓸데없는 말을 귀신 씻나락 까먹는 소리라고 한다.
　귀신을 섬기면서도 귀신이 없는 것은 알았다. 옛사람들은 남의 눈이 무서워 조상귀신을 능력 이상으로 모시기도 했다.

　아침 운동을 끝내고 거의 탈진 상태의 몸이 되어 천천히 시청 뒤 장릉 길을 걷는다. 그곳에는 못된 귀신이 잠들어 있는 모양이다. 기록에 따르면 장릉에 묻힌 사람의 일생은 한심한 권력자의 표본이었다.
　그의 아들 인조 또한 별다르지 않다. 장릉의 낙엽은 화려하다. 여름의 끝에서 사람들은 지쳐 보이나 벌써 나무들은 한 해의 갈무리로 바쁘다.
　산벚나무들은 노랗고 붉은 잎을 준비하고 듬성듬성 서 있는 아카시아 잎들은 노란빛을 띠기 시작한다. 간간이 매미 소리가 들리기는 하나 멧비둘기 짝을 찾는 소리가 한결 구슬퍼졌다.
　산 아래로 이어진 오솔길에는 아직 덜 자란 귀뚜라미도 보이고 풀밭 벗어난 메뚜기는 흙색 옷을 입었다. 이리저리 바쁘게 튀는 모습으로 보아 따사로운 아침 햇살이라도 찾나 보다.

장릉 입구를 지나니 거대하고 어리어리하게 지은 음식점 담장 위로 칸나가 한창이다. 칸나는 열대성 원예 식물답게 그 붉디붉은 자태를 만드느라 일 년 중 가장 뜨거운 날들을 고르고 골라 핀다.

인간이 볼 수 없는 태양신을 닮았다는 칸나의 꽃말은 행복한 종말이다. 무덥고 무더운 여름을 화려하게 밝혔다가 가을바람과 더불어 스르르 내려앉듯 지는 꽃의 꽃말로서 이보다 더 알맞을 수 없다.

오직 피어나는 일이 전부일 뿐인 여름 꽃 칸나가 가을을 머금은 햇살 아래 기도하듯 몸을 떤다. 한껏 멋을 부린 옛날식 꽃 담장 기와 위에 이슬 젖은 고추잠자리는 아직 몸을 추스르지 못한 모습이다.

거대한 꽃 담장 위를 나는 잠자리의 느낌은 어떤 것일까. 늘 만나는 것의 친근함에서 유리되는 느낌은 가끔 거북하다.

한하운 시인이 잠들어 있는 공동묘지 가는 오솔길이 훨씬 멋져 보인다. 친숙함은 낯설지 않은 감정, 그것은 편안함과 자유로움이다. 우리의 가는 길이 늘 그렇다.

칸나꽃을 마음에 담고 다시 천천히 집으로 가는 길을 걷는다. 담장이 허물어진 어느 폐가 마당 곁에 자주색 꽃을 예쁘게 피운 방아(배초향)가 보인다.

이곳에서 방아를 보기는 쉽지 않다. 한때 폐가에는 남해 바닷가 어디쯤에서 이주해 온 사람이 살았는지 모를 일이다. 방아는 홀로 있어도 꿋꿋이 살아간다. 벌써 방아가 꽃을 피웠다. 가을이 오긴 왔나 보다.

고구마 뿌리가 굵어지고 벼가 고개를 숙이기 시작하는 이때쯤이면 마을 사람들이 활수라 부르던 양반들이 생각난다.

활수가 활동하는 마을은 언제나 생기가 넘치고 약간은 들뜬 분위기에 시끄럽기조차 했다. 활수는 아무나 될 수 없다.

　가을은 활수가 제철을 만나는 시기다. 지금은 듣기 쉽지 않은 말이지만 옛 어른들은 종종 활수(滑手)라는 말을 썼다.
　한자로는 미끄러울 활(滑)에 손 수(手)가 결합된 활수란 단어는 사전적 의미로 무엇이거나 아끼지 않고 시원스럽게 잘 쓰는 솜씨 또는 그런 사람을 뜻한다.
　어릴 적 살았던 고향은 많지 않은 세대수가 마을을 이루고 살았지만 동네가 크든 작든 활수로 불리는 멋쟁이가 있기 마련이었다. 활수는 통 크게 나누는 사람이라기보다 한량이자 씀씀이가 잔망스럽지 않은 너털웃음의 이웃집 아저씨 같은 느낌이 강한 말이다. 가끔은 자신이 감당할 수 있는 한계를 넘어서거나 때로는 이미 써 버린 마음이나 재물로 인해 뒷감당이 안 되어 쩔쩔매는 경우도 있지만 허허 웃으며 다음에 다시 보자 하고는 내일이면 언제 그랬냐는 듯 걱정 없이 사는 사람이다.
　활수로 불리는 사람 곁에 가면 가끔은 황당하고 허황된 느낌이 있지만 종국에는 마음이 편안해지고 삶의 여유를 생각하게 한다.

　옛날에는 판수도 있었다. 활수가 삶을 풍요롭게 산 사람이라면 판수는 귀신과 싸움을 벌이며 산 사람이다. 활수나 판수는 전부 남자다. 판수의 삶은 음울하고 기이했다. 도깨비는 꾀로 달래고 귀신은 경으로 다스린다는 옛말이 있다.
　미친개는 몽둥이가 최고고 억지 인간은 피하는 게 최고라는 말도 전한다. 우리나라 옛날 판수는 중국계 도교 경전인 옥추경으로 악귀를 쫓았다.

조선 순조 때 묘향산 보현사에서 발간된 옥추경은 병굿(귀신의 장난으로 병이 난 환자에게 하는 굿)이나 신굿(신들린 이를 위해 하는 굿으로 귀신을 몰아내기 위해 하는 굿) 같은 큰 굿에서만 읽었다.

옥추경이 얼마나 위력 있고 효험 좋은 경이냐면 이 경을 읽으면 천리 내 귀신이 전부 움직인다고 했다. 요즘 생각해 보면 얼토당토않은 참으로 해망쩍은 일이지만 불가사의한 자연의 현상과 위력에 순응할 수밖에 없었던 그 시대 백성들의 고단한 삶을 생각하면 일견 이해되지 않는 것도 아니다. 귀신을 빌려서 사람을 통제했고 도깨비를 모셔다 아이들 성정을 고쳤다. 세상을 제대로 만들기 위해 있는 것 없는 것을 다 가져다 쓴다고 흠잡을 일이 아니었을 것이다.

판수는 신내림을 받거나 신이 집히지 않았음에도 경을 읽어 귀신을 물리쳤다. 각종 칼이나 방울, 삼지창 같은 무구에 오방색 천으로 만든 화려한 옷을 입고 온갖 사설을 읊으며 선 자세로 춤까지 추며 귀신을 쫓는 이가 무당인 반면 판수는 오로지 흰옷에 앉은 자세로 경만 읽어 귀신을 쫓았다.

판수가 하는 일은 귀신 쫓는 일만이 아니었다. 일수를 보아주거나 점을 치기도 했는데 남자 무당을 판수라고도 했다. 소나 돼지 등 가축을 파는 날짜를 정한다거나 바깥출입하는 방향을 잡는 것도 때로는 판수가 맡아서 했다.

신내림을 받은 남자 무당은 박수라 한다. 박수가 전통 무당인 것에 반해 판수는 흉내 내기 무당이다. 집안에 우환이 잦거나 고질병이 오래된 환자가 있으면 판수를 불러 경을 읽게 했지만 판수가 영 마땅치 않으면 집안 어른이 판수 노릇을 했다.

세사의 많은 일에 간섭하는 판수가 박수보다 흔하고 무서웠다. 판수가 집안에 좌정하고 경을 읽는 날은 괜히 온 집안이 귀신에 점령당한 느낌이 들었다.
　판수는 의관을 정제하고 소반에 정화수를 떠 놓은 후 옥추경을 읊었다. 불도를 믿는 집안에서는 제일 웃어른이 천수경을 읊으며 정화 의식을 벌이기도 했다.

　때로는 판수가 심리 상담사에 퇴마사 역할도 맡았다. 스님을 모셔다가 재를 올리거나 무당을 불러 떠들썩하게 굿할 경제력이 없는 집은 판수를 불러 아픈 사연을 이야기하고 그들의 조언과 경 읽기로 위로를 받았다. 그들은 조언자이자 심리 치료사였다.
　삶을 해코지하는 귀신을 상대로 겁을 주는 사람이 판수다. 가진 것이 경 읽는 재주밖에 없는 판수는 마음병이 걸린 이들과 같이했지만 활수는 자신이 가진 것을 자랑하지 않으면서 넉넉한 마음과 재물을 기회 될 때마다 나누었다.
　활수가 활개를 치는 세상은 웃음이 넘쳤고 판수가 자주 경을 읽어야 하는 곳은 근심이 떠나지 않았다. 판수가 바쁜 마을은 망해 가는 마을이었고 활수가 활동하는 마을은 흥한 마을이었다.

　깊은 신앙을 가진 이를 제외한 보통 사람들은 현재의 고통과 미래의 불안에 휘둘리며 산다. 아직 오지 않은 미래를 걱정하는 것은 인간만이 하는 일이다.
　생각이 고통의 원천임은 분명하다. 망상과 집착에서 벗어나는 것이 도를 얻는 것이라는 깨우침은 그럴듯하다.

국가나 가문에서 고유제를 지내거나 이런저런 모임에서 천신제나 산제를 지내고 제문을 읽는 것도 어찌 보면 옛날 판수와 같은 일을 하는 것이다.

지금은 멋으로 나눔을 하는 사람들이 있긴 하지만 제멋에 겨워 일을 삼듯 어울려 사는 예전 활수 같은 이가 잘 보이지 않는 세상이다.

나누고 서로를 안아 주는 활수가 없으니 판수도 사라지지 않았나 싶다. 판수를 보는 시각도 굳이 미신을 믿어서가 아니라 기분이 언짢고 마음이 뒤숭숭할 때 재미로 읽는 오늘의 운세 정도로 생각해도 괜찮을 것 같다.

요즘 때아닌 판수 이야기로 한동안 동네방네 언론이 시끄러웠다. 먹고살기 힘든 세상이 되면 판수가 아닌 사기꾼 판수가 판을 치는 법이다.

박수든 판수든 미래를 보는 눈을 가질 리 만무다. 답답함이 자신의 무덤인 줄 모른 채 애먼 사람을 원망하며 구덩이를 판다.

무지몽매한 사람이 판수에게 위로를 받는 것은 애달픔을 삭히는 일이지만 권력과 금력을 지닌 자들이 판수를 거느리는 것은 세상을 질곡에 빠뜨리는 일이다.

기분 좋은 나눔으로 세상을 활기차게 하는 활수가 다시 많아졌으면 하는 바람이다. 걸어서 집으로 가는 길, 깔딱고개 같은 마루 길을 힘겹게 걸으며 지금은 사라져 가는 활수와 판수를 생각해 본다.

깊어 가는 가을, 어지간히 할 일 없는 가을이다. 뿌린 것이 없으니 거둘 것도 없다. 지금 세상에는 진정한 의미의 활수가 없다.

민족의 영웅이나 의인의 기념관을 짓는 데 거금을 기부하거나 전쟁의 참상이나 지진 같은 고통의 현장에 나눔을 같이하는 사람이 활수다.

31. 인공지능(AI)이 가지고 올 섬뜩한 미래

　책을 읽는 이유는 사람에 따라 다 다르다. 역사와 과학적 지식을 알아 삶이 윤택하기 위함도 있고 비 오는 날의 수채화같이 서정적인 시나 수필을 읽음으로써 메말라 가는 자신의 감성을 일깨우기 위함도 있을 것이다.
　하지만 책이 주는 이익은 과거를 반면교사로 삼아 미래를 대비하게 하는 것이 가장 크지 않을까. 개인적인 생각으로 역사와 지식이 풍부한 책은 미래를 향한 방향등이자 경고등이다.
　오늘은 다루기 별로 좋아하지 않는 과학이 준비하는 세상, 인공지능에 대한 이야기를 해 보려 한다.
　이런 과학 기술 분야의 글을 쓰면서도 개인적으로 스마트폰을 비롯한 디지털 기기를 별로 좋아하지 않음은 물론이요 할 수만 있다면 인간이 만든 생활 편의성 기계로부터 최대한 도망치고 싶음이 솔직한 심정이다.
　그러나 기계를 매개로 삶의 소요를 구하는 운명이니 이 또한 아이러니다.

　적을 두고 있는 회사의 요즘 가장 큰 화두는 인공지능을 이용한 첨단 교육 시스템 개발이다.
　지금까지 항공기 개발과 관련한 조종사 및 정비사 교육 체계 개발에 전념해 온 회사는 올해 들어 부쩍 가상 및 증강 현실과 인공지능이 결합된 미래형 교육 플랫폼 구축에 사활을 걸고 있다시피 한다.
　기존 교육 체계가 한계점에 도달했다는 것을 이제는 알고 있기 때문이기도 하며 새로운 알고리즘과 데이터베이스를 결합한 미래형 디지털 교육 체계를 선점하지 못하면 전 지구적 교육시스템 개발 환경에서 더 이상 살아남을 수 없음을 자각했기 때문이다.

인공지능을 장착한 자율 주행 차량, 드론, 각종 사업장 운영 로봇에 오픈 에이아이가 공개한 대화 전문 인공지능 챗봇(ChatGPT)이 범용화되면서 만들어지는 회사 존립의 공포심은 이루 말하기가 어려울 정도다.

과연 특정 회사, 특정 사람들만이 이러한 인공지능이 가져올 세상에 대해 경계심과 공포감을 느껴야 할 것일까.

우리가 어떤 생각과 대비로 미래를 바라보더라도 인공지능이 생활 전반을 관리하고 나아가 통제까지 하려 들 것은 스마트폰이 가져온 세상의 변화에 비추어 볼 때 더했으면 더했지 모자라지 않을 것이다.

그렇다. 바야흐로 세상은 인공지능이 가지고 올 미래에 대한 이야기로 가득하다. 금세기 들어 세상을 한순간에 급변하게 한 것이 온 지구적 정보망과 개인을 연결한 스마트폰임을 부정하는 사람은 적다.

엄청난 정보력과 분석력을 갖춘 슈퍼컴퓨터가 개개인의 일상을 지배하면서 인간은 초연결 사회의 객체 중 하나로 변모한 것이다. 소위 디지털 세상의 문이 열리고 새로운 인류가 탄생하였다 해도 전혀 틀린 말이 아니다.

태어나자마자 스마트폰이나 키오스크 같은 디지털 기기에 익숙한 세대들은 아날로그 세대와는 완전히 다른 세상을 살아간다.

이런 디지털 시대 맞춤형 신지식인은 스마트폰 하나면 도시의 일상을 사는 데 전혀 어려움이 없다. 출퇴근길의 대중교통 이용에서부터 의식주는 물론 금융 거래, 정보의 생성과 전달, 거주지 관리와 일체의 사생활 계획과 실행까지 스마트폰이 할 수 없는 영역은 그 어떤 곳도 없다.

하지만 스마트폰은 다음 세대가 준비하는 슈퍼 디지털 세상의 시작에 불과하다. 지금으로서는 감히 상상하기조차 어려운 과거와 현재 그리고 미래가 융합된 상상 불가의 세상이 우리 앞에 놓여 있다. 인공지능의 시대가 도래하는 것이다.

우리는 별 준비도 없이 스마트폰 시대를 맞았다. 모바일 기기를 이용한 상품 거래나 금융 거래 앞에서 가끔은 두렵고 가끔은 어리둥절하기까지 하다.

오늘도 보이스 피싱이니 파밍이니 하는 디지털 금융 범죄에서 자유롭지 못하다. 알지도 못하고 준비도 못 한 탓이다. 세상의 이치는 그냥 주저앉아 있는 사람에게 결코 길을 가르쳐 주지 않는다.

순간도 손에서 놓을 수 없게 된 스마트폰이 가져온 선한 기능도 말이 필요 없을 정도로 차고도 넘친다. 이 세상에 스마트폰이 작동하지 않는 것도, 곳도 없다. 전 인류를 공포에 떨게 했던 코로나 팬데믹을 생각해 보면 스마트폰의 위력이 어느 정도였는지 조금은 짐작할 수 있다.

코로나19의 관리, 통제에서부터 각종 정부의 공지사항까지 스마트폰이 한 역할은 일일이 열거하기 어려울 정도였다. 스마트폰이 없었다면 과연 인류는 팬데믹을 엔데믹으로 전환시킬 수 있었을까 할 만큼 그 역할은 컸다.

그러나 스마트폰이 가지고 온 해악 또한 이에 못지않다. 인간을 이기적이고 자기중심적인 거대 격벽의 세상으로 몰아넣었고 자유롭게 사용 가능한 사람과 그렇지 못한 사람을 이분화함으로써 물질적으로는 물론 정신적 분야까지 재산과 지식의 빈곤과 과잉을 몰고 왔다.

극단적으로 이야기하자면 전 인류를 전부 가진 인간과 아무것도 가지지 못한 인간, 미래에도 가질 수 없는 사람과 무한히 가지게 될 사람 군으로 나뉘었다고 해도 과언이 아니다.

하지만 스마트폰이 가지고 있는 이해(利害) 부분은 아직 초기 단계도 지나지 않았다. 앞으로 어떤 방향으로 진화해 갈지는 그 누구도 예단하기 어렵다.

게다가 스마트폰을 안고 태어난 세대가 디지털 기기를 마음대로 활용하면서 만들어 나갈 세상은 어떻게 달라질지 참으로 궁금하다. 디지털 형상을 기본으로 탑재한 미래 세대는 전 우주적 존재물로 그 삶의 영역을 넓혀 갈 것으로 예견된다.

이런 와중에 스마트폰과는 비교조차 어려운 괴물이 세상을 지배하는 시대가 우리 곁에 와 있다. 바로 인공지능(AI)의 세상이다.

우리의 일상을 지배하고 있는 스마트폰의 앱을 열어 보면 여러 가지 인공지능 기반 생성형 챗GPT가 이미 선택을 기다리고 있기도 하고 실생활에서 이를 이용한 다양한 결과물들이 만들어지기도 한다.

준비도 되기 전 성큼 인공지능 시대가 우리를 데리러 와 있는 것이다. 세계 각국도 인공지능 시대를 대비한 발걸음이 바쁘다.

올 초 미국 라스베이거스에서 열린 세계 최대 전자·정보기술 전시회(CES)에서는 인공지능 시대의 인류의 안보를 주요 주제로 내세웠다.

이후 세계 경제 포럼 연차총회에서도 생성형 인공지능이 가져올 인류의 안보 문제가 미국의 노정객이자 국제 정치의 거물 인사로부터 심각하게 거론되었다.

그는 구글 최고 경영자와 미국 MIT공대 교수와 함께 쓴 저서에서 인공지능을 활용한 전 지구적 파멸적 핵전쟁이 단 0.003초 만에 일어날 수 있다고 경고한다.

생성형 인공지능이 인간의 일상은 물론 각국 정부 정보 체계에 파고들면서 인류의 안보는 이전과 비교할 수 없을 정도로 위태로워졌다. 세상이 편리해진 것만큼 위태함도 커졌고 파멸적 미래전도 눈앞에 펼쳐지고 있다.

이에 대한 해법을 찾기가 쉽지 않겠지만 통제 가능한 단계에서 국제적 관리 방안을 모색하는 것이 필요하다.

이제는 인공지능 시대를 피하려 해도 피할 수 없다. 자율 주행 자동차를 이용할 날이 머지않았고 인공지능 로봇에 의한 진료와 처방은 물론 세상을 사는 요령조차 인공지능에게 물어 가며 살아가야 할지 모른다.

창의적인 생각이나 이 세상에 하나뿐인 예술 작품까지 인공지능에게 맡기고 인성이나 품성 등 사회적 감성까지 인공지능이 평가하고 통제하는 세상이 온다면 인간만이 할 수 있는 것이 도대체 무엇일까.

인간을 선하게 진화하도록 작동했던 인간 고유의 윤리성이 배제된 알고리즘이 지배하게 될 미래의 세상이 두렵고 두렵다. 하지만 과학이 꼭 나쁜 쪽으로만 발달하지 않는다는 평범한 진리를 애써 믿고 싶다.

인공지능이 가져올 파멸적 재앙을 선지자적 입장에서 통찰하고 그 위험 요소를 사전에 제거할 수 있는 초인의 출현을 기대할 수는 없다.

국가적 차원을 넘어 전 세계적 관점에서 제도적이고 법률적이며 체계적으로 관리하고 통제할 수 있는 방안을 수립하여야 한다. 국가 존망의 문제가 아니라 인류 생멸이 여기에 달려 있다.

디지털 세상의 문 앞에서 우왕좌왕하는 우리 같은 장삼이사가 할 수 있는 일이 너무 없다.

32. 작은누나

　결코 짧지 않은 인생길을 걸어가면서 아무리 풀려 해도 풀 수 없는 문제에 부닥칠 때가 있다.
　햇빛 한 줌 들지 않는 어두컴컴한 방에서 작고 좁은 동이에 검은 삼베 보자기를 덮어쓰고 오로지 하루에 몇 번 차례가 오는 물만 먹고 크는 콩나물도 긴 놈 짧은 놈에 실한 것 약한 것이 있기 마련이다.
　이런 차이는 온전히 물을 주는 사람의 차별에 의한 것이 아니라 몸을 넌 장소와 위치에 따라 얻어먹을 수 있는 물의 양이 다르기 때문이다.
　좁은 콩나물시루 어디에 어떤 콩이 몸을 붙이고 있으면서 얼마만큼의 물을 필요로 하는지 알 수는 없는 일이다.
　한참 나이를 먹었을 때까지 이와 같은 핑계를 찾고 변명을 하면서 누나들에 대한 미안함을 속으로 감추었다.

　작은누나가 왜 중학교에 진학을 못 했는지 옛날에는 어려서 몰랐고 지금은 모른 척한다. 비겁하기는 하지만 아는 척하는 것보다 모르는 척하는 것이 덜 미안할 때가 가끔씩 있다.
　미안함의 근원이 나로 말미암은 것이긴 하지만 이런저런 구실이나 핑계를 찾아 그 미안함을 타인에게 미루어도 괜찮아 보일 때는 어쩔 수 없이 모르는 척하는 것이 편리하다.
　누나가 진학을 못 한 것은 분명 동생들 탓이긴 하나 부모님이나 형님들이 그런 식으로 의사 결정을 했거나 집안 분위기를 그렇게 만들었지 않았냐며 한때 가족이었던 작은누나의 희생에 대한 고마움과 미안함을 애써 얼버무렸다.

　참으로 경우 없는 모자란 생각이지만 어차피 모든 것을 일찍부터 알았다 해도 달리 상황을 바꿀 방법이 없었을 것은 자명하다.

　내세울 만한 집안도 유자(儒者)라 일컬을 양반 가문도 아니면서 아들들을 제대로 키워 집안을 일으키고 가문을 빛내야 한다는 어쭙잖고 고루한 생각으로 사는 사람들이 대부분이던 어두운 시절을 우리 세대는 살았다.
　깨물면 똑같이 아픈 손가락이긴 했지만 애써—그들에게 지금 물어도 어쩔 수 없었다고 말하겠지만— 그 아픔을 눈감고 차별이 당연한 것으로 생각했다.
　나이 들면 어차피 남의 집 사람이 될 것인데 굳이 돈 들여 가르쳐야 한다는 것을 받아들이려 하지 않았음도 분명하다.
　그런 시절, 그런 세상에서 아들 많은 집 딸이 어떤 대접을 받고 무슨 일을 해야 했는지는 살림 어려운 집이라면 대동소이(大同小異)에 불문가지(不問可知)다.

　밭일에 산일은 물론이고 부엌살림에 오랍들 수발과 동생들 건사에 하루해가 짧은 날들을 매일같이 보냈을 것이다.
　청춘이 누려야 할 찬란한 젊은 날들에 대한 갈증이 없었을 리 없으며 교복에 책 보따리를 들고 세상을 향해 거침없이 나아가는 오랍과 동생들을 뒤치다꺼리하면서 배움에 대한 갈망으로 얼마나 고통을 느꼈을까.
　세상 물정 모르는 동생들을 보면서 큰 밭의 고구마 짐을 지고 와야 한다며 타이르고 골짝 논의 볏단을 가져오라 부탁하며 힘든 하루하루를 추스르고 살았을 것이다.

봄이 되면 대밭 옆 작은 밭에 식재된 고욤나무 묘목에 대봉 감나무 접을 붙인다, 산 비알에 이곳저곳에서 물오르는 토종 밤나무 가지를 자르고 개량 밤나무 접을 붙인다며 이 골짝 저 고개를 헤맸다.

그뿐이랴. 쑥이나 나물을 캐고 가용 돈 얼마라도 만드는 데 도움이 된다면서 능력 이상의 양잠에 매달려 모자란 뽕잎을 구한다고 얼마나 애를 태웠던가.

조부모님은 물론 삼촌 숙모까지 한 집에 사는 층층시하에서 마치 소나 말처럼 일하다 시집간 큰누나도 있었다는 것은 나이를 꽤 먹은 뒤에야 알았다. 작은누나의 청춘이 그러했을진대 큰누나라고 더 나았을까.

몇 년 전 작은누나는 음식점에서 식사를 하고 큰누나 집에 같이 갔을 때 지나가는 말로

"독신한테 시집간 것이 어쩌면 운명이었던 것 같다."

라는 말을 했었다. 작은누나의 말을 단출한 집안에 시집간 것이 괜찮았다는 말처럼 표현했었다.

하지만 속내는 식구 많은 집에서 보낸 청춘이 얼마나 힘이 들었으며 남동생들로 인해 배움의 기회마저 박탈당한 산골 소녀의 그 한을 에둘러 토로하는 것 같아 마음이 무거웠다.

그런 작은누나는 만나기만 하면 현재의 삶을 행복해하고 동생들과의 소소한 나눔에 의미를 두고 산다. 고맙고 사랑하고 미안하다는 말이 입에 붙었다.

단순히 말로만 그러고 사는 것도 아니다. 한번은 냉동고를 텅 비우다시피 하여 각종 반찬거리를 챙겨 주는 바람에 진담 반 농담 반으로 오늘이

냉장고 정리하는 날이냐며 얼굴을 붉히기까지 했다.

엄청난 혹한이 몰아치는 새벽, 세상이 아직 깨어나기도 전에 문자가 왔다.

설 연휴가 끝나는 날 이런저런 생각 끝에 동생에게 자신의 마음을 보여 준 것일 터다. 일흔여섯이면 사회관계망을 이용하여 글을 보내는 것이 쉽지 않겠지만 작은누나는 비록 단문일지라도 자주 문자를 보낸다.

하지만 오늘 보내온 문자는 나름 글을 쓴다는 나에게 커다란 망치로 머리라도 맞은 것처럼 엄청난 충격을 주었다. 작은누나가 창작한 글인지 아니면 어디선가 읽은 글인지 알 수는 없다.

자신의 글인지 남의 글인지가 중요하지도 않다. 당신의 마음을 오롯이 보여 주는 것이면 그것으로 충분하다.

"동생 잘 있지? 추운 새벽 수필 한 조각 읽어 보니 동생이 생각나서. 수필가는 어떻게 살아야 하는가. 이토록 하루 종일 작달비를 맞으면서 걸어 본 적이 있었던가. 그 비를 피할 생각도 없이 한곳을 향해 끝없이 걸었던 때가 있었던가. 나를 발견하고 나를 이기고 걸어온 이 길……."

새벽 냉기를 참기 힘들어 일어난 나에게 작은누나의 작달비가 망치가 된 것이다. 글을 쓴다는 사람도 몰랐던 작달비를 보내다니, 그것도 이리도 추운 겨울날 새벽에.

누나가 너 혹 이거 알아, 하는 생각으로 보냈는지 아니면 여름철 장대비처럼 내리던 작달비가 떠올라 보냈는지 알 수는 없다.

작달비는 순우리말로 장대처럼 굵고 거세게 좍좍 내리는 비를 뜻한다. 어느 시인은 작달비를 한밤중 어둠이 장벽처럼 늘어선 곳에 층층이 물기둥이 몸부림치는 것이라 했다.

한평생 같이했던 임도 가시고 자식들 전부 떠나보낸 지금에야 작은누나는 원함도 바람도 없이 어둠의 장벽을 넘어 밀려드는 작달비를 온몸이 젖도록 맞으며 무한의 자유를 느끼시는지 모를 일이다.

네가 쓴 글도 글이냐며 좀 더 배우라는 나무람일 수도 있겠다.

많이 배우지는 못했지만 끝없이 노력하는 삶을 산다. 만날 때마다 만족이 무엇인지를 가르친다. 마냥 좋은 기억만으로 하루하루를 살아간다. 부모님이나 형제들을 원망하는 말을 들어 본 적이 없다.

작은누나는 마음으로든 물질적으로든 갚을 수도 없고 갚아지지도 않는 채권자다. 살아가면 살아갈수록 빚이 줄어드는 것이 아니라 자꾸만 빚이 늘어나는 작은누나에게서 가끔은 어머니의 향기가 난다.

추운 겨울이 가고 앞산 뒷산으로 장대 같은 작달비가 내리는 어느 여름날 폭포처럼 떨어지는 고향집 추녀 끝 물기둥을 하염없이 바라보고 싶다. 여전히 갚지 못한 어린 날의 빚을 두런두런 세어 보기라도 했으면 좋겠다.

가늠조차 힘든 큰 빚 지우고, 지고 더 이상 황혼길을 걷지 않았으면 한다.

33. 5촉 전구

    우리 집 서재 겸 거실로 쓰는 곳에는 5촉짜리 전등이 매달려 있다. 세상이 변해 대낮같이 환한 LED(발광 다이오드) 등이 집집마다 흔전만전인데 5촉짜리 전구라니. 필라멘트가 불을 밝히는 전등은 이제 전등 가게에서도 구하기가 쉽지 않다.

    기억이 붙들고 있는 고통은 그렇게 간단한 문제가 아니다. 산다는 것은 참 어려운 일이다. 공부를 한다는 것도 결코 쉬운 일이 아니다. 5촉 전구는 가난의 설움이 되어 아직도 사라지지 않는 고통의 빛이요 기억이다.

    그렇게 어렵게 한 공부가 어디에 쓰일지도 모르고 한다는 것은 더 어려운 일이다. 세상 물정 어두운 철부지 남자아이에게는 더욱 그렇다.

    남의 숙모 집에서 하숙하는 고등학생이 쓰는 조그만, 책상과 걸상을 놓고 나면 겨우 세 사람 눕기도 비좁은 방에서 더부살이로 자취하면서 공부를 한다는 것은 어려운 일이 아니라 서러운 일이다.

    그런 자취방을 구한, 당신도 아닌 오래전 세상 떠난 지아비 외가 먼 친척 집 동생뻘 과수에게 자취방을 부탁한 어머니의 마음은 어떠했을까.

    아무리 생각을 곱씹어도 그 방에는 그 과수의 시조카가 이미 하숙을 하고 있음을 모르시진 않았을 것이다.

    적막강산에 대략난감이란 대체로 이런 경우일 것이다. 신산한 현재의 삶도 곤고하기 이를 데 없는 데 글자 한번 깨우쳐 보지 못한 자신은 자식의 미래를 위해 읍내 유학을 시켜 내야 하는 운명 같은 것.

    큰아들과 작은아들은 군문에서 돌아올 날은 아득하고 산골 살림 논마지기 전답은 일 년 양식조차 제대로 내주지 못했다. 여름만 되면 누에를 기르고 길쌈을 보태서 겨우 눌린 보리쌀에 통일벼 쌀이 섞인 양식 한 자루를 사서 반 보름을 버텨 냈다.

딸은 살림 밑천으로 집에 눌러 앉혔지만 군대 간 아들 빼고도 학생이 넷이다. 하나는 고등학교를 다녔고 또 하나는 읍내 중학교로 갔다.

그런데 또 하나가 읍내 중학교로 간다. 하나도 읍내서 공부를 시키는 것이 버거운 일이었는데 하나가 더 읍내 중학을 가니 그 신산함과 난감함을 어디다 하소연할 수 있으랴.

하지만 어머니 당신께서는 자취방을 구한다고 읍내 나갈 여유도 없거니와 읍내 사는 시동생에게 부탁할 낯 두꺼움은 더더욱 없으셨다.

그렇게 어렵사리 구한 자취방 불은 환했다. 시골에서는 구경도 하기 어려운 밝은 형광등이 매달려 밤마다 대낮 같았다. 전깃불 아래서 공부하기가 오히려 힘들었다. 너무 밝아 눈이 부셨다. 그래서 공부하기는 쉬웠다.

밥해 먹기는 참 어려웠다. 반찬 만들어 먹기는 더 어려웠다. 그 시절 익힌 약한 불에 김 굽기와 양은 냄비에 어묵 볶기 실력은 황혼의 골목길에선 이 나이에도 전혀 사라지지 않았다.

달달한 듯 짭짤한 왜간장에 고춧가루 조금 넣고 볶는 어묵조림은 눈물이 날 만큼 맛있고 서러운 반찬이었다.

집에서 가지고 온 군내 나는 김치가 다 떨어지고 나면 오직 간장으로 맨밥을 먹다가 헛구역질이 오르내릴 정도로 버티기 어려우면 있는 돈 없는 돈 다 털어 반찬 가게 어묵 두 장을 사다 볶았다.

빈속으로 날아든 어묵볶음 냄새는 가끔은 비릿하고 때로는 황홀했다.

비 오는 날이면 마치 자갈 쏟아지는 소리처럼 시끄러운 양철 지붕의 자취 집 부엌은 전등을 켜지 않으면 바로 옆 사람 얼굴도 보기 어려울 정도로 어두웠다.

오직 들어가는 미닫이문 하나에 창문이라곤 없는 부엌에는 찬장도 시렁도 설거지통도 없었다. 시멘트 부뚜막이 스산했지만 어둠을 몰아내기 위해 보꾹에서 길게 늘어진 전깃줄에 전등 하나가 사시사철 매달려 있었다. 커다란 양은솥이 걸려 있는 아궁이는 깊은 고래와 연결되어 불은 잘 들었으나 밥을 해 먹으려면 장작이 적지 아니하게 들었다. 장작이 다 떨어지면 소전머리를 돌며 소 말뚝에서 떨어진 폐목 잔목을 주워 와 밥을 해 먹었다. 나보다 동생이 폐목을 훨씬 잘 주웠다.

어떤 장날은 폐목을 줍기 위해 오전 수업 후 학교를 중간에 빼먹고 소전머리 근처를 어정거렸다. 아는 이가 볼까 심히 불안했고 잔목을 들고 가다가 자칫 창피라도 당하면 어떡하나 했지만 요행 하느님이 언제나 보호했다.

밥을 해 먹는 데 필요한 땔감이 떨어지는 날이면 겨울바람이 숭숭 드는 부엌은 언제나 추웠다. 공부를 끝낸 책 앞쪽이나 필기가 끝난 공책을 찢어 아궁이 땔감으로 쓰기도 했다. 눅눅해진 종이에서 푸른 연기가 오르며 불이 잘 타지 않을 땐 있는 힘을 다해 입바람을 불어 댔다. 콜록대며 눈물이 흐르기도 했다.

생각보다 많은 종이가 들어가도 밥이 제대로 안된 날이면 입바람이 약해서 그리되었다며 애꿎은 동생을 탓했다. 동생 입바람이 약한 이유가 허기가 심해서임을 알지 못했다.

가끔 생활비를 아끼고 아껴 돈이 조금 모이면 주인집에서 자취방 부엌 부뚜막 구석에 방치해 둔 석유곤로에 기름을 사서 넣고 밥을 해 먹기도 했다. 한 되짜리 소주병에 석유를 가득 사서 집으로 오는 날은 부자인 양 싶었다.

밥이 될 듯 말 듯할 때 기름이 떨어지면 어쩔 수 없이 심지가 타는 열기로 뜸을 들였다. 새 심지를 사서 갈 때면 거의 일주일 치 생활비가 빠져나갔다.

심지가 타면서 불빛이 노랗게 변하면 그대로 불을 끄고 생쌀밥을 먹는 것이 맞는지 심지를 태워 새 심지로 갈아 주더라도 익힌 밥을 먹는 것이 나은지 이 나이가 되어도 셈이 되지 않는다. 아끼는 셈이 먹는 셈보다 더 중요한 것인지 도무지 알 수가 없다.

주인 몰래 사용하는 석유곤로는 비상용이었지만 그것으로 밥을 해 먹고 나서는 몇 날 며칠 돈 비상이 걸렸다.

그러다가 예측 못 한 사건이 터졌다. 양철 지붕에서 비파 소리라도 나듯 봄바람이 심하게 불어 대더니 전등이 나간 것이다.

그날은 금요일 아침이었고 집에 가서 돈을 타 오려면 하룻밤을 더 자취 집에서 지내야 했다. 당장은 아니라도 자취 부엌 전구는 어찌 되었든 자취생 돈으로 다시 사서 끼워야 하는 것이다.

필라멘트가 끊어져 못 쓰게 된 기존 전구는 30촉짜리였다. 마침 그날이 장날이라 학교를 파한 후 폐목 몇 개를 주워 온 동생에게 돈을 건네며 저녁을 해야 한다고 핑계를 대면서 시장통 전열 기구 가게에서 전구를 사 오라고 시켰다.

가격을 잘 몰라 가진 돈 20원 전부를 주었다. 대문간 옆에 붙어 있는 자취 집 화장실에는 5촉 전등이 매달려 있었다. 자취방 형광등과 비교할 수 없지만 촛불 몇 개보다 훨씬 밝았다.

돈을 받아 쥐고 대문을 나서는 동생을 다시 불러 떠먹이듯 당부를 했다. 5촉짜리를 사 와라, 5촉짜리!

얼마잖아 전구를 들고 동생이 나타났다. 보자마자 몇 촉짜리냐고 물었고 동생은 어쩔 수 없었다는 표정으로 30촉을 사 왔다고 했다. 5촉짜리는 없었냐며 다시 물었고 어정쩡한 표정으로 눈만 껌벅거렸다.

전등 가게 주인이 부엌에는 30촉짜리는 켜야 한다고 강권했을지도 모르는 일이다. 기존 전등과 같은 것을 바꾸어야겠다는 동생의 지혜로운 생각이었는지도. 10원이면 될 것을 20원을 날렸으니 낭패도 이런 낭패가 없었다.

한밤중 어둠 속에서 밥을 해 먹어야 하는 부엌도 아니고 밥하면서 책을 읽어야 할 정도로 밝을 필요가 없는 단지 부엌인데 어째서 30촉 전구를 사 왔느냐며 저녁밥을 하는 내내 꾸지람하듯 구시렁댔다.

10원 한 장이면 뽀빠이 과자 두 봉지를 사서 집으로 걸어갈 때 아껴 먹으면 저승고개[1]까지 허기도 면하지 않았겠냐며.

반세기가 거의 지날 즘 부모님 기일에 형제가 모였다. 제사를 모시고 난 다음 날 아침 식사 자리에서 동생은 느닷없이 5촉 전구 하나로 그리도 서럽고 억울했다는 이야기를 꺼냈다.

30촉 전구 사 온 자신에게 마치 나라라도 팔아먹은 듯 나무라는 형에게 너무도 서럽고 원망스러웠다고. 한잔 술에 진담이듯 농담이듯 툭 던

---

1) 읍내에서 집으로 가는 신작로에 있는 고개 이름.

지는 말이었다.

다음 날 토요일 집으로 걸어가면서 저승고개를 넘을 때까지 뽀빠이 과자 이야기를 하면서 5촉짜리 전구만 샀어도 계속해서 심심하지도 않고 배부르게 왔을 거라는 말에 고개를 떨어뜨리고 30리 길을 내처 걷기만 했다고.

한참을 듣고 있던 나는 그저 그러했었냐는 말만 했다. 미안하다고 이제는 내려놓으라고만 했다.

가난의 설움과 참담했던 기억은 오래도 뇌리 속에 저장되어 사라지지 않는 모양이다. 고통의 강은 의외로 깊고 넓다.

34. 다시 시작되는 삶

　세상에 버려져야 할 것은 아무것도 없다. 어느 산사를 갔다가 대웅전 뜨락에서 본 콩란의 생기(生氣)는 경이였다. 커다란 옹자배기 가득 담긴 물은 탁하면서도 정갈했다. 세월의 흔적이 켜켜이 남아 있는 고목 뿌리는 죽음이었다.
　삶은 그 죽음을 타고 앉아 싱싱했고 신선했다. 생(生)의 끝이 사(死)임은 분명하나 사의 끝이 생임일 수도 있다는 느낌을 지울 수가 없다.
　빛은 죽음을 비추었고 빛이 막힌 어둠은 둥근 그림자가 만들어졌다. 빛보다 그림자가 진실에 가깝다는 것을 처음 알았다. 빛은 지나가 버리지만 그림자는 머문다는 것도 이제는 안다.
　빛과 그림자는 공존한다. 어둠에서 빛이 만들어지면서 우주가 탄생했다는 논리는 과학의 영역이나 사유의 영역에서는 빛이 어둠을 데리고 왔음도 인정해야 한다.
　죽음이 곧 삶인 것은 단순히 종교적이거나 철학적인 명제인 것만은 아니다. 빛과 그림자, 밤과 낮은 느낌을 달리하는 똑같은 하나의 존재다.
　공허와 충만이 비움과 채움의 개념이 아니라 단지 느낌의 다름임과 같다.

　어릴 적 뱀은 두려움을 넘어 공포였다. 화사(花蛇)를 보는 순간 온몸은 경직되었고 그 무엇도 할 수 없는 무력감에 사로잡혔다. 죽음을 생각하기 어려운 나이에 죽음은 두려움이 아니다.
　유리알같이 투명한 화사의 눈은 어디를 보고 있는지 무엇을 보고 있는지 알 수 없어 무서웠다.

땅이나 덜 자란 풀 위를 스르륵 미끄러지며 몸을 감춘 뒤에도 마취에서 막 깨어난 것처럼 한참을 멍하니 서 있었다. 서로가 서로를 쏘아보거나 눈빛을 교환하지도 않았었다.

뱀에 대한 두려움은 나이를 먹는다고 없어지지 않았다. 사몽(蛇夢)은 태몽[2]이라는 사람들의 이야기를 들으며 고려 후기 문장가의 시구가 떠올랐다.

뱀은 꿈에서도 징그러웠다. 그런 무서운 뱀 중에도 시시하고 우스운 뱀이 있었다. 도마뱀이었다. 어른들은 짓궂게 말했다. 도마뱀은 꼬리를 잘라 주어야 좋아한다고 했다.

혹 돌담 사이로 도마뱀이 도망치는 것을 본 날은 한참을 그곳에서 다시 나타나기를 기다렸다.

짧은 막대기를 들고 꼬리를 잘라 주려 기다렸지만 아무리 기다려도 다시 보일 기미는 없었다. 잔망스러운 몸짓으로 잽싸게 도망치는 도마뱀을 보면서 왜 좋아하는 것을 피해 다니느냐고 툴툴거렸다.

나이가 좀 더 든 뒤에야 어른들이 놀려 먹었거나 잘못 알고 있었을지도 모른다고 생각했다. 진실이 아닌 것이 삶을 마감하게 해도 책임지지 않는 것을 나이를 훨씬 더 먹은 후에 알았다.

어른이 되기 한참 전부터 더 이상 도마뱀 꼬리를 잘라 주기 위해 사립문이나 돌담 근처를 배회하지 않았다.

알지 못하는 진실은 묵묵히 강물이 되어 언제나 곁을 흐르고 있음이 분

---

[2] 고려 후기의 문장가 진화(陳澕)라는 사람의 시 〈차이유지하생녀(次李由之賀生女, 득녀를 축하한 이유지 시의 운에 따라)〉의 세 번째 절구에 "우인사훼성가몽(偶因蛇虺成佳夢, 언뜻 본 뱀이 귀한 자손 얻는 좋은 꿈이 되어서)"라는 문장이 있다.

명하다. 빛 근처에는 늘 어둠을 만들어 내는 그림자가 있는 것처럼.

어느 날 아파트 거실에서 더 이상 키우기 힘든 행운목을 정리했다. 20년도 더 된 세월을 함께했던 나무다. 멈추어 터 잡고 있는 곳에서 이 집의 낮과 밤을 지켜보았을 것이다.

행운목을 잘라서 심으면 다시 살아난다는 이야기를 오래전에 들었다. 한때 행운목이 혹 도마뱀과 친척 나무가 아닌가 하는 생각을 해 본 적이 있었다.

도마뱀은 마땅히 꼬리를 잘라 주어야 한다. 거짓이 아니라면 종족을 퍼뜨리고 세상에 살아남기 위해 엄청난 거짓의 진화를 계속해 왔음에 경외심이 들었다.

죽음으로 쉽게 치환할 수 없는 삶은 소중하고 또한 존중되어야 한다. 살아 있는 모든 삶은. 행운목은 도마뱀만큼도 주목받지 못했다.

아파트 베란다에 살기는 너무 키가 컸다. 생명 앞에서 측은지심만이 유일한 희망이었다. 가끔씩 물이나 주는 것이 전부이다 보니 시간이 흐를수록 키만 멀대같이 자랐다. 모양도 없는 데다 베란다를 오갈 때 걸리적거리기만 했다.

그렇다고 긴 시간 사람에게 부접(附接)하며 정든 생명을 어쩌지 못해 거북하고 내심 미안하기도 했다. 살아 있는 생명의 귀중함이나 소중함은 비록 자리만 지키고 있는 거실 안 나무라고 해서 다를 바 없기 때문이다.

나무 중동을 잘라 잎이 달린 부분은 수반을 만들어 담가 두고 뿌리 부분은 별도로 화분을 만들어 심었다. 도마뱀 꼬리가 몸뚱이로부터 떨어지는 순간 몇 번을 튀어 오르다가 시간이 지나면 이윽고 파르르 떨면서 생명의 느낌이 연기처럼 사라졌던 어린 날이 떠올랐다.

감나무 잎사귀 사이에 버려진 도마뱀 꼬리는 곧 크고 작은 개미들의 싸움터가 되어 조각조각 나누어져 끌려갔다.

새로운 삶을 위한 죽음을 조금 남겨 두었다. 나머지 커다란 잎과 뭉툭한 나무토막으로 나누어져 쓰레기 봉지에 담겨 집을 나서는 행운목의 죽음은 도마뱀 꼬리보다 훨씬 우아했다.

도마뱀보다 못한 삶이었을지 모르지만 그 죽음은 그럭저럭 나쁘지 않았다.

꼬리는 삶을 위한 죽음으로 변했지만 행운목은 다시 삶을 이어 가게 해야겠다는 생각을 한다.

행운목이라는 나무는 맞춤하게 잘라 던지듯 심어 놓으면 뿌리가 나고 다시 생명을 이어 간다는 이야기를 들었던 적이 있다. 수반에 담가 둔 채 몇 개월을 기다렸지만 뿌리 쪽도 잘린 이파리 쪽도 다시 뿌리를 내리고 살아날 기미가 없다.

분재나 꺾꽂이 등에 대해 아무런 지식도 없는 소위 말하는 식물에 대해선 문외한이니 다시 생명을 얻을 수 있게 식재한 것인지 모르겠다.

나무가 이름 그대로 행운목이니 혹 운이 좋으면 뿌리를 내리고 거실 한 귀퉁이에서 살아갈 수 있으리니 하는 기대만 하고 있었다.

남향의 베란다의 수반에 담가 둔 행운목 이파리는 윗부분부터 자꾸만 누렇게 말라 가며 스산한 분위기만 풍겼다. 물론 뿌리 쪽도 아무 기척이 없기는 마찬가지였다.

틈이 날 때마다 물도 여러 번 주고 대궁 윗부분이 마를까 봐 밀착 테이프를 감기도 했지만 어느 날 화분에 심어 둔 나무를 들어 보니 아무 힘도 없이 그냥 쑥 뽑혀 올라왔다. 더 이상 뿌리가 새로 나기를 기대하기에는 나무 대궁이 너무 말라 버렸다.

할 수 없이 톱으로 나무를 조각 내어 쓰레기 봉투에 담아 처리했다. 잎이 달린 윗부분도 대궁과 잎을 분리한 후 대궁만을 두 토막으로 잘라 별 기대감 없이 화분에 심어 두었다.

서늘한 죽음으로 개미들에게 끌려가던 도마뱀 꼬리가 며칠 밤 꿈에서 나타나 화사로 변하곤 했다. 어릴 때 칼싸움용 목도를 만든다고 미루나무 가지를 잘라 사용 후 가는 부분을 물가 모래밭에 던지며 놀았다.

버리듯 꽂아 놓은 가지는 며칠이 지나면 놀랍게도 새잎이 파릇파릇 돋아나던 기억을 떠올리면서 그때처럼 그랬으면 얼마나 좋을까 하는 생각을 했다.

그러구러 달포 정도가 지났지만 베란다를 오가며 관심 있게 보아도 새싹이 돋을 기미는 전혀 없다. 살아날 기미가 보이지 않아 아예 손을 놓고 말라 가는 대궁을 들여다보는 것은 참담했다.

전문가에게 자문을 구하거나 동네 꽃집에 들러서 어떻게 하면 살릴 수 있을지 물어보기라도 할 것을 하면서 여러 번 자책했다. 거실에 나무 한 그루 없는 삭막함 속에서도 찌는 듯한 무더위와 추적추적 비 내리는 여름은 느리게 흘렀다.

상강도 지나고 아침저녁으로 부는 바람에 겨울이 묻어 온다 싶어 베란다 물청소를 하면서 더 이상 새싹 돋기를 기대하기 어렵겠다고 느꼈다.

아무리 생각해도 기분만 황량하게 만드는 행운목 대궁들을 뽑아 버려야겠다는 마음으로 화분에 꽂아 둔 행운목을 보니 이 무슨 신비롭고 경이로운 기적이란 말인가.

그동안 마치 겨울잠에든 활엽수처럼 숨죽이고 있던 대궁에서 두 가닥 새순을 밀어 올리고 있지 않은가. 그것도 두 군데나 말이다.

도마뱀 꼬리가 다시 도마뱀이 된 것처럼 믿기지 않았다. 삶과 죽음의 고리는 이어짐과 끊어짐으로 나누어지지 않는다. 빛과 어둠이 다르지 않음과 같다.

하나의 작은 우주로서 뿌리에서부터 이파리 끝까지 물을 순환시키고 생명의 기를 나누던 한 그루의 나무가 자연을 이루는 분자들로 형해화되는 것은 순식간이다.

아무리 어려운 환경에서도 생명을 이어 가는 놀라운 종족 보존의 능력을 천부적으로 타고난다는 것은 어쩌면 당연한 우주적 질서일지도 모른다.

문제는 인간이다. 유익과 불이익, 유용과 무용을 기준으로 자연의 질서를 마음대로 파괴하는 것은 오로지 인간이다. 쓸모없는 삭정이로 버리려는 순간 새로운 생명을 만들어 옛정을 다시 나누자는 듯 다가오다니.

기대하지 않았던 생명의 부활을 보는 것은 삶에 지친 영혼을 치유한다. 그것도 삭막한 도심 아파트 거실 한쪽에서 일어나는 새로운 생명의 탄생이라면. 미안하고 미안하여 커다란 그릇 가득 물을 따라다 분재해 둔 행운목에 넘치도록 부어 준다.

그러면서도 한편으론 걱정이다. 너무 물을 많이 주어 혹 경기가 들거나 이제 겨우 뿌리가 내리기 시작하는 연약한 곳이 썩지는 않을까.

거의 모래사막같이 습기도 없이 푸석푸석한 데서 싹을 틔웠는데 괜히 물을 과다하게 주는 것은 아닐까.

자연 생명의 경이는 인간 개입이 가장 문제라는데 스스로 버티고 살아

내는 것을 멀리서 바라보기만 해야 할 것 같은 생각이 든다. 우주 만물이 지니고 있는 생명은 인간이 이해할 수 없는 오묘와 신비를 지녔다.

이번에 새로운 싹을 틔우며 삶을 시작하는 행운목은 지금 사는 아파트가 아닌 그전에 살던 곳에서 화분을 정리하며 키운 나무의 후손이다.
커다란 나무를 잘라 꺾꽂이하여 키웠던 나무를 다시 잘라 삽목으로 새순이 났으니 우리 집에 온 후 3대째다.
함께했던 시간과 나누어 온 정이 아쉽고 서운하면서도 새 생명을 보는 순간 거실에 둘 수 없을 정도로 키가 자라 정리해야 했던 미안함이 조금은 사라진다.
그러고 보면 살아 있는 것을 별생각 없이 기르는 것은 지극히 잘못된 것이다. 만약 더 이상 기르거나 보호해 줄 힘이 없다면 자연에서 가지고 온 것은 살아 있는 채 자연으로 돌려보내야 한다. 자연의 그 어떤 생물 목숨도 인간이 오로지할 권리는 없다.
우주의 질서 속에서 보면 살아남기 위해 꼬리를 내주고 도망치던 도마뱀이 인간보다 하등하다고 할 이유는 어디에도 없다. 삶의 종말과 함께 땅으로 돌아가는 고목 뿌리가 콩란 삶의 터전이 되는 것 또한 별다르지 않다.
황혼의 언덕에서 긴 그림자를 끌며 가고 있는 우리의 삶도 의미 없는 것이 아니다. 봄과 가을의 시작이 차이 있을 리 있을까.

가을이 가고 겨울 냄새가 묻어오는 이 시간에 기대라곤 하지 않았던 새로운 행운목이 자라나기 시작했으니 올해가 가기 전에 알지 못할 행운이 찾아올지도 모를 일이다.

한동안 매일 아침마다 새 생명에 눈길을 맞추고 관심을 가져야 할지 아니면 전혀 모르는 척 버려두어야 새 뿌리를 내리고 제대로 자랄지 고민이 되기도 한다. 인간이나 나무나 그 삶의 행로는 참으로 알 수 없기 때문이다.

새 생명을 얻은 행운목이 굳이 행운을 가지고 오지 않더라도 어느 순간 거실 한쪽에서 삭막한 풍경을 조금은 지워 줄 것이라 믿는다.

올겨울은 새로운 생명과 함께 좀 더 따스하고 아늑한 날들이 되기를 기대한다. 행운목이 새로운 행운 싹을 틔웠으니.

35. 고무신

전환기적 문화는 조금은 어색하게 때로는 경이롭게 만들어진다. 그 속에는 생경함과 어설픔, 성숙되지 않은 호기심과 가벼움이 녹아 있기 때문이다.

다만 그것들은 시간의 흐름 속에서 기존 질서나 문화와 혼합되고 숙성되면서 신문화라는 이름으로 새롭게 변신한다.

역사와 함께 전진하는 문화는 인간으로부터 멀어지기도 하지만 대체로 인간의 욕구 그 자체가 만들어 내기 때문에 전진과 후퇴, 흔들림을 반복한다.

우리는 해방과 전쟁, 산업화와 근대화라는 거대한 역사의 물줄기 속에서 도전과 응전을 반복해 온 과거를 가지고 있다.

전통의 문화는 제대로 평가받아 보지도 못한 채 사라지고 식민 지배나 전승국들과 함께 느닷없이 유입된 새로운 문화는 낯설었다.

더구나 왕조가 무너지고 국권이 침탈되면서 유구한 전래 문화는 가치 없는 것으로 부정당했다. 사라지고 바뀌는 것을 안타까워할 여력도 따질 기회도 없었다. 무분별한 외래문화와 식민 문물은 피폐한 광복 국가, 분쟁 국가에 치유하기 어려운 상흔으로 아직도 남아 있다. 그런 면에서 우리 세대의 문화 정체성은 뿌리가 깊지 못하고 대단히 외향적인 반면 내면의 단단함에 소홀했다.

러시아의 우크라이나 침공으로 세계 경제가 흔들린다. 2년 넘게 이어진 코로나 환란 극복을 위해 각국이 유동성을 과도하게 풀면서 인플레이션 공포가 엄습하자 대부분의 국가는 금리를 인상했다.

이런 상황에서 전쟁 당사국의 밀이나 천연가스 등 자원 수출이 중단되자 몇몇 국가는 생필품 가격 통제가 불가능해지고 일부는 국가부도 사태에 직면해 있다. 대량 생산에 의한 풍요의 시대에 궁핍의 암운이 드리워진 것이다.

게다가 세계의 화약고라 불리는 하마스와 이스라엘 간 무력 충돌은 한 치 앞 가늠도 힘들 만큼 거대한 폭발력을 지닌 채 민족 전쟁을 넘어 종교 전쟁으로 발전할 조짐이다.

인간의 어떤 갈등도 종교가 끼어들면 그 끝은 가공하리만치 종말적이다.

고난을 겪은 민족일수록 냉혈적이고 잔인하다. 살아남아야 한다는 절박감이 도덕과 박애 정신을 마비시킨다. 그렇게 역사의 사슬은 가끔은 잔인하고 냉혹하다.

그것이 민족성이란 이름으로 유전되고 발휘되면 원한과 복수는 세대를 건너뛰며 인류의 박애 정신은 함몰되고 거대한 전쟁이 나타난다.

나라 없는 민족으로 유럽의 여러 나라에 흩어져 유랑 민족으로 살던 유대인은 더 이상 물러날 데가 없다는 절박감에 사로잡혀 있다.

가자 지구 팔레스타인이라고 다를 바 없다. 지난 수십 년간 그들도 충분히 고통스러웠고 비참했다.

강대국들의 이해에 따라 선을 긋고 나라를 급조한 탓에 그곳에 터 잡고 살았던 모든 이들은 불만과 갈등으로 서로를 질시한다. 팔레스타인인이든 이스라엘인이든 자비와 화해를 기대하기 어렵다.

전쟁, 가난하면 선연하게 떠오르는 것이 고무신이다. 가난은 고통이고 불편이지만 사소하고 작은 것들에서 행복을 느끼게 하는 선물이기도 하다.

풍요의 신(神)은 쾌락을 선사하지만 부족의 신은 고뇌를 가져다준다. 그 고뇌는 종국에 인간을 신으로 만드는 기적이 되기도 한다.

한국 전쟁이 막 끝나고 폐허를 딛고 선 세대는 부족이 일상이었다. 먹는 것은 물론이고 입을 옷도 신을 신도 마땅치 않았다. 무명이나 삼베로 옷을 지어 입었고 짚신이나 나막신을 만들어 신었다.

마을의 살 만한 집 사랑방은 볏짚으로 만들 수 있는 생활용품 가공 공방이었다. 나이가 엇비슷한 이들이 여럿 모여 정을 나누고 솜씨를 뽐냈다. 사람 사는 냄새가 났다.

새끼를 꼬고 짚소쿠리에 짚방석은 물론 씨오쟁이, 종다래끼, 닭둥우리에 개집이며 삼태기에 꼴망태까지 짚으로 만들지 못하는 것이 없었다. 그 중에서도 손재주 뛰어난 이들의 만드는 짚신은 정말 예술이었다.

둥구미신에 투박한 막치기며 긴 머리칼이나 삼줄을 섞어 만들던 미투리 등은 생김새나 단단하면서도 부드러운 질감으로 지금 생각해도 멋진 공예품이었다.

짚이나 삼, 칡덩굴을 이용하여 신발을 만들어 신던 시절은 어느 순간 거짓말처럼 끝났다. 한국 전쟁이 가지고 온 선물이자 변화였다.

전쟁의 끝은 비참하고 궁핍했다. 전쟁터를 누비던 자동차 고무바퀴는 전쟁이 끝나자 고무신으로 작업화로 변모했다. 짚신이며 털미신은 사라졌다.

가난했지만 전쟁을 겪으면서 외래 문물은 거침없이 밀려들었다. 고무신도 그 시절에 대중화되었다. 댓돌 위에는 가난의 크기만큼 고무신이 놓였다.

지금 생각해 보면 고무신은 세상의 거대한 변화 끝에 주어진 풍요이자 가난이었다. 자연 재료로 집에서 만들던 신발이 기계에 의해 만들어져 공급되었다는 것은 세상이 달라졌다는 신호다.

일주일이면 다시 만들어 신어야 했던 짚신이 사라지고 아무리 빨리 닳아도 일 년은 너끈히 신을 수 있는 고무신이 공급되면서 사람들은 강제적으로 더 부지런해야 했다.

우리 세대는 고무신 세대다. 운동장에서 공을 찰 때도 새끼줄로 고무신을 꽁꽁 묶고 뛰었다. 짚신을 신은 이도 있었고 베신을 신은 이들도 있긴 했다. 흐르는 개울물에 깨끗이 씻은 빛나는 흰 고무신은 단아하고 기품까지 있었다.

읍내 신발 가게에서 사 온 흰 고무신은 할머니나 어머니들의 외출화였고 꽃이나 나비 무늬가 화려한 코고무신은 여자아이들의 명절빔이었다.

화려하지도 고급스럽지도 않은 고무신이었지만 학교를 오가는 길에 고무신만큼 편리하고 이런저런 장난에 유용한 물건은 없었다.

남의 집 머슴으로 열심히 일한 일꾼들은 한 해 선물로 검정 고무신을 받았고 남자아이들도 대부분 새 학기 되면 학교에 신고 가는 신발로 고무신을 준비했었다.

지금은 물놀이를 가거나 시골 어른들이 가끔 신는 것이 고무신이지만 한때는 너나없이 신발은 고무신이었다. 새 고무신을 신은 날은 하늘을 날아오를 듯 마음이 싱그러웠고 발길은 한없이 가벼웠다.

요즘도 오일장이나 읍내 신발 가게에 가면 고무신을 판다. 꽃무늬로 장식된 신발은 멋진 패션 같아 보인다. 수더분하면서도 투박한 옛날 검정 고무신은 거의 찾아 보기 어렵다.

고무신은 일회용품이 아니었다. 닳고 닳아 더 이상 쓸 수가 없어지면 마을을 돌아다니는 고물장수가 비누나 생활용품으로 바꾸어 갔다.

엿장수도 낡은 고무신을 즐겨 받았다. 선물로도 훌륭했다. 오죽했으면 선거 마당에서도 표를 달라며 고무신을 돌렸을까.

검정 고무신은 이런저런 추억거리를 남기고 역사의 무대 뒤로 사라져 가고 있다. 러시아의 우크라이나 전쟁이 장기화되고 팔레스타인과 이스라엘 간 충돌이 전 중동을 전쟁의 소용돌이로 몰아가면서 세계의 자원 전쟁이 얼마나 심각해질지 불을 보듯 뻔하다.

암울한 궁핍의 시대가 다시 올지 모른다. 결코 떠올리고 싶지 않은 고무신 추억이 떠오른 것은 아직도 한국 전쟁 후의 가난에 대한 공포가 남아 있기 때문이다.

막걸리 한 사발이든 고무신 한 켤레든 선물을 돌리던 후보에게 표를 팔았던 때가 생각난다. 고무신이 민의를 훔쳐 가던 시절이 있었다.

고무신을 신던 그 시절을 그리워하고 싶은 마음은 없다. 고무신 한 켤레에 양심을 팔던 그 가난했던 시절로 돌아갈 일은 없어야 한다.

하지만 궁핍이 나라를 암울하게 만들던 그때를 생각하며 모든 이들이 풍요롭게 사는 나라를 어떻게 만들어 가야 할지 고민해야 함은 분명하다.

36. 석양을 등지고 앉은 친구

　이렇게 오래도록 갇히고 막힐 줄 몰랐다. 한 해 정도는 하면서 무심하려 노력했고 두 해째가 되면서 설마 내년에는, 하고 원망보다는 기대로 하루하루를 버텼었다.
　하지만 세 해째로 접어들고부터는 쉽지 않겠구나 하는 우려와 체념이 마음 가득했다. 그렇게 몇 년이 휙 지났는데 아직도 예전의 자유로운 보짱으로 돌아가려면 좀 더 시간이 필요하지 않을까 하는 생각이 든다.
　어느 나이가 되면 시간의 흐름이 쏜살같아진다고 했다. 어쩌면 우리가 그런 가파른 인생 경사의 변곡점에 도착해 있는지도 모르겠다. 새해가 엊그제 같은데 다시 겨울의 문턱으로 들어서는 입동이 얼마 남지 않았다.

　이제는 전화기 너머로 들리는 목소리만 듣고 건강을 가늠한다. 굳이 몸은 괜찮냐고 묻지 않는다. 어떻다고 한들 어찌해 볼 도리가 없으니 차라리 짐작을 하면서도 묻지 않는 것이 몸에 배었다.
　얌치없는 생각이긴 하나 도심에서 나이 들어 가니 사정을 잘 모르는 벗들이 사늘하다 한들 옴나위없는 것이다.
　하늘은 마냥 푸르고 길거리 가로수 잎들은 하루가 다르게 색깔을 바꾸더니 어느 사이 훌훌히 옷을 벗고 있다. 이룬 것 없이 세월을 보내니 가족은 물론이고 자신에게 정직한 생각이 든다.

　'인생칠십고래희(人生七十古來稀)'라는 말은 예로부터 사람이 칠십을 살기는 드문 일이라는 뜻으로 중국 당나라 시인 두보의 〈곡강시(曲江詩)〉

에 나오는 한 구절이다.

　이 시를 쓴 두보도 59세에 세상을 떠났는데 그는 당시 평균 수명에 비해 상당히 장수한 편이었을 것이다.

　일제 강점기 때 우리나라도 50세가 채 되지 않았던 것을 감안해 보면 고대 국가 당나라라고 수명이 길었을 리 없다.

　지금이야 의학도 발달하고 스스로 건강 관리만 철저히 한다면 80을 넘어 90살 이상을 사는 사람도 많다.

　하지만 칠순이 얼마 남지 않은 나이가 되면서 아픈 친구들의 소식을 간간이 접하게 된다. 누구는 암이고 또 누구는 당뇨 합병증으로 혈관 확장 수술을 했다는 이야기도 들린다.

　큰 병을 다스린다고 먼 한양에 걸음하여 수술 받는다는 소식을 듣고 통화를 하면서 만나서 밥이라도 한 끼 같이하자 해도 정작 병원에 다녀갈 때는 말없이 왔다 간다.

　서운한 일이지만 병들고 아프면 친한 친구의 위로도 때로는 귀찮겠다는 생각이 아니 드는 것도 아니다.

　석양에 길게 걸린 그림자가 쓸쓸하고 허전하기는 너나없이 비슷할 것이다. 예전 같으면 어떡하든 만나고 나누며 위로할 것인데 참으로 안타까운 시간이 속절없이 흘러간다.

　맏이로서 젊은 부모 밑에서 유달리 두남받고 자랐던 이들을 제외한 대부분의 친구들은 양친이 세상을 떠나 고아가 되었다. 섶에 붙들려 가지고 자 갈근거리고 살던 시간은 이제 멀어졌다.

　너울가지가 없어 모르는 이를 만나면 면면이 부끄럽기만 했던 마음도 어느덧 눅진해지고 나슨해졌다. 세월이 모난 부분을 도려내고 깎아 내었음이 분명하다. 그러는 사이에 세상에 홀로 섰다.

아직도 부모님이 살아 계셔 효도할 기회가 남은 친구는 그래도 행운이다. 나이를 먹어 봐야 나이 든 부모를 모시는 게 얼마나 어려운 일인 동시에 행복한 일인지 느끼게 된다.

부모 세대가 떠나야 할 고개를 넘었고 이제 우리가 홀로 걸어야 할 산길에 들어섰다. 게다가 열심히 살아온 것만큼 우리도 이것저것 고장이 나기 시작했다.

무릎 관절 수술에 허리 통증이 너무 심해 삶이 자꾸 피폐해진다. 암과 투병하며 같이 동행하는 이도 있고 암에 저당 잡힌 육신 때문에 정신마저 고통스러운 이들도 있다.

어떤 친구가 수술을 했다는 이야기를 들었다. 도시의 떠돌이 삶을 이어가다 나이 들어 시골에 돌아와 터를 잡고 사는 친구는 마치 젊은이가 세상을 일구듯 정말 바쁘게 산다.

또 다른 친구는 넓은 고사리 밭을 일구고 생강과 고추 등의 대량 재배에 더하여 대규모 콩 수확에 메주까지 만들어 판다.

모르긴 해도 가진 것 없이 남의 눈을 의식하고 어쩔 수 없이 허풍선이 같은 도시의 삶을 살았던 그들은 이제 뿌린 대로 거두는 진솔한 시골의 삶에 반하여 새로운 인생을 다시 시작하는 기분으로 하루하루를 소중하게 보내고 있을지도 모른다.

어릴 적 잔뼈가 굵었던 고향 언저리에서 다시 인생을 시작하다 보니 능력도 나이도 잊은 채 하고 싶은 일도 해야 할 일도 많을 것이다. 젊어서는 도시살이 삶에 지쳐 술 담배에 탐닉했을지도 모르겠다.

몇 년 전 어느 날인가 고향에 갔다가 만난 벗은 무작정 삼천포 판장 근처로 끌고 가 나름 알려진 복국 집에서 해장국과 막걸리를 샀다.
 말리고 우겨도 굳이 자신이 돈을 내고는 식당 문을 나설 때는 이 사이에 별로 낄 음식을 먹은 것이 아님에도 여유 있게 이쑤시개질을 하면서 몹시 흐뭇한 표정이었다.

 새해 들어서는 어떡하든 친구들과의 만남이 많아지도록 노력해 보아야지 했는데 점점 더 마음이 위축되고 집 밖을 나서기가 두려워진다.
 혹 아프다는 이야기를 들을까 싶어 전화하기도 쉽지 않다. 한마디로 쓸쓸한 저녁노을 아래 텅 빈 골목길만 바라본다. 나이를 먹어 가면서 친구가 소들해지는 것은 너무도 당연하다. 붐비고 넘칠 때 우리는 친구의 소중함을 잘 몰랐다. 푸른 하늘의 햇살이나 깊은 산속 신록들이 매양 그대로일 줄 알지만 자연도 수시로 변하는데 하물며 사람이란 하루 앞도 예측하기 어렵다.

 친구가 소들해지는 것처럼 친구에 대한 마음조차 허룩해지는 것은 나이를 먹어 가면서 연민의 감정까지 허물어져 가는 것인 양하여 삶이 허망해지기까지 한다.
 사회생활을 하면서 만난 선후배나 동료들과는 또 다른 감정의 늪이 넓고 깊게 똬리를 틀고 있다. 그들의 과거가 나였고 그들의 미래가 바로 나의 미래라는 연대 의식이다.
 친구 몇몇과 어울려 강원도 오지 자전거 여행을 떠난다며 혹 볼 수 있으면 보고 싶다 연락한 친구를 생각하면 더욱 그렇다.
 그는 수시로 허리 통증으로 편안한 날이 없다며 전화를 하지만 친구들과 어울리면 그런 아픔도 병도 다 달아나는 모양이다.

유년기에 만들어진 우정과 벗은 투박하지만 감칠맛 나는 시래깃국이다. 신선하거나 상큼한 맛은 없지만 상위에 오르지 않으면 왠지 허전하고 무언가 부족한 느낌을 주는 그냥 된장만 넣고 끓인 시래깃국이다.

어느 집 할 것 없이 어릴 적 시골의 겨울 찬은 소박하고 간명했다. 김장 김치에 동치미가 전부인 끼니가 대부분이었고 그나마 아침이나 저녁에는 간간이 시래깃국이 더해졌다.

쌀뜨물에 띠포리(밴댕이)를 통째로 넣고 오래된 된장을 충분히 풀어 끓인 시래깃국은 텁텁하면서도 구수했다. 아침에 바쁘게 끓여 낸 국은 깊은 맛이 덜했다.

시래깃국은 닳았다 할 정도로 끓여야 제대로 된 국 맛이 난다. 추녀 그늘 밑 시렁에서 바람으로 마른 무청은 푸른색을 띠어 삶아도 풋풋한 텃밭의 가을 색깔이 남은 국이 된다.

마른 삭정이를 아궁이에 넣고 뭉근히 끓인 시래깃국은 푸른 냄새 푸른 색깔에 겨울 한기를 쫓아내기에 충분했다. 지금은 그런 국을 맛보기가 쉽지 않지만 집에서 시래깃국이라도 끓이는 날이면 오래된 고향 친구 같은 향기가 온 집안에 퍼진다.

오늘은 등성이 너머로 걸리는 석양을 바라보며 본의 아니게 사람들을 만나러 다니느라 기름진 음식에 지친 몸을 잘 익은 된장 냄새 향긋한 시래깃국으로 다스린다. 저녁 어스름이 몰려오기 전 석양에 참 어울리는 음식이다.

철모르던 시절 끼니때마다 상위에 오르는 시래깃국을 소나 좋아할 국이 아니냐며 투정을 부리기도 했었다.

아파트 창 너머로 길게 지는 석양을 바라보며 옛날식 시래깃국을 앞에 두고 앉으니 아무리 잦게 상위에 올려도 싫은 소리 한마디 하지 않던 어른들의 마음을 이제는 알 법하다.

세월에 삭은 입맛은 마음을 움직이는 음식을 아는 법이다. 그늘과 바람이 만든 맛은 아무 나이에나 느낄 수 없는 것이기도 하다.

긴 시간이 끓여 낸 시래깃국 맛 같은 친구들을 오늘 다시 생각한다. 젊음의 우정이 사그라들고 그 자리에 툭툭한 시래깃국 같은 황혼의 우정들이 자리 잡기를 기원한다.

갑자기 초가지붕 처마를 휘감아 돌며 피어오르던 눅눅한 소나무 연기 냄새가 코끝을 스친다. 가을이 깊어 간다.

37. 큰누나

　유년 시절 어느 날 밤이었다. 세찬 골바람에 댓잎이 몰려다니는 소리가 귀신 울음소리 같았다. 달 뜨고 별 깜빡이는 적막한 산골 밤은 의외로 여러 소리가 어우러진다. 부엉이, 노루 울음소리에 가끔 여우 울음이 들리기도 했다.
　어둑발이 대문을 들어설 때 매듭달이 갈고리 모양으로 서산에 걸렸던 것으로 보아 아버지 기일이었을 것이다. 아버님의 기일은 언제나 그렇듯 그날도 몹시 추웠다. 발가락을 오므리고 손가락을 호호 불어 가며 제사를 모셨다.
　시도 때도 없이 우는 뒷집 수탉이 그날따라 조용했다. 삼태성이 옆집 돌감나무 꼭대기에 걸릴 때쯤 아래채 사랑방 잠자리에 들었다.
　안방 마루에 매달아 둔 호롱불이 바람에 흔들리며 제사를 모시기 위해 모인 사람들 그림자를 여러 개 만들었다. 우물가 감나무는 달빛 별빛에는 의연했지만 호롱불이 흔들리면 하늘을 움켜쥔 가지는 잠깐씩 사라졌.
　오래간만에 제대로 불구경을 한 사랑방 아랫목은 절절 끓었다. 두꺼운 목화솜 이불을 방문 곁에 포개어 깔고 잠을 청했다. 앞산에서 부엉이 우는 소리가 무서웠다. 쉬이 잠들지 못했다.

　누군가 방문을 열고 들어오는 기척에 잠이 깼다. 새벽이 거의 다 되었는지 바람 소리가 부드러웠다.
　"누가 요서 자고 있는 가베. 넷째 동생이가?"
　풀치마 끝자락이 얼굴을 살짝 스치고 지나갔다. 어둠 속에서도 가볍게 치마 끝을 올려 잡은 느낌으로 보아 큰누나였다.

"아, 예. 얼른 들어오이소. 아직도 아랫목이 절절 끓는다. 추운데 등하고 다리 좀 노쿠소(녹이소). 여태 안 주무시고 뭐 해십니꺼?"

누나의 치맛자락이 몰고 들어온 한풍이 아랫목 죽석 자리 타는 냄새와 뒤섞여 구수한 느낌을 만들었다.

"내가 들어오는 바람에 잠이 깼구나. 산토(삼태성)가 뒷동산 너머로 진 것을 보니 얼쭉(거의) 새벽이 다 된 모양이다. 그래도 좀 더 자라."

"마이 잣거마요(잤어요). 누우(누님)도 눈을 좀 붙이소. 정지일(부엌일) 하느라고 여태 앉아 본 적도 없이 낀데."

하면서 다리를 오므린다.

늦게 잠이 들긴 했지만 순식간에 잠은 다 달아났다. 요의를 느끼고 일어나 어둠 속에서 더듬어 방문을 열고 밖으로 나간다. 마루를 내려서서 신발을 찾아 꿰고 삽짝(사립짝)께로 간다.

바람에 감나무 가지가 심하게 흔들리고 하늘의 별들은 물이라도 먹는지 연방 깜빡거린다. 하늘엔 별이 총총한데 괜히 눈이라도 한바탕 내렸으면 하는 생각을 해 본다. 아버지가 세상 떠난 날은 수좌골에 하얀 눈이 쌓였었다.

제사 음식을 나누어 먹고 다들 잠자리에 들었는지 안채에도 인기척이 없다. 사랑방 옆 외양간에는 겨우내 놀고먹는 암소만 틈틈이 되새김질을 하는지 끄윽끄윽 낮은 소리를 낸다.

차가운 바깥바람에 등허리의 온기가 가시자 온몸이 떨릴 정도로 춥다. 몸을 부르르 한 번 떨고 다시 방으로 들어선다. 어둠 속에서 누나의 걱정스러운 말이 날아온다.

"어지간히 춥던데 와 자다가 말고 그리 오래 한데(밖에) 있노. 얼른 다시 눈을 붙이거라."

"예."

대답은 했지만 잠을 다시 청하기는 다 틀렸다. 눈을 감고 누웠는데 누나도 영 잠들지 못하는지 뒤척인다.

'그래, 이왕지사 잠자기 틀렸으니 평소에 궁금했던 것이나 누나랑 이야기해 봐야지.' 하는 생각이 든다.

"누우. 잘 시간을 놓치어 잠이 잘 안 오지예? 잠자기는 틀린 것 같고 이야기나 좀 하입시더."

"내야 개안타만 니는 오늘 학교 가야 될 거 아이가? 그래 하고 싶은 이야기가 머이고?"

"누우. 이름을 와 순분이라 지었답니꺼? 작은누나 이름은 큰누우 이름을 거꾸로 하고. 그리 지을 이름이 없어시까예?"

"자다가 봉창 두드린다 쿠더마는 아닌 밤중에 뜬금없이 남의 이름은 와 캐묻노? 몰라. 이름을 내가 지어 주라 캤나. 아부지가 지었겠나, 어무이가 지었겠나. 일구월심 손자 보기를 기다리던 할아버지가 지었다쿠더라만."

"아니, 할배도 읍내 출입깨나 했다는 양반이고 외할배도 서당 훈장까지 했다는 식자(識者)라면서 첫 자식으로 얻은 손주 이름을 순분이 머입니꺼. 순분이."

"와. 분이라는 이름이 우때서. 아들을 기다리다가 첫 딸을 얻고 나니 분해서 처음에는 분이라 캤다가 커 갈수록 순해서 순분이라 했다쿠더라. 4대 독신인 할배가 첫 손녀를 보고 얼매나 분통이 터져시모 그리 지었겠노. 그리고 옛날 어르신들 말씀이 아들 귀한 집에 딸이 자꾸 들어서면 이

223

름에 '분(憤)'자를 넣어야 사내 동생이 생긴다고 했다 안 쿠나. 내 이름 때문이지는 않겠지만 내 뒤로 아들을 둘이나 봤으니 성공한 기지. 그래도 할배, 할매가 욕심이 많기는 많았던 모양이다. 그러고도 딸이 태어나자 또 이름에 '분' 자를 넣었으니."

어느새 방문에 새벽빛이 부옇게 찾아들면서 뒷집 수탉이 요란하게 홰 치는 소리가 들렸다.

여자아이의 이름은 뒤따라올 남동생을 얻기 위한 염원으로 지었다니. 남존여비 사상이 아무리 강하고 남성 중심의 가문을 이어 가야 한다는 고루한 유교 이념에 사로잡혀 있다 한들 한 인간의 이름마저 제물인 양 짓는다니.

3월에 태어났다고 삼월이에 야무지다고 야무라는 이름의 세대를 거쳐 우리는 막자나 막순이라는 이름의 시대를 살았다.

어쩌면 누군가 지어 준 이름 석 자가 운명을 결정하는 것인지 모른다. 세상에 태어난 반은 거금을 아까워하지 않고 정성을 들여 이름을 지었고 나머지 절반은 짐승이나 하찮은 풀벌레처럼 버리듯 이름을 붙였다.

이름을 지은 이들은 사람의 한 평생이 귀중한 이름과 하찮은 이름이 어우러져 가정을 이루어야 한다는 것을 생각이나 했을까.

다음 태(胎)에는 남자아이를 배태하라고 둘남이에 후남이, 또분이까지는 그렇다 치자, 끝자 뒤에 또끝자라는 이름을 지어 놓고도 미안해하지도 않았을까.

요즘도 큰누나에게 전화를 드리면 한결같은 말씀을 하신다.

"반가운 사람이가. 아픈 데는 없고. 우짜든지 건강해라."

누나는 세상에 태어나면서 분통(憤痛)을 가지고 나오셨다. 태어나자마자 분통을 선물받았다고 하는 것이 더 정확하겠다. 큰누나 뒤로 남동생이 둘이나 태어나면서 제대로 분통이 채워지듯 터졌고 이름 그대로 순하디순해야 했다.

고향 가는 길에 가끔 큰누나네 들르면 많은 이야기를 하고 싶어 하신다. 이름조차도 남동생을 위해 지어져야 했던 친정을 떠나 대가족을 만들고 손주들을 돌보며 한세상을 산 지금도 어린 동생들을 두고 시집오던 그때를 뒤돌아보며 한숨과 웃음을 지으신다.

팔순이 제법 지난 어느 해였다. 전혀 그런 말씀을 하신 일이 없었는데 처음으로 부모님에 대한 섭섭한 마음을 드러내신 적이 있다.

초등학교를 졸업하고 하도 중학교 진학이 하고 싶어서 떼를 쓰고 사정을 하다가 허락이 없자 가출을 했다는 이야기였다. 그 이야기를 꺼내 놓고 누나는 쓴웃음을 지으셨다.

사흘간 친구 집에서 지내다가 도로 집으로 들어가셨다는데 어떤 친구였냐고 물을 수가 없었다. 차도 다니지 않는 첩첩산골에서 친구를 찾아간들 어디로 갈 수 있었을까.

누군가는 나아가고 누군가는 한자리를 맴돌던 그 분함과 설움의 마음을 어찌 몇 마디 물음으로 다가갈 수 있으랴. 항렬 따라 짓는 남동생들 이름 뒤에 다시 찾아온 여동생도 또한 '분(忿)'이라니.

분함도 섭섭함도 느끼지 못할 어린 나이였겠지만 세월이 흐르면서 그 의미를 곱씹어 보기나 하셨을까.

입 하나를 줄이기 위해 어린 나이에 시집을 갔는지 그 시대의 법도가 그래서 그랬는지 알 수는 없다. 남아 선호의 역사 속에서 희생을 덕목으로 여기며 주어진 삶에 순응했다.
 학교에 들어가 형제자매 이름을 쓰는데 큰누나는 어디에도 없었다. 어린 싹을 위하여 그늘이 되어야 한다고 해서 한여름 뙤약볕을 지키고 선 고단한 잎이 되었다가 제법 자란 싹들이 어느 날 햇볕을 필요로 한다고 스스럼없이 나뭇가지에서 떨어졌다. 천한 것일수록 귀중한 거름이 된다는 옛말을 가슴에 담고 친정을 떠나 옥토를 만들고 울창한 숲을 만들었다.
 분통을 밑천 삼아 살아온 날들을 딛고 이제는 멀리 떠나신 어머니의 마음이 되어 동생들과 이야기를 하고 싶어 하신다.

 추운 겨울이 오고 있다. 누나를 만나 아버지의 기일에 하던 이야기를 이제는 매듭지어야겠다는 생각을 해 본다.
 기억이 사라지고 총기(聰氣)가 더 흐려지기 전에 누나랑 밤새워 이야기하는 하룻밤을 만들어 보아야겠다.

38. 멈추어 선 시계

인간은 언제부터 시간을 재기 시작했을까. 수렵 채취로 살던 원시인들은 낮과 밤, 빛과 어둠으로만 나누어 하루하루를 살았을 것이다.

이후 농업 혁명이 일어나면서 정착 생활을 하게 되었고 목축이나 농업 활동이 삶의 근간이 됨에 따라 계절의 변화를 기록하고 대비해야 하게 되었다.

해가 뜨고 달이 지는 것을 기준으로 하루라는 단위로 살던 사람들이 분 단위 초 단위까지 시간을 재기 시작한 것은 그리 오래되지 않았다.

역사학자들에 의하면 영국에서 산업 혁명이 일어나고 뒤이어 대량 생산 체계가 도입되면서 많은 노동자들이 증기 기관차를 이용한 동시 출퇴근이 초 단위 시계를 필요로 한 계기가 되었다고 본다.

당시 시간 기준은 도시마다 상이하였는데 기차의 출발과 도착 정보가 동일하게 공유되어야 할 필요성이 대두되었다. 이에 따라 특정 지점, 즉 그리니치를 중심으로 기준을 정하고 시간을 공유했던 것이다.

초가지붕의 세 칸 오두막에 커다란 괘종시계가 걸려 있는 것을 상상하면 어쩐지 부자연하다. 닭 울음소리나 탱자나무 가지를 따라 타고 드는 햇빛이나 달빛이 만드는 시간이 훨씬 어울린다.

한때 시계는 부잣집의 안방 벽면을 장식하고 있던 문명이자 과학이던 시절이 있었다. 한 시각마다 댕댕 종을 치던 벽시계는 신통방통했다. 누가 곁에 서서 시키지 않아도 조임쇠로 대충 몇 번만 손으로 감으면 끊임없이 시간을 재는 물건 속에는 무언가가 살고 있는 느낌마저 있었다.

나비 날개처럼 생긴 쇠붙이로 유리문을 열고 태엽을 감아 주던 괘종시계는 그 집이 시간에 따라 얼마나 일정하게 일을 하는지 또는 도시의 세분화된 문명을 접하고 사는지를 보여 주는 것처럼 느껴진 적도 있다.

예전엔 관공서나 학교, 대기업의 시계 자랑은 심했다. 본관 건물 현관문을 들어서면 커다란 시계가 중앙에 자리를 차지하고 오가는 사람들을 대상으로 시간을 아껴 써야 된다는 위압적인 신호를 보냈었다.

아니면 높은 자리에 있는 사람을 만나려면 시간을 정확하게 지켜야 한다는 경고 같아 보이기도 했다.

유럽의 오래된 교회나 공공건물에도 어김없이 시계가 자리하고 있다. 시간의 흐름 속에 자신이 존재한다는 것을 인식시키는 느낌을 받는다.

시계의 전면이나 측면에는 예외 없이 그 시계를 기증한 사람이나 설치를 기념하는 구절이 적혀 얼마나 대단한 물건인가를 알려 주었다. 사람 키보다 더 큰 시계를 대하면 괜히 시간을 허투루 쓰지나 않았나 하는 생각에 주눅이 들곤 했다.

어릴 적 고향집에는 괘종시계가 없었다. 건전지를 이용하는 시계가 아니라 어렵사리 태엽을 감아야 구실을 하는 탁상용 사발시계가 하나 있긴 했지만 제때 밥을 주지 않아 뒷집 수탉만도 못할 적이 많았다.

산자락을 타고 내려오는 햇살이나 신작로 산모롱이를 돌아 들리는 장(場)차ー읍내 장날만 오가던 차를 사람들은 장차라 불렀다ー 경적 소리가 훨씬 더 시간 관리에 용이했다. 우리의 옛말에 계절이나 시간에 따라 해나 달의 이름이 다양한 것은 명칭만으로도 시간을 느끼고자 했던 욕구와 무관하지 않다.

하얗게 내린 서리가 감쪽같이 사라지고 풀잎에 맺힌 이슬이 마르면 저절로 배가 고파졌고 굳이 시계가 알려 주지 않아도 무엇을 해야 하는 시간인지 대충은 알았다.

누구도 몇 시에 밥을 먹고 몇 시에 잠을 자라고 이야기하지 않았지만 삼태성이 돌감나무 꼭대기에 걸렸으니 이제 등잔불을 꺼야 할 시간이라고 마실 가셨던 할머니의 귀가 발걸음이 시간을 알려 주었다.

외양간 소 울음이 자주 들리고 염소가 시끄럽게 울면 밥때가 늦은 것도 알았다. 읍내 사는 삼촌 댁이나 친구네 집 벽면에 걸려 있는 커다란 벽시계가 부러운 적이 있기도 했지만 시간 구분에 필요한 도구라기보다 이 집에도 도시의 문명이 걸려 있다는 느낌을 주었다.

가끔 시간에 맞추어 댕댕거리며 시간을 알려 주는 것이 신기하여 시계 앞에서 정각을 기다리기도 했지만 정작 시계가 울리는 것을 들어 본 적은 별로 없었다.

무엇에 정신을 팔고 어째서 바빴는지 몰라도 마당에 서서 시계를 바라보다 정작 울릴 때가 되면 급하게 어디론가 갔다.

어머니가 세상을 떠나신 후 언젠가 고향집에 들렀더니 아무도 없는 빈집 안방에는 커다란 문자판의 탁상시계가 조그만 목재 탁자 위에 올려져 있고, 시침과 분침은 정확히 11시를 가리키면서 완전히 멈춰 서 있었다. 하필이면 왜 11이라는 숫자에 침이 멈추어 있었는지 한동안 의아했었다.

고향집에는 오래도록 어머니 혼자만 사셨으니 누군가 어머니를 위해 시계를 사다 놓았음이 분명했다. 창호지에 걸리는 빛과 어둠으로 시간을 가늠하고 사셨을 어머니에게 시계가 얼마나 소용 있었는지 알 길은 없었다.

오히려 고향집을 찾은 자식들이 다시 집을 떠날 때 필요했을 것이다. 그래도 방치되고 멈춰 있는 시계가 안타까워 건전지를 갈아 끼웠더니 마치 생명이라도 다시 얻은 듯 째깍거리며 시간을 재기 시작했다. 눈을 감고 시계 소리를 들으면서 잠시 어머니의 숨결이 느껴졌다.

지금은 그 시계마저 사라지고 커다란 전자시계가 기차역 승하차 입구 디지털시계처럼 안방 벽면에 매달려 깜박거리며 혼자서 여전히 시간을 재고 있다.

우리 집에는 멈추어 버린 시계가 여러 개다. 살아 있는 시계보다 죽은 시계가 더 많다. 졸업, 퇴직, 이직 기념으로 받은 시계는 물론이고 모양이 멋있어 장식용으로 사서 건 시계들도 더 이상 시간을 재지 않는다.

텔레비전이나 휴대폰이 언제나 시간을 알려 주니 구태여 시간을 알기 위한 시계가 필요하지 않은 탓도 있겠지만 시간의 노예가 되어 살아온 세월이 시계로부터 멀어지고 싶게 한 것인지도 모른다.

젊어서는 집에 있는 시계가 몇 개든 간에 멈추어 있는 것을 보면 왠지 불안하고 세상에 뒤처지는 느낌이 들어 시계마다 태엽을 감고 건전지를 갈아 끼웠다.

하지만 언제부턴가 멈추어 선 시계를 보는 것이 아무렇지도 않다. 아니 오히려 멈추어 선 시계가 편안한 느낌을 주기까지 한다.

어스름 초저녁 창문을 넘어 희끄무레한 달빛이 잔잔히 흘러드는 시간, 텔레비전도 휴대폰도 다 끄고 인간이 만든 시간에서 멀어지니 긴 세월 적응되지 않는 도심 속 아파트도 시골 고향집처럼 자유롭고 편안하다.

바쁘게 시간을 재는 시계보다 멈추어 선 시계가 훨씬 어울리는 집도 있는 모양이다. 언젠가 시골길을 가다가 허우룩한 빈집 기둥에 매달린 낡은 괘종시계를 보았다.

 이사를 가면서 일부러 두고 간 것인지 아니면 시계라도 달려 있으면 사람 흔적이라도 있어 보이라고 한 것인지는 알 수 없었다.

 하지만 시간 재기를 멈춘 시계가 걸려 있는 풍경은 그림이 보이지 않을 정도로 퇴색된 정물화처럼 기이했다. 시계는 시간을 재고 있을 때만 의미 있는 물건이 아닌가.

Ⅴ 다시 봄

39. 마당이 있는 풍경

발가벗고 온 세상인데 나이가 들어 갈수록 왜 이렇게 잃은 것이 많다는 생각이 들까. 모두의 것이 내 것이라는 착각 속에 살아온 오해와 무지의 탓도 있겠지만 욕심으로부터 도망치지 못한 어리석음이 더 클 것이다.

도시에 살면서 맨 먼저 잃었고 앞으로 영 찾기 어려운 것 중 하나가 마당이다. 휑하게 텅 빈 마당에서 바라보는 집은 안온하나 좁은 방 안에서 내다보는 마당은 비움이자 여유다.

도시에는 생각과 배려와 생명을 만들어 내는 마당 있는 집에서 살기가 어렵다. 시간을 따라 달라지는 자연과 계절에 따라 전혀 다른 생각을 만들어 주는 마당은 혼탁하고 복잡한 도시에서 구할 수 있는 여유의 장소가 아니다.

어릴 적 마당이 없는 집을 생각할 수 없었다. 자치기와 못치기, 딱지치기와 구슬치기 등 육신을 성장시키고 사회성을 키우던 곳은 그곳이었다.

나뭇단이 쌓이고 지저깨비 두툼히 땅 힘을 북돋우던 마당가에서 막냇동생과 함께 여름밤 메기 낚시를 위해 지렁이를 잡곤 했었다.

이제는 찾을 수도 구할 수도 없는, 하지만 끝없이 희구하고 갈망하는 그곳은 고향집 마당이다.

마당은 옛말 '맏'이 '맛'으로 변하고 앙이라는 접미사와 결합해 만들어진 말이다. 맏이나 맛은 처음 또는 시작이라는 의미를 가진다.

옛 문헌을 살펴보면 마당은 뜰로 표기되어 있기도 하고 탈곡하는 장소와 의례가 이루어지는 곳이라는 의미를 지녔다.

마당은 사대부에게는 놀이와 유희의 장소이자 정원을 꾸미고 정자를 만드는 곳으로 사용되었으나 일반 서민들에게는 생활에 필요한 많은 것들이 갈무리되고 만들어지는 삶의 터전이었다.

배운 이들은 마당을 비움에 사용했고 배우지 못한 이들은 채움을 위해 마당을 소중히 했다. 배움의 시간에 채움을 걱정하고 비움의 필요성도 느끼지 못하고 삶을 마감하는 것을 보면 채움과 비움의 소용은 어쩌면 똑같은 것인지 모르겠다.

유년 시절 집 안이 가정의 질서를 가르치는 곳이라면 마당은 자연의 소중함을 배울 수 있는 곳이다. 마당은 집이 가지고 있는 첫 장소라 할 수 있다. 그곳은 삶이 시작하는 곳이자 여러 생명이 얽혀 살아가는 삶의 아우라지다.

사람에게 필요한 것들과 사람에게 필요해 보이지 않는 것들이 마당에 함께 어울려 살았다. 모기 쫓는 얼룩 수뱅이(말잠자리), 낮게 날고 파리 덮치는 두꺼비도 엉금엉금 그곳에서 기었다.

갓 깬 병아리를 날개 밑에 숨기는 암탉의 눈빛은 서슬 퍼렜고 천방지축 새끼 염소의 뒷배를 보는 어미 염소는 앞뒤 없이 뿔질을 해 댔다.

봄이 오면 햇귀를 맞으며 제일 먼저 꽃다지가 꽃잎을 열던 곳도 가을이 오기 전 까닭 없이 떨어지는 풋감에 놀란 하릅강아지 마루 밑으로 내처 도망치던 곳도 바깥마당이다.

바랭이 풀 자리를 잡으면 지렁이 문 개구리는 이리저리 폴짝폴짝 뛰었고 겁 없이 마당가를 휘젓고 다니던 목이 붉은 수탉은 종종걸음을 쳤다. 먼 산 위로 으스름달 아련하고 길쓸별이라도 지나는 시각이면 돌담 위

얹힌 호박이 마치 지체 높은 옆집 민머리 박씨 할아버지같이 눈길로 말을 걸어오는 것 같았다.

그런 밤이면 너불단지(꽃뱀) 스르르 마당을 지나 골담초 꽃 소담한 담장으로 꼬리를 감추었고 외양간에 매인 늙은 암소는 지난 장날에 팔려간 송아지가 생각나 그런지 느린 울음을 울었다.

할머니는 내일이라도 개울 건너 최씨네에 부탁해서 접을 붙여야 한다며 가녀린 손으로 쪽 찐 머릿결을 정성스레 쓰다듬어 넘기며 흐물흐물 웃으셨다.

안마당 우물 옆 빈터에는 여름이면 뒷산 황토를 파다가 헛아궁이를 만들었다. 볏짚을 경중경중 썰어 넣은 황토 반죽과 강자갈이 어우러져 둘러쳐진 아궁이는 어설퍼 보였지만 방 안에 불을 들이지 않기 위한 지혜였다.

맞춤한 무쇠솥이 걸리고 밥이며 국을 헛부엌에서 만들었다. 배고픈 강아지가 몇 번 맴을 돌다 가고 눈치 없는 이웃집 고양이가 잔불 위 생선 대가리 물고 도망치다 누나 부지깽이에 냅다 맞았다.

작달비야 당연하지만 먼지잼이나 는개에도 접살(접사리)을 둘러쓰고 가마솥을 지켜야 하는 일은 대삿자리에 더위가 깔리는 일보다 성가셨다.

더구나 비 올 기미라도 보이면 삭신이 먼저 알아본다며 아랫목에서 등을 지지시던 할머니를 생각해서 그냥 안방 아궁이에 불을 넣으면 좋겠다는 생각을 여러 번 했다.

고향의 작은 산골 마을에서 안마당과 바깥마당을 제대로 갖춘 집은 많지 않았다. 못치기, 구슬치기, 자치기를 동시에 해도 좁지 않던 바깥마당은 자랑이자 자부심이었다.

집에 비해 마당이 넓어 지나가는 바람이 세차긴 했지만 철부지 아이에게는 한때 마당이 세상의 전부였다.

동살이 마당으로 들어왔고 별들도 마당 위에서 뜨고 졌다. 봄이 맨 먼저 찾아드는 곳도 그곳이었고 서릿발 우뚝우뚝 서는 겨울도 마당에서 시작되었다.

새벽같이 일어나 마당에 떨어진 감잎을 손으로 이슬방울을 털어 염소에게 가져다주기도 했고 함박눈이라도 소복이 쌓인 날은 목줄 푼 강아지와 정신없이 뒹굴던 곳도 마당이었다.

친정 오는 큰누나 목소리에 무턱대고 쫓아나가다 작은형이 만들어 둔 돌 역기 대나무 막대에 걸려 널브러지듯 자빠지기도 했다.

안마당과 바깥마당의 쓰임은 완전히 다르다.

늙은 감나무가 내려다보는 안마당은 깨나 녹두 등 작은 알곡식을 갈무리하고 말리는 장소로 사용되었고 바깥마당은 철 따라 여러 용도로 쓰였다.

벼나 보리를 추수하는 타작마당이다가도 집안에 행사라도 있는 날은 잔치마당이 되었으며 설날이면 동네 농악 패들의 놀이마당으로 변했다.

따뜻한 봄날이면 바깥마당 한 귀퉁이는 짚을 깔고 누운 소가 볕을 쪼였고 집을 뛰쳐나온 토끼가 마냥 뛰어다녔다. 하늘연달이 되면 마당은 북새통이었다.

멍석 위에서 벼와 콩이 감나무 잎사귀 사이로 비치는 볕뉘를 어렵사리 맞았고 틈틈이 고추도 햇볕을 쬐었다.

바깥 마당가 헛간 지붕 위 여물어 가는 박에는 색바람이 스쳤고 늦가을 소슬바람에는 삼발이로 늘어선 깻단이며 묶음 묶음 수수 꼭지가 긴 간짓대 위에서 말라 갔다.

옆집 대밭 위로 불던 골바람이 마당을 쓸고 가면 집 앞 개울물 여무는 소리가 들리고 멀리 와룡동천(臥龍東川) 물돌이 옆 오래된 숲 우듬지 위로 풀썩풀썩 어스름이 주저앉았다.

밤늦게 벗들과 놀다가 집으로 들어서는 길, 늦은 밤 발아래 마른 감나무 잎 바스러지는 소리가 마당을 가득 채울 때면 왠지 마루 밑 귀뚜리 소리도 서러웠다.

마당이 곡식 낟가리든 짚동이나 장작더미든 빈틈없이 꽉 차 있으면 풍요했고 늙은 암소가 마당가에 매인 채 한가로이 되새김질하는 것을 보면 어쩐지 흐뭇했다.

하늘 높이 기러기 날고 스산한 바람이 겨울을 몰고 온다. 이맘때쯤이면 넓은 바깥마당이 가을걷이들로 꽉 찼던 어릴 적이 떠오른다.

마당 귀퉁이 짚 덤불 쌓인 곳에 바지게로 틀을 놓고 참새를 기다리며 하루해를 보내던 행복했던 날들을 반추한다.

밤마다 별과 함께 어둠을 받아들이고 아침마다 동살로 밝음을 만들던 마당은 채움과 비움으로 삶을 가르쳤다.

오늘도 밤하늘의 별을 보며 마당이 있었던 풍경을 그린다. 마당이 있는 집에서 황혼이 내려앉는 소리를 듣고 싶다.

40. 내 마음속 도서관

문은 닫혔다. 민재봉이 흘러내리다가 개울과 마주칠 즈음 다시 하늘먼당으로 방향을 잡는 곳에 이른 봄의 황혼이 걸려 있다.

초등학교 3학년 봄 소풍을 갔던 개재—와룡산과 하늘먼당 사이의 고갯마루, 그곳에 오르면 아스라이 사천만이 보인다— 소나무 군락 우듬지에 으스름달이 나지막하다.

얼마 만인가. 학교를 감돌아 나가는 와룡동천(臥龍東川)이 막 눈뜨는 버들개지를 보고 교문 앞에 선 것이.

사위는 고요 속에 허물어진 흥무사 절터와 다름없다. 감성과 지식이 잔잔한 달빛으로 찬란한 햇빛으로 쉼 없이 관통하고 쌓이던 그 작은 마음속 도서관 앞에 멈추어 선다.

선생님의 낮은 목소리가 들리고 가끔 초칠을 해야 부드러워지던 도서관 미닫이문이 스르르 열린다. 삐거덕거리며 열리지 않던 미닫이문이 초칠 몇 번에 수월히 열리는 것을 보며 책을 빌려 보려 와 있던 아이와 눈을 맞추고 빙긋 웃었다.

가지를 통째로 잃은 늙은 벚나무의 거뭇한 모습이 갑자기 현실로 돌아오게 한다. 세차게 머리를 흔든다. 그때 그 도서관을 찾는다.

벽돌 담장을 쓰다듬고 담장 너머 고개를 내민 측백나무들한테 손을 내민다. 철재 대문은 견고하게 잠겨 있다.

지금까지 보았던 그 어떤 자물통보다 크고 우람하다. 고등학교 때 공짜 이발을 하러 몇 번 갔던 교도소 출입문에 매달려 있던 것이 얼추 저런 크기였던가.

　죄가 만든 벌을 가두고 선과 악이 구분 통제되던 교도소 자물통이 지금 기억 속에 떠오른다는 것이 조금은 뜬금없다.

　자연보다는 법이 어울림보다는 훈육이 우선이었던 학교가 폐교되어 역사 속에서 사라지는 안타까움이 이런 적절치 못한 장면으로 떠오르는지 모르겠다.

　교도(矯導)와 교육이 다름은 분명하다. 바로잡는 것이든 가르치는 것이든 도서관이 필요하다.

　작은 꽃 한 송이를 통해 삶의 아름다움을 읽고 떨어지는 빗방울에서 자연의 이치를 깨닫는 감성의 근육을 키우는 것은 때가 있는 법이다.

　불경을 깊이 깨우쳤다고 산문(山門)에 들어야 하는 것이 아니고 성경에 해박하다고 성직이 생활의 수단이 되는 것이 아니듯 감성이 풍부하다고 문학인이나 예술가가 되어야 할 이유는 없다.

　세상을 보는 균형 잡힌 눈 하나를 더 가짐으로써 자신의 삶을 여유 있고 풍성하게 만드는 역할을 한다. 어린 시절 학교 작은 도서관은 감성의 씨앗을 뿌리고 가꾸는 뜨락이었다.

　6학년 누나들이 미국이 제공한 구호물자로 옥수수빵을 찌고 전지분유를 끓이던 제빵실도, 나이 많은 소사가 구더기를 없앤다며 디디티 가루를 가끔 뿌려 대던 야외 화장실도 마음의 한 결을 차지하는 잊지 못할 풍경이다.

　지나간 것은 익숙하나 고루(孤陋)하고 새로운 것은 신선(新鮮)하나 두렵다. 어우러짐과 홀로 있음의 균형이 세상에 요구되는 인성과 품성을 만들어 낸다.

과거와 미래가 현재를 통제하는 것은 고루와 신선이 단지 시간의 장난에 불과하기 때문이다. 어른이 된 이후에야 시간이 고루를 밀어내고 고독도 미래를 위해 필요하다는 것을 안다.

고독은 자신 속으로 들어가는 일이다. 기대고 건네는 것에서 멀어지는 것은 두려운 일이나 성장에는 어울림보다 혼자인 시간, 깊은 사유가 훨씬 더 필요하다.

자연 속에서 자연과 벗하며 만들어진 감성은 외향적 감각으로 깊이가 없고 지식의 바다를 헤엄치며 만들어진 감성은 지혜가 덧들어 내면적 감각으로 삶의 순리를 깨닫게 한다.

이제는 기억조차 희미한 일이지만 이른 봄 학교 화단 귀퉁이에서 뚝뚝 떨어진 붉은 동백꽃이 갓 시집온 옆집 새색시 모본단 차렵이불처럼 차갑고 섬뜩한 날 도서관 문이 열렸다.

다가올 미래가 어떤 것인지 가야 할 길이 어디인지 질문조차 모르는 아이들에게 쏟아지는 햇살과 불어오는 바람은 충분히 무서웠다.

아버지의 인자한 웃음과 할머니의 구수한 옛이야기만으로 자란 시간은 벚나무 미루나무 플라타너스가 우람한 운동장으로 들어서면서 순식간에 잊혔다.

이미 세상을 떠난 그들이 주고 간 가르침은 달음박질치고 아우성치는 아이들과 모든 것을 다 알고 있는 듯한 선생님들의 말씀 앞에서 흔적조차 떠올리기 어려웠다.

인(印)이 박히듯 몸에 각인된 어린 날의 이야기들은 그물도 방패도 아니었다. 세상을 헤쳐 나가는 데 필요한 지식과 지혜는 선생님의 말씀 속에 책 속에 있었다. 그러던 어느 날 선생님은 도서관 열쇠를 맡겼다.

　속이 좋지 않아 수업 시간에도 수시로 자신의 아랫배를 쓰다듬으며 아이들에게 책을 읽히던 선생님이었다. 나이 드신 그의 어머니가 학교가 있는 마을에 방을 얻어 밥을 지어 드리며 병수발을 한다고 했다.
　그날도 잔뜩 찌푸린 얼굴로 겨우겨우 수업을 끝낸 선생님은 교실 앞문을 힘없이 열고 나가면서 교무실로 따라오라는 말을 건네셨다.
　찬 바람이 채 가시기 전 전근을 오신 선생님은 여러 날 시골에서 보기 어려운 회색빛 털목도리를 하고 다녔다. 가끔 밭은기침을 하면서 얼굴이 붉어지기까지 했으나 먼 데서 바라볼 뿐이었다.
　조심스러운 발걸음으로 교무실로 들어섰다. 선생님이 앉은 책상 옆으로 다가가자
　"아나, 네가 오늘부터 도서반장이다. 책 잘 관리해라."
　하면서 열쇠 뭉치를 툭 던졌다. 손가락 두 개 크기의 나뭇조각에 '도서관 쇳대' 글씨가 진한 검정 먹물로 적혀 있었다. 그날부터 도서반장이 되었다.

　도서관은 강당이기도 하고 회의실이기도 했다. 서가들을 밀치고 교실을 나눈 칸막이 문을 떼어 내면 학예회나 영화를 볼 수도 있었다. 여느 교실과 달리 검은 비로드 천이 걸려 필요하면 창을 가려 햇볕을 차단했다.
　서각 옆 귀퉁이에 자리한 자물쇠가 달린 책상 서랍에는 책 이름이 빼곡히 적힌 도서 목록이 가지런히 들어 있었고 벽면에는 책을 빌려 가고 돌려받는 학년별 일지가 걸려 있었다.
　수업이 끝나고 잠시 들러 책을 읽는 아이들은 간혹 있었지만 책을 빌려

가는 아이들은 드물었다.

소 풀을 뜯기고 땔감을 구하는 일이 책을 읽는 것보다 훨씬 중하던 시절이었다. 운동보다는 노동이 배움보다는 채움이 하루를 버텨 내는 데 더 절박하던 시기였다.

도서관에 진열된 지식이 미래의 길을 만드는 도구라고 선생님은 안타깝게 이야기했지만 허기와 굶주림은 산과 들로 지게나 망태를 메고 나가게 했다.

아무도 들르지 않는 작은 도서관을 지키는 일은 쉽고도 무서웠다. 《모히칸 족의 최후》를 읽으면서는 힘없는 아메리카 인디언들의 슬픔이 가련했고 《허클베리 핀의 모험》을 볼 때는 톰 아저씨의 위태로움이 가슴을 아리게 했다.

도서관 문을 닫고 달그림자를 밟으며 집으로 가는 길은 쓸쓸했다. 도암이 아재 집 모퉁이 비각을 지날 때면 흥부골(초등학교 북동쪽 골짜기)에서 부엉이 자주 울었다.

혼자서 책을 읽다가 보따리 하나로 책을 싸 들고 간 다음 날은 아침에 일찍 일어나지 못했다. 안방 앞마루에 차려진 밥상에는 삼베 보자기가 덮여 있었다.

학년이 바뀌면서 도서관을 맡겼던 선생님도 전근을 가셨고 도서관 열쇠도 후배 도서반장에게 넘겼다.

처음 도서반장이 될 때 748권이었던 장서는 한 해가 지나며 5권이 늘어 있었다. 열쇠를 넘기는 날 5권의 책이 늘었다고 말씀드리자 선생님은 쓸쓸한 웃음만 보였다.

수고했다는 말도 서운하겠다는 말도 없었다.

고풍스러운 장서도 값비싼 책도 없는 그저 높은 부서 힘센 분들이 베풀듯 마련된 책들이었지만 감성의 창고를 만드는 데는 충분했다.

일 바쁜 아이들이 들르기도 빌리기도 쉽지 않은 도서관이었지만 벽지의 시골 초등학교에 과분한 시설이었다.

세상으로 나아가 힘들고 어려워 전전반측(輾轉反側)할 때마다 선생님과 도서관을 떠올리며 잠을 청했다. 그때마다 쌍무지개가 떠올랐고 성당의 종소리를 타고 얄개가 창을 열었다.

감성을 일깨우던 책들이 살아갈수록 위로가 되고 치유가 됨을 느낀다. 종이책이 사라지는 세상이다. 지난 세밑 직장 후배가 전화가 와서 출간된 수필집을 전자책으로 구매했다고 이야기한다. 문득 그 시절 도서관으로 가고 싶었다. 지병이 있으셨던 선생님은 젊은 나이에 하늘나라로 가셨다.

학교도 오래전 폐교되어 도서관도 책들도 흔적 없이 사라진 그 도서관에서 선생님의 목소리도 효녀 심청이도 만났으면 했다.

모든 것이 바뀌고 사라졌다. 시간이 데리고 가 버리는 것들은 허무고 상실이다. 하지만 그것들은 책 속에 남아 있다.

변화와 소멸의 묘지는 도서관 열쇠 앞에서 기꺼이 부활의 모습을 보인다. 돌아오지 않는 시간은 없다. 도서관은 마법 나라의 기억 저장고다.

아이들이 뛰놀던 운동장을 바라보며 책을 정리하고 도서함 열쇠를 교무실에 가져다 걸던 그 시간은 영원히 오지 않겠지만 아직도 마음속에는 작은 도서관이 살아 있다.

오늘도 책을 빌려 가는 아이는 없을 것이고 미닫이문을 살며시 밀고 들어오신 선생님은 엷고 쓸쓸한 미소를 띠며

"오늘은 고마 일찍 문 닫자. 달밤에 혼자 가모 무섭다 아이가."

하고 말씀하실 것 같다. 그래도 학교라면 어디든 도서관은 살아 있어야 한다. 미래를 향한 문 중에 도서관만 한 문은 없다.

풍요의 세상이 되면서 마을마다 도시마다 도서관이 만들어진다. 과거의 역사와 미래의 희망은 그곳에 있다.

41. 벽장 안 책들

 겨울은 해 짧고 밤 길었다. 오후 3시면 천방지 높은 산마루에 해가 걸렸고 어스름이 슬금슬금 마을을 감싸안았다. 닭이 홰에 오르기 무섭게 뒤란으로 골바람이 내려왔다.
 거친 한지로 문종이를 바꾸어 붙이고 두껍게 문풍지를 발랐지만 뒤바람과 왜바람이 뒤섞인 겨울바람은 황소바람이 되어 밤마다 문풍지를 흔들며 울었다.
 사랑채 큰방에서 책을 읽어 주시던 아버지의 이야기의 서두는 밤마다 한결같았다.
 "이바구 너무 좋아하모 빌어 묵는다. 요새도 잔칫집마다 들라닥거림서 (들락날락하면서) 이바구해 주고 밥 얻어 묵고 사는 사람 있다. 그런 사람들은 다 걸배이(거지)다."
 아버지가 등잔 심지를 밀어 올리고 끝을 긁을 때마다 잠시 잠깐 방 안이 환해지면서 문종이 너머로 보이던 나뭇가지가 사라졌다.
 신작로를 지나는 차가 내뿜던 냄새와 같은 석유 냄새에 밭은 잔기침을 해 댔다. 아버지의 눈길은 따뜻하면서도 걱정이 가득했다.
 돋보기 없이 책을 읽던 아버지는 자주 눈을 찡그리셨다. 이불 속에 발을 집어넣고 이야기를 듣고 있는 아이가 잠이 들었는지 가끔 눈길을 보냈다.

 《숙영낭자전》은 어려웠고 《박씨전》은 무서웠다. 이윽고 아이는 잠이 들었고 아버지의 이야기책 읽는 것도 끝이 나면서 등잔불이 꺼졌다.
 기다렸다는 듯 달빛이 방 안으로 밀려들었고 앞산 멀리서 노루 우는 소리가 아득히 들렸다. 아이는 겨울밤마다 이야기가 고팠고 책을 읽지 못해 아쉬웠다. 아버지가 책을 읽어 주시던 날들은 짧았다.

　동네 사람들은 할 일 많고 아는 것 많은 양반은 저승에서도 할 일이 많아 일찍 데려갔다고 수군댔다. 아래채 큰방 주인은 머슴으로 바뀌었다.

　아버지가 보시던 책은 작은방 벽장으로 옮겨졌다. 그곳에는 대학생이던 큰형의 책과 간혹 누나들이 읽다가 던져 둔 청춘소설, 애정소설이 함께 자리를 잡았다.

　책을 읽을 수 있게 된 아이는 보물 창고를 뒤적이듯 벽장 안의 읽을 만한 책들을 샅샅이 읽었다. 책들이 손을 들지 않아도 아이는 읽을 책을 잘도 골랐다.

　벽장 속에 더 이상 읽을 책이 없어지면서 친구 집 책을 찾았다. 《어깨동무》며 《소년중앙》에 《새농민》 등의 월간지와 무협소설에 만화책 몇 권이 있는 집이 대부분이었다.

　누나들이 숨기듯 읽는 순정소설과 청춘소설에 빠져들었고 손바닥에서 장풍이 만들어질 것을 기대하며 무협지를 탐독했다. 마을에 돌아다니는 책을 거의 다 읽었지만 책을 읽고 싶은 욕망은 채워지지 않았다.

　초등학교 5학년 때 담임 선생님의 배려로 학교 도서관을 관리할 수 있는 도서반장이 되어 보관되어 있는 장서 700여 권을 다 읽은 다음에야 책에 대한 허기가 조금 줄어들었다.

　지금도 책에 대한 욕심은 변함이 없다. 여러 번 이사를 했지만 어떻게든 책만은 한 권도 버리지 않고 끌고 다녔다. 간혹 쓰레기장에 버려진 책도 읽을 만하다는 생각이 들면 주위의 시선은 아랑곳 않고 집어 든다.

　지금 사는 이곳은 책과의 전쟁 중이다. 협소한 집안 곳곳을 책이 자리를 잡고 있지만 버릴 생각은 전혀 없다. 긴 세월을 함께한 책들은 인생 여정의 동반자이자 삶 자체이기 때문이다.

  어제는 몇 권의 책을 추려서 친구에게 보냈다. 시력도 저하되고 책 읽는 것도 힘든 나이가 되었으니 책을 읽기나 할지 의구심이 들지 않는 것이 아니다.
  같은 시대를 살아오면서 언제나 책에 목말라하던 벗의 모습을 보았기에 내가 쓴 글이라도 보았으면 하는 바람으로 보낸 것이다.
  서점에서 구매할 수 있는 책도 있지만 대부분 시 단위의 문인협회에서 매년 발간하는 비매품 문학지이다. 초대 작가가 되거나 원고를 보내 채택되지 않으면 쉽게 구할 수 있는 책이 아니다.
  지역에서 활동하는 문인이나 알 만한 지인을 통해 어렵게라도 구할 만한 가치가 있는지 모르겠지만 일반 독자에게 접근할 기회가 없다.
  어찌 보면 학창 시절 만들던 학예지, 그들만의 세상에서 다루어지는 그들만의 이야기가 되어 버리는 것 같아 다소 아쉽다.

  온 세상이 하루 종일 정보로 넘쳐 난다. 종이책으로 만들어지는 것은 수십 권에 불과하겠지만 온라인상에서 태어나고 사라지는 글들은 그 수를 헤아리기도 어려울 것이다.
  대중교통을 이용해 보면 지식과 정보가 어떻게 유통되는지 명확해진다. 예전에는 지하철 안에서 종이 신문을 보거나 책을 들고 읽는 이들을 많이 볼 수 있었다.
  일간 신문이나 주간지를 들고 다니며 파는 신문팔이들도 많았다. 붐비는 월요일 출근 시간에도 잠시 틈을 내어 꿋꿋하게 신문을 펼치고 앉은 이들도 있었고 옆 사람에게 방해되지 않도록 몇 번을 접은 기사를 알뜰히도 챙겨 보는 사람도 많았다.

스마트폰이 세상을 바꾸자 맨 먼저 사라진 것이 지하철에서 책이나 신문을 보는 이들이 없어진 것이다.

직장인들의 출근 시간이 지나고 지하철 안이 다소 한가해지면 아직도 종이책이나 신문을 보는 이들이 있긴 하다.

지하철을 타고 가면서 종이책을 읽고 있는 이를 보면 어색함을 넘어 신기하기조차 하다. 주위의 시선을 아랑곳하지 않고 독서 삼매경에 빠져 있는 것이 참 좋아 보인다.

쉴 사이 없이 눈을 굴리고 손을 움직이며 스마트폰을 들여다보는 것보다 한결 여유 있고 한가해 보여 옆자리에서 같이 가는 사람마저 훈훈할 정도다.

우리는 책이 귀하던 시절을 살았다. 마을 사람들 스스로 인근 열두 고을 중 식자층이 가장 두껍고 공무원이 된 사람도 최고 많이 배출했으며 대학물을 먹은 사람이 제일 많은 동네라 자랑했으나 정작 어려운 시골 살림이라 그랬겠지만 어떤 집도 서재가 있거나 서가를 제대로 갖춘 집을 보지 못했다.

어려서 서당깨나 다녔다는 집이라고 해도 《명심보감》이나 《토정비결》에 두꺼운 족보 몇 권이 사랑방 벽장에 진열되어 있는 것이 고작이었다.

아들이 대학이라도 나오고 공무원이라도 하는 집에는 정기 간행물 잡지도 보이고 사상이나 철학 관련 전문 서적이 있기도 했지만 그런 집은 손에 꼽을 정도로 적었다.

대부분의 집들은 학생들이 공부한 교과서나 참고서 몇 권이 작은방 윗목에 놓여 있었고 기껏해야 만화책이나 소설 몇 권이 돌아다니는 것이 고작이었다.

게다가 읽은 책은 진열용으로 보관하기보다는 눅눅한 장마철 불쏘시개나 딱지를 만드는 데 더 많이 쓰였고 아이스케키나 엿을 바꾸어 먹는 데도 소용되었다.

어릴 적 집에는 책이 꽤 있었다. 바깥채 작은 사랑방 벽장은 보물 창고였다. 《소학언해》며 《토정비결》에 《만세력》도 여러 권 있었다.

《전우치전》이나 《숙영낭자전》 같은 소설류 읽기를 좋아하셨던 아버님이나 일찍이 문학에 관심이 많았던 큰형 덕분인지 당시 유명한 잡지였던 《사상계》나 《현대문학》 같은 잡지도 벽장에 꽂혀 있었다.

특별히 선대로부터 물려받을 재산이 많을 정도로 들이 넓고 산물이 풍부한 마을이 아니었지만 고향집은 서까래가 제법 튼실한 기와집이었다.

명색이나마 종갓집이었던 곳이 탐관오리의 학정과 일제의 침탈을 견디지 못하고 가지고 있던 재산을 처분한 후 북간도로 야반도주했다.

굽은 나무가 선산 지킨다고 남아 있던 조상 묘 몇 기를 관리하게 되면서 뜻하지 않게 종가의 도리만 물려받게 되어 그런지 유자(儒者) 집안에서 갖추고 있던 《논어》, 《맹자》와 같은 고담준론의 책은 없었다.

그나마 마당 넓은 집만큼이나 다양한 책들이 있어 감성을 기르고 문학을 접했다. 굳이 중국의 시성 두보의 시에 나오는 구절 "남아수독오거서(男兒須讀五車書)"를 들먹이지 않더라도 다독은 삶에 좋은 영향을 끼침은 분명하다.

모르는 사람은 몰라도 아는 사람은 다 안다. 돈을 좇으면 사람이 천박

해진다. 반면 나이가 들어 갈수록 사람이 책을 좇으면 향기로워지고 고귀해진다.

굳이 심오한 철학서나 유명한 전문 서적을 읽을 필요는 없다. 살아온 삶을 반추하고 앞으로 남은 시간을 의미 있게 보내는 데 도움이 되는 책이면 종류에 상관없이 괜찮다.

더불어 감성을 자극하고 마음이 따뜻해지는 글이라면 금상첨화다. 긴 겨울밤 오늘도 한 권의 책을 머리맡에 두고 편안한 꿈 꾸기를 기대한다.

오늘 밤도 어릴 적 보물 창고 아래채 벽장 속으로 여행을 떠나련다.

42. 헛간

태어나기 전 생명의 끈이 되었던 탯줄이 귀한 대접을 받으며 명당 중의 명당을 찾아 소중하게 보관 관리되었다는 것은 어른이 되고도 한참 뒤에야 알았다.

태봉이나 태산이 왕족들의 탯줄 보관 장소가 있었던 곳이라는 곳도 마찬가지다.

어릴 적 어느 날이었다. 무료하고 궁금하던 겨울 오후, 혹 엿과 바꾸어 먹을 만한 조선시대 엽전이나 백동전이라도 찾을까 싶어 안방의 농짝을 뒤지고 있을 때 한지로 켜켜이 싸고 색실로 정성껏 묶은 물건이 보였다.

조심스럽게 실을 풀고 종이를 펴니 그 안에 마치 잘 건조된 문어다리 같은 것이 모습을 드러냈다.

궁금증으로 가득 차 코를 가까이 대고 냄새를 맡아 보니 약간 쿰쿰하고 비릿한 느낌이 들면서 가뭄 심한 이른 봄 헛간 냄새 같은 기분이 들었다.

다짜고짜 그 물건을 집어 들고 가운데 방에서 베를 짜고 계신 어머니께 여쭈었다.

"어무이, 이기 뭐이고? 오징어 다리 냄새 같기도 하고 헛간 냄새 같기도 하고."

"이리 가져와 봐라. 헛간 냄새는 무신 말라서 아무 냄새도 없거마는. 야, 이누마야, 니가 뱃속에서 밥 얻어먹던 탯줄인가 봬, 탯줄. 너 아부지가 좋은 날 받아서 수좌골에 묻는다 쿠는 기 고마 잊어 묵고 그대로 농짝 빼닫이에 그대로 들어 있었는갑다."

"어무이, 이 줄로 밥을 얻어 묵었다고? 무섭다. 헛간에 가져다 내삐자(버리자). 헛간에 내삐모 옆집 강아지든 고양이든 물고 갈 거 아이가."

"도로 가져다 빼닫이에 넣어 놔라. 해 따시지모 니라도 너거 아부지 산소 옆에 구덩이 파고 묻어라. 그 물건이 헛간에 버릴 물건이 아이다. 헛간에는 측신—화장실 귀신, 통시귀신이라고 했으며 어린 마음에 제일 무서운 귀신이었다—도 못 된 부출각시가 사는데 그 부출각시가 제일 좋아하는 물건이 탯줄이라 쿠더라. 측신이 탯줄을 먹으면 백여시로 변해서 집안에 온갖 사달을 일으킨다."

헛간이라고 해서 아무 물건이나 버려서는 안 된다는 것을 그때 알았다. 이후 헛간은 가끔은 무서웠고 때로는 신성하게 느껴졌다.

거름 위를 쥐며느리가 기어다니고 빗물을 피해 지렁이가 이사를 가는 생명의 장소였다. 장마철이 되면 길 잃은 두꺼비도 헛간에서 상주하다시피 하며 파리를 잡았다.

가끔 까닭 없이 시골집이 그리워지는 것은 기실 그 속내가 헛간을 보고 싶고 느끼고 싶은 마음이라는 생각을 할 때가 많다.

헛간의 냄새는 독특하다. 외양간 소가 밟아 낸 왕겨와 볏짚, 마른 감나무 잎뿐만 아니라 산에서 긁어다 깔아 준 밤나무 마른 낙엽까지 어우러져 만들어 내는 퀴퀴하면서도 축축한 거름 냄새는 헛간만이 만들 수 있다.

집으로 찾아든 데면데면한 이웃이든 보리밥 한 그릇을 얻고자 하는 걸립패든 벽을 보고 돌아서서 급한 볼 일을 보아도 허물이 되지 않던 곳이 헛간이다.

그곳에는 많은 것이 살았다. 오일장에서 사 온 병아리가 대나무 광주리를 뒤집어엎어 쓰고 헛간에서 살았다. 옆집에서 얻어 온 친칠라 새끼 토끼집, 판재에 얼기설기 철사로 엮은 임시 우리도 헛간에 자리를 잡았었다.

일찍 젖을 뗀 염소 새끼도 장에 팔려 가기 전 그곳에서 살았고 작달비라도 심하게 내리는 날이면 쥐 사냥이 서툴러 쫓겨난 뒷집 고양이가 거적때기를 뒤집어쓰고 절치부심 쥐를 노리고 비 개기를 기다리던 곳도 헛간이다.

축축한 장맛비에 눅눅한 초가지붕이 무겁게 내려앉아 보이는 날 어스름이 스멀스멀 돌담을 막아서면 어김없이 앞산 대밭 위로 인불이 날아올랐다.

그런 날은 마당을 쓸다가 헛간에 세워 둔 몽당 대빗자루가 도깨비나 허깨비로 변할까 봐 자주 눈길이 그곳으로 갔다.

조상을 모시는 제사는 제관이 모셨지만 성주신이나 조왕신을 모시는 고사는 집안의 안주인이 주관하는데 부엌이나 광은 성주신이나 조왕신이 들르는 곳이라 촛불 공양에 동지 팥죽도 얻어먹지만 헛간 뒷담에는 너불단지(花蛇)가 똬리를 틀고 길 잘못 든 두꺼비가 요강 단지에 막혀 눈만 껌벅거렸다.

타작마당에 느닷없는 비라도 몰려오면 헛간은 이런저런 연장으로 아수라장이 되었다. 나락단이며 깻단에 측신이 거느리는 거름통까지 한꺼번에 헛간으로 몰려들기도 했다.

그곳에 터 잡고 사는 멍석에 절구며 삼태기는 겨우 잡은 자리라도 뺏길까 얼마나 가슴 졸이고 노심초사했을지 모를 일이다.

다행히 할머니는 섣달 그믐밤이 되면 혹 찾아들지 모를 걸승이나 역귀를 위해 작은 호롱불 하나를 매달아 두곤 하셨다.

농촌의 옛집에는 어느 집 할 것 없이 헛간이 있었다. 헛간은 살림을 하는 데 매우 긴요한 장소다. 방이나 광에 들여놓을 정도는 아니지만 일상적인 생활에 필요한 많은 것들이 헛간에 적치되고 관리되었다.
헛은 순수 우리말로 '의미 없는' 또는 '보람 없는'의 뜻을 지닌 접두사다. 헛간에서 간(間)은 건물의 칸 살 넓이를 잴 때 쓴다. 한 간은 보통 여섯 자 제곱의 넓이, 즉 큰 키의 어른이 가로세로로 누운 넓이다.
헛간은 가옥의 한 부분이나 집의 의미가 없는 헛칸살이다. 헛간은 안채나 바깥채처럼 크지는 않았으나 크기에 비해 쓰임새가 많았다. 항상 필요한 생활 도구도 헛간에 두었고 어쩌다 소용되는 농기구도 그곳에 방치되었다.
시골에서 맡을 수 있는 온갖 냄새, 볼 수 있는 온갖 물건이 사는 곳이 헛간이다. 헛간이 너무 깔끔하면 들어오던 복도 도로 나간다고 했다. 맞춤한 곳이 없다 보면 집안에 큰 잔치가 있을 때 과방으로 이용되기도 하고 덩치 있는 음식물도 그곳에 보관하였다.

헛간에 있는 물건이라고 해서 허접하기만 한 것들이 아니었지만 농기구를 빌리러 갔다가 주인이 없어 그곳에 버려지듯 자리 잡고 있는 호미나 괭이를 허락 없이 가져가 사용해도 미안함이 적었다.
헛간을 이용한 차용이나 거래는 이런저런 예의나 격식을 생략해도 흉 잡히지 않았고 약속된 날짜를 굳이 지키지 못해도 나무람이 덜했다.
헛구역질이 어머니를 통해서 보여 주는 아이의 생명 잉태 신호이듯 농기구를 빌리러 왔다가 헛간 근처에서 주인에게 보내는 헛기침은 일 바쁜 주인 양반에게 말없이 빌림의 미안함을 통기(通奇)하는 무언의 신호였다.
 옛날 시골에서 헛간이 내어주는 인심은 그 집안의 유덕함을 나타내는 징표이기도 했고 서로에게 필요한 것들을 아낌없이 나누는 귀한 배려이기도 했다.

 헛간은 일 년 농사에 필요한 거름을 만들고 적채하던 곳이기도 하다. 아궁이에서 나오는 재나 음식물 쓰레기 중 짐승이 먹을 수 없는 것들은 이곳에 모여 썩고 발효되어 농사에 긴요한 거름이 되었다.
 옛날 농가에는 헛간이 있다. 안채에서 조금 떨어지거나, 대문 가까운 곳에 있다. 한 면은 벽 없이 트인 허름하게 지어진 집이다. 한쪽에 변소가 달려 있기도 하고 각종 농기구, 거름, 재, 등을 보관하는 용도로 쓰인다.
 이곳은 주인도 드나들지만, 용무가 급한 이웃이 볼일을 봐도 무방하다. 필요한 물건이 있으면 주인의 허락 없이 빌려다 사용해도 된다.
 이곳은 이런저런 격식을 생략한 곳이다. 정갈한 집일수록 이웃 간 드나들기가 어려웠다. 넉넉한 인심을 채워 놓은 바깥채가 헛간이다.

 사람이 사라지면서 바뀐 풍경이 너무나 많다. 이제 시골집에는 헛간은 있으나 헛간을 채웠던 생명과 물건을 보기가 어렵다.
 새로운 생명을 잉태하기 위해 수정 매개 곤충이 잘 찾아들도록 작은 진짜 꽃 외에 수국은 큼지막하고 화려한 헛꽃을 피운다.
 사람이 사는 세상에서 진짜 웃음보다 헛웃음이 필요할 때가 많다. 영혼을 갈아 넣듯 만든 노력의 결과가 헛수고일 경우도 있다.
 이런 상황을 만나면 마음이 헛헛하다. 하지만 채워지지 않아 서운한 마음이 오히려 비움의 여유임을 이제는 안다.

가난함 속에서도 헛간이 주는 풍요와 배려를 이제야 깨닫는다. 정돈보다 어지러움이 편했던 헛간의 가치를 우리의 선인들은 일찍부터 알았음이 분명하다.

헛간이 없는 지금 도시의 삶은 너무 건조하고 팍팍하다.

43. 빈집 유감

　와룡동천 너머 멀리 깃대봉에 붉은 여명이 걸리고 마을 숲 우듬지에 까치 소리 시끄럽다.
　숲에서 흙강아지가 되어 노는 아이들의 외양에는 가난테미가 덕지덕지 앉았지만 얼굴 어디에도 궁핍의 기색은 없다. 옥죄는 가난은 아이들 얼굴보다는 어른들 수심에 더 쉽게 달라붙기 마련이다. 찬 바람 속에서 흙을 만지고 놀다 보니 손등은 두꺼비고 얼굴은 며칠 동안 물 구경도 못한 것처럼 꾀죄죄하다.

　닷새 만에 한 번씩 들르는 장차(場車)가 윗동네 산모롱이를 돌아 뿌연 흙먼지를 일으키며 굉음을 지르며 내닫는다. 가을 가뭄이 심하더니 동지가 지났는데도 비는커녕 눈 한 송이 날리지 않는다.
　어저께는 마을 숲 근처 쑤기미―쏨뱅이의 사투리, 사람들이 말만 건네면 톡톡 쏜다고 마을 사람들은 그를 쑤기미라 불렀다― 양반 잿간에서 난 불이 아래채로 옮겨붙었지만 냇바닥이 바싹 말라 버린 탓에 불을 끄기 위해 모여든 마을 사람들은 양철 물통을 들고 물 고인 둠벙을 찾아 동동걸음만 쳤다.
　옆집 우물을 길어 몇 바가지를 쏟았지만 언 발에 오줌 누기요 호미로 제방 막기였다.
　'저런, 저런, 허어, 허어, 쯧쯧.' 하면서 안타까워만 하다가 이웃집으로 불이 건너가는 것이라도 막아 보겠다고 돌담을 무너뜨리며 오롯이 불구경만 한 꼴이 되었다.

먹여야 할 입이 많으면 땅이 몸살을 앓는다. 논은 한 철 입도 건사하기 어려웠다. 논 한 마지기 밭 한 뙈기 없이 오로지 몸을 써야 하루 끼니가 만들어지는 집도 많았다.

한국 전쟁 때 오갈 데 마땅치 않아 정처 없이 흘러들어 남의 집 살이나 하면서 하루하루를 연명하는 집들이 대체로 그랬다.

집 곁에 조그만 공터가 있어도 너나없이 남새밭이며 온상에 닭장이나 돼지우리를 만들었다. 좁은 골목을 가운데로 두고 기와집에 양철집이며 초가집들이 정답게 엎드려 있었다.

석탄이니 연탄은 책에서나 보는 신기한 딴 나라 물건이었다. 어느 집이나 나무를 연료로 하여 난방을 하고 밥을 지었다.

아침저녁으로 굴뚝마다 파란 연기가 올라 정겹고 훈훈한 풍경을 만들어 내었으나 삶은 고단했다.

결혼과 동시에 솥단지와 수저만 들고 재금(분가)을 나간 아들들은 큰집 곁을 맴돌며 품을 팔고 들 일을 도와 호구지책을 마련했다.

윗대로부터 재산을 물려받은 큰집이라 해도 겨우 입에 풀칠이나 할 정도로 빈한한 살림살이가 대부분이었다. 그런 와중에도 아이들은 연이어 태어났고 한 집에 책 보따리가 몇 개씩 되었다. 비가 오면 우산 없이 비를 맞는 아이가 대부분이었다.

삼순구식(三旬九食)이 그냥 생긴 말이 아니었다. 마을에 길흉사가 생겨야 그나마 배꼽이 튀어나오도록 음식 허기를 재우는 이들도 적잖았다.

진짜 믿고서 그런 것인지 아니면 무식해서 그런 것인지 사실 여부는 알 수 없지만 부모들이 먹을 복은 가지고 태어난다는 말을 하고 다니는 집

일수록 아이들은 많았다.

'덮어 놓고 낳다 보면 거지꼴을 못 면한다.'라는 표어가 학교 담벼락은 물론 마을 동사 게시판마다 붙었지만 학년이 낮을수록 학생 수는 많았다.

도시에는 오전 오후 반으로 나누어 수업을 한다고 난리도 그런 난리가 없었다. 공부 잘하는 아이보다 일 잘하는 아이가 동네 어른들의 칭찬을 더 들었다.

마을에 빈집이라고는 오래전 당골이 살다가 떠난 집과 상여 장식물을 넣어 두기 위해 만들어진 집뿐이었다.

겨우 두세 사람이 들어가도 어깨가 부딪힐 정도로 좁은 토방도 문짝만 달면 집 없는 사람들이 달려들었다.

70여 호 남짓한 작은 마을임에도 한 달에만 몇 명의 아이가 태어났고 제대한 군인이건 떠돌이 장사치이건 마을에 주저앉다 보니 빈집 구하기가 하늘의 별 따기였다.

마을에서 가장 큰 집인 재실(齋室) 아래채에도 곁방살이가 살았고 이미 문을 닫은 방앗간에도 방을 넣어 도시에서 밀려온 사람이 셋방살이를 했다.

한국 전쟁의 와중에 북쪽에서 피난 온 사람들로 해서 한때 우리 마을도 사람들로 넘쳐 났다. 집은 부족했고 행랑살이에 곁방살이는 물론이고 헛간도 구들을 놓고 문짝을 달아 방 흉내를 낸 다음 밀려온 피난민들에게 세를 놓았다. 원래 있던 모양의 집에 방을 곁들이고 내어 달다 보니 전체 집이 어색하고 볼품없어졌다.

당연히 방을 빌려주면 푼돈이라도 생기니 가난한 살림에 보탬이 되었지만 오갈 데 없이 유리걸식하는 피난민이 애처로워 억지로 방을 빌려주는 이도 없지 않았다.

당시에도 사람이 사는 집보다 빈집이 무서웠다.
집이랄 것도 없지만 예전 당골네가 살았다던 집에는 매달 그믐밤 한밤중만 되면 이상한 울음소리가 들리고 비라도 추적추적 내리는 날 어스름에는 도깨비들이 모여서 잔치를 벌인다는 이야기가 떠돌았다.
이 마을 저 마을을 떠돌며 도회지 물건을 팔아먹이던 봇짐장수가 마을 빈방을 못 구해 당골네 빈집에 몸을 뉘었다가 느닷없이 나타난 도깨비에 혼이 빠져 봇짐도 남겨 두고 줄행랑을 쳤다는 이야기가 한참 동안 마을 이 집 저 집을 돌아다녔다.
어느새 그 집은 금줄이 쳐지고 마을 사람들은 물론 강아지마저 비껴 다녔다. 이후 그 집을 허물어야 한다고 동네 사람들 간에 의논이 돌았다.
하나 마을에서 힘깨나 쓴다는 막쇠라는 청년이 술김에 삽짝을 밀쳤다가 나둥그러지면서 허리를 다쳐 분주(糞酒)를 석 달 열흘 하고도 사흘을 더 마셨지만 끝내 차도가 없어 읍내 장대위 병원에 실려 간 뒤 그 집을 허물어 없애야 한다는 말은 마을에서 싹 사라졌다.
불당골 댁으로 불렸던 당골네가 야반도주를 하면서 사용하던 굿 물 몇 가지를 집 뒤란에 묻으면서 때가 되면 반드시 되돌아올 것이라고 비손을 밤새 했다는 이야기와 함께 비만 오면 국물이 땅을 뚫고 나와 마을에 동티 나기를 빌고 다닌다는 얼토당토않은 말이 말 만들기 좋아하는 아낙 몇 사람의 입을 빌려 뭉뭉히 떠다녔다.

시골에도 곁방살이를 하는 이가 있었고 월세를 주고도 방을 구하기가 힘들었던 시절은 아주 먼 옛날이야기가 되었다.

낭만적인 생각으로 시골살이를 해 본다고 찾아든 도시 사람도 적적하다 못해 마을 전체가 흉가 같은 분위기에 견디지 못하고 며칠 만에 보따리를 싼다.

지금은 한 집 건너 빈집이 아니라 숫제 마을 전체가 빈집이 되어 간다. 허물어져 형체를 유지하기 어려운 집들이 부지기수다.

바람이라도 심하게 부는 날이면 덜컹거리는 문짝과 삐걱대는 지붕으로 인해 귀기마저 서린 듯하다.

비단 빈집만이 문제가 아니다. 집이 허물어지고 공터가 생기면 텃밭으로 이용할 수도 있겠지만 텃밭이 있다고 해서 이용할 사람이 없다.

돌담은 무너지고 인적 끊어진 텃밭과 마당은 정글처럼 변하면서 마을 전체가 소멸되어 가는 중이다.

건드리면 동티 난다던 당골네는 집터마저 흔적도 없다. 한때 아이들의 울음소리가 끊이지 않고 아낙들의 웃음소리가 난장이던 집이 스산하고 을씨년스러운 흉물로 변했다.

세상살이가 어려워지면서 젊은이들이 결혼을 피하고 결혼을 하지 않으니 아이들이 생길 리가 없다.

농촌에 빈집이 생기는 것이 문제가 아니다. 인구 절벽에 나라가 어려워질 것이라는 말이 어제오늘에 나온 지 오래되었다.

지금 세계 여러 나라에서는 머잖아 소멸될 나라 중 하나를 한국으로 꼽고 있다. 지방 자치 단체마다 빈집 문제로 골머리를 앓고 있다.

낡고 빈 집을 재정비하여 임대를 한다거나 아예 집을 허물고 주차장으로 이용하는 등 여러 방안을 검토하고 있으나 제한적이고 근시안적으로 보인다.

어떤 지자체는 장기간 사용하지 않고 비워 둔 별장이나 빈집에 대해 별도의 세금을 부과하는 방안도 검토하고 있는 모양이지만 쉽게 해결될 문제가 아니다.

요즘 중장년은 직장이나 직업 탓에 어려서 살던 곳을 떠나 고달픈 도시 생활을 하면서 은퇴하면 고향으로 돌아가거나 귀촌하여 여유로운 전원생활을 하고자 하는 로망을 가진 이들이 많다.
빈집을 강제로 철거하고 '빈집세'를 물리는 것도 좋지만 지금 당장 해야 할 일은 도시의 유휴인력이 시골의 빈집으로 돌아오는 유인책을 내어 놓는 것이다.
도시의 생활비를 시골에서 사용하게 함으로써 도농이 공생하는 정책부터 수립하는 것이 우선이다. 벌금을 부과하는 것은 최후의 수단이어야 한다.

고향의 빈집 생각을 하면서 오늘도 사람들로 붐비던 그 시절로 돌아갈 꿈을 꾸어 본다.

44. 할머니의 마당질

　참으로 지겹고 무더웠던 여름도 고추잠자리 높이 날고 아침저녁으로 귀뚜라미 울음소리 들리니 그 세가 한 풀 꺾이나 보다.
　해마다 올여름이 가장 무더웠다며 너나없이 물러가는 여름 뒤에다 주먹질을 해 댄다. 여름만 되면 재미를 보는 아이스크림, 에어컨 장사는 물론이고 피서지 먹거리 숙박업소들도 내년이 더 더울 것이라고 은근 겁을 준다.
　화석 연료 사용이 줄어들지 않는 한 가공할 수준의 여름 날씨는 계속될 것이고 해가 갈수록 더위 장사꾼들의 무더위팔이도 점점 심해질 것은 불문가지다.
　그래도 삼라만상의 움직임과 계절의 변화는 한 치의 오차도 없이 순행한다.

　사람이 더위에 지나치게 공포심을 갖는 것은 문명 이기를 이용한 인위적 온도 조절로 인한 적응력의 감소에도 그 원인이 적지 않다.
　며칠 동안 개부심[3]이 오락가락하더니 어저께는 해거름 여우비로 넓은 들판에 쌍무지개가 떴다.
　이때쯤이면 시골집 텃밭과 마당가에 자리 잡은 감나무에 달린 감들도 성큼성큼 잦아드는 햇덧을 원망하며 살을 올리느라 여념이 없을 터다. 예전에 틈만 나면 떨어진 잎을 쓸어 모아다 마치 거름이듯 이불이듯 뿌리를 덮어 주던 그 집살이들은 소식조차 묘연함에도.

---
[3] 장마로 큰물이 진 뒤 한동안 쉬었다가 다시 퍼붓는 비가 명개를 부시어 냄. 또는 그 비.

그때는 그랬다. 마당이 넓은 집보다 비록 좁지만 비구니 스님이 계신 산사 대웅전 앞 탑돌이 하는 뜨락만큼 정갈한 마당이 있는 집이 늘 부러웠다.

봄부터 가을까지 마당을 점령하고 있는 것은 나뭇단에 짚 무더기며 외양간에서 쳐낸 거름 등속으로 빠끔할 틈이 없었다.

특히 가을걷이가 시작되면 수시로 덕석이 깔리고 콩이며 팥 타작에 깻단이 줄을 맞추어 서서 볕내를 맡았다.

일 바쁜 가을철에 때아니게 작달비라도 쏟아지면 어른 아이 할 것 없이 모든 식구가 달려 나와 마당에 널어놓은 가을 곡식들을 추녀 밑으로 끌어 들이느라 발이 공중에 떴다.

쇠비름이며 강아지풀에 바랭이가 무성하던 감나무 둥치 옆 돌담 곁에는 개구리나 두꺼비가 파리 사냥에 적지 아니 바빴다.

마당 좁은 집은 느닷없는 가을비에도 걱정이 없어 보였다.

깃대봉에서 검은 구름이 몰려오고 는개[4]라도 내리는 눈치가 보이면 '누구야, 머시기야' 하면서 아이들 이름을 불러 대는 대밭골 아지매네는 마당이 참 좁았다.

치울 것도 갈무리할 것도 별로 많지 않은 그 집 나이 든 형들은 가을비가 오건 말건 틈만 나면 우리 집 사랑채 말청(마루)에 와서 장기를 두거나 우리가 두고 있는 장기판에 훈수를 했다.

대밭골 아지매가 거의 악다구니에 가깝게 불러 젖혀도 들은 척 않고 고개 숙인 채 소리가 들릴 정도로 눈망울만 돌렸다.

낮은 돌담 탓에 마루에 앉아 장기를 두고 있는 아들들이 보일 법했건만

---

4) 안개보다 조금 굵고 이슬비보다 조금 더 가는 비.

더 이상 우리 집으로 달려오는 일은 없었다.

　아지매 집 마당은 시골 같지 않게 사시사철 깔끔했다. 할머니의 표현대로 민경알—안경알, 유리같이 반들반들하게 치워 놓았다는 의미—같이 마당이며 장독대 치워 놓은 옆집을 넘겨다보며
　"할매, 대밭골 아지매 집은 마당이 좁아서 비가 와도 치울 게 없어서 좋것다, 그쟈."
　하면서 철없는 소리를 해 대면 할머니는
　"농사꾼 집 마당은 이런저런 먹을 것들이 적당히 놓여 있어야 복이 들어오는 뱁이다."
　라며 깔축없이 마당만 번지르르하게 쓸고 있는 옆집 아지매 집에는 눈길도 주지 않은 채 혀를 쯧쯧 차곤 하셨다.

　세 칸 초가집 안채에 허름하고 자그마한 헛간으로 맵시 있게 규모를 갖춘 옆집 아지매는 마당 치우는 것에 진심이었다.
　나지막한 돌담으로 이웃한 아지매는 가을이 접어들면서 우리 집 텃밭에 자리 잡은 당주지감나무5)에서 시나브로 떨어지는 낙엽이 성가시다 보니 정지간(부엌) 앞 장독대를 들락거릴 때마다
　"와 이리 감나무 잎이 무시로 떨어져 쌌노? 그노무 감잎 땜에 정신이 다 송시럽다(시끄럽다)."
　라며 투덜대기도 했는데 그렇게 귀 밝지 않은 할머니가 언젠가 대밭골 아지매 구시렁대는 소리를 들었음이 분명했다.

---

5) 떫은 감의 일종. 홍시가 되기 전까지는 무르고 싱거워 맛이 없으나 서리가 온 뒤 홍시가 되면 살이 토실하고 부드러워 맛이 매우 좋음.

할머니는 가을이 되면 콩이며 팥 등속의 마당질이 마당이 마땅히 가져야 할 직분으로 여기셨다. 마당은 놀이터도 별을 보는 곳도 아니었다. 마당은 치우는 곳이 아니라 곳간을 채우기 위해 무엇이든 털고 널고 만드는 곳이었다.

마당 치우는 것이 마치 살림 잘하는 것으로 생각하는 것을 지청구하는 것인지, 아님 늘상 골 하나를 다 일성(一姓)으로 다 채워야 한다며 비손하던 자식 욕심 탓에 마당 치울 시간 없던 당신의 마음을 내보인 것인지는 이제 알 길이 없다.

하늬바람이 불어오고 푸르던 감나무 잎들이 붉은 단풍으로 변하기 시작하면 하늘은 점점 푸르고 높아지며 넓어진다.

겨울로 접어들어 댑바람[6]이 세차게 불어 마음껏 감나무를 흔들어 대면 훌훌히 잎들을 떨군 나무들로 하여 하늘은 제대로 모습을 드러냈다.

대문 곁에서부터 텃밭과 바깥마당 뒤란을 돌아 우물가에 자리를 잡고 있던 감나무는 종류도 여러 가지이고 수령(樹齡)도 다양했다. 감나무는 목재로 쓸 수 없는 무른 나무다. 감을 딴다고 약한 가지에 어른 몸무게로 올라서면 부러지기 십상이다.

요즘 과수원 감나무야 묘목일 때부터 틀을 잡고 가지치기를 하여 수확과 관리가 용이하도록 적당한 크기로 기르고 관리한다.

옛날 감나무는 터 잡은 곳에 맞추어 살았다. 텃밭 공터나 마당가에 넉넉히 자리 잡은 감나무는 차지한 공간만큼 멋대로 자랐다.

감나무가 클수록 단풍은 먼저 들고 일찍 떨어졌다. 이웃 없는 나무는 햇볕이 풍부해 빨리 자라나 바람을 많이 타 부러지기가 쉽다.

---

6) 북쪽에서 불어오는 큰바람.

봄과 함께 햇발이 집안 가득하면 연초록으로 움트는 감나무 어린잎들은 서로 다투듯 하늘을 향해 펼치다 한여름이 되면 무성한 감잎은 바깥마당은 말할 것도 없이 장독간에서 뒤란까지 온 집안을 덮었다.

태풍이 세차게 불어 가지가 꺾이고 잎들이 떨어지면 되는대로 모아다 염소 먹이로 주었다. 늦가을이 되어 떨어진 잎이 두껍고 큰 감나무 낙엽은 마르면 가랑가랑 소리를 내며 바람을 따라 몰려다녔다. 촉촉이 내린 가을비로 흙이 묻거나 마당가에 박힌 낙엽은 싸리나 댑싸리로 만든 빗자루로는 쓸리지 않았다. 사람 발에 밟힌 감나무 낙엽을 치우는 데는 뭐니 뭐니 해도 길쓸별[7]같이 생긴 대빗자루가 최고다.

대밭골 아지매는 좁은 마당가 울 밑에 댑싸리 심어 싸리비를 만들어 마당을 쓸곤 했다.

댑싸리비는 모양도 참하고 자그마해서 타작마당에 버려진 까끄라기들을 쓰는 데는 안성맞춤이었다. 우리는 왜 싸리비를 만들지 않으냐며 부러운 눈길이라도 보내면 할머니는

"싸리비는 아궁이 재 담을 때나 쓰는 여자들 물건이지 마당 쓰는 손아자슥(사내자식)들이 탐낼 끼 아이다. 손아는 우짜든지 큰 대비로 흙바닥에 주름이 잽히도록 쓱쓱 쓸어야 하는 뱁이다. 빗자루질을 하더라도 남자가 함부로 허리를 숙이면 되는가?"

하시면서 비록 어린아이지만 당신이 생각할 때 쓸데없는 부러움에 마음 두는 것을 마뜩지 않아 하셨다.

얼마잖아 고향집 감나무들은 그 푸른 자태를 벗어 놓고 지리산으로부

---

7) 혜성을 일컫는 순 우리말. 살별이라고도 한다.

터 불어오는 소슬바람과 나목으로 마주할 것이다.

낙엽이 되어 떨어진 감잎들은 겨울 초입에서 불어오는 왜바람[8]에 산비둘기 울음소리를 내며 이리저리 몰려다닐 운명이다.

여름이면 사람 키보다도 더 자라는 잡초가 도저히 감당이 되지 않자 형님은 고향집 마당을 올해 시멘트로 포장을 했다.

싸리비도 대빗자루도 전부 사라지고 파란색 플라스틱 빗자루 하나가 헛간 벽체에 쓸쓸히 서 있다.

마당이 정갈했던 아지매 집에도 외지인이 거주한 지 오래다. 떨어진 감이 홍시가 되고 식초가 괴어도 주울 사람도 치울 아이도 더 이상 없다. 감나무 낙엽은 뒤란으로 마당가 돌담 옆으로 몰려다니다가 비에 젖고 바람에 찢겨 다시 흙으로 돌아갈 것이다.

이제 고향 마을에는 학교 화단에서 댑싸리 모종을 훔쳐다 대문 옆 공터에 알뜰살뜰 심고 키울 아이가 더 이상 자라지 않는다.

감나무 낙엽을 치우는 데는 싸리비보다 대빗자루가 좋다는 것을 아는 어른이 있기나 할까.

살별같이 두툼했던 대빗자루가 유난히 생각나는 초가을 어스름이다.

할머니께서 고을 하나를 차지하고 살기를 바랐던 후손들은 댑싸리 빗자루조차 소용없는 도시 이곳저곳에 흩어져 그 옛날을 추억하며 그저 그렇게 살아간다.

---

8) 방향이 없이 이리저리 함부로 부는 바람.

45. 남녘 바닷가에서 만난 삶들

바닷가로 가고 싶다. 죽음을 미끼로 삶을 건지는 바다를 보고 싶다.

먼나무가 가로수로 심어져 겨울 끝자락까지 붉은 열매를 알알이 달고 있는 창선도 바다로 간다. 그 섬에는 어릴 적 벗이 살고 있다.

사람은 갑자기 길을 떠나고 싶은 때가 있다. 충무공이 위로받은 대벽리 왕후박나무가 아니라도 집 앞 돌 틈에 춘란이 군데군데 심어져 황혼의 고갯길을 멋지게 꾸미고 사는 친구를 만나러 창선으로 간다.

한성부윤도 아니고 평양부윤도 아니지만 모든 사람들이 부자로 살아 부윤이라는 마을로 친구 찾아 남해 간다.

아니지, 아니야. 그곳에 살기만 해도 산과 들, 바다가 한없이 베풀어 모두가 부윤이 되는 곳에서 어렵게 뿌리를 내린 채 고사리와 시금치와 파래, 개발을 건지며 부윤이 된 친구를 찾아간다.

가는 길은 이제 막 겨울의 때를 벗고 있다. 푸른 물결이 일렁이는 다리를 건넌다. 곤돌라는 연신 산과 바다를 가로질러 사람을 실어 나른다. 서툰 길임에도 바쁜 길이다.

그곳 바다는 지금 봄을 건지고 있다. 섬들이 점점이 떠 있고 바다와 땅이 만나는 방파제 군데군데 배들이 졸고 있다.

고기가 잡히지 않는 계절인지 멸치 떼가 은빛 창날을 아직 드러내지 않는 시간인지 알 수는 없다.

봄볕은 나른하게 또는 시나브로 윤슬을 만들며 때로는 먼 신작로를 흔들리게 하는 아지랑이처럼 바다 위를 흐느적거리며 비틀댄다.

봄볕은 고흐의 초점 없는 《밤의 카페 테라스》 그림처럼 바다 위에서 흔들린다. 바람이 아니라 물이 봄을 쓸고 있음이다.

안주인은 벼락 맞은 소나무를 이야기한다. 어떤 이가 가지를 잘라 갔다고 한다. 무당도 아니면서 무당인 척 벼락 맞은 나무는 액운을 막고 귀신을 쫓기 때문에 지팡이로 쓰거나 대문에 걸어 두면 잡귀가 범접을 않는다고 말한다. 그저 웃는다.

속으로 벼락 맞을 놈이나 년이 어릴 적 고향에 많았는데 그 아이들 옷이라도 뒤집어쓰고 다니면 세상 고생이라도 사라지려나 하는 어쭙잖은 생각을 잠시 한다.

벼락 맞은 연놈은 대체로 놀기를 좋아하거나 해 질 녘까지 집으로 잘 들어오지 않았다. 힐끔힐끔 벼락 맞은 소나무를 보며 돌 틈에 어느새 희고 푸른 꽃을 총총히 단 봄까치꽃을 찍는다.

봄 냄새인지 흙냄새인지 모르는 풋풋한 향기가 땅에서 올라오는 듯하다.

긴 새끼줄에 묶인 항아리들은 나른히 봄볕을 쪼이고 있다. 할 일이 끝난 것인지 할 일을 기다리는 것인지 알 수는 없다. 깨진 항아리는 모래 조각이 될 때까지 그곳에서 아무 일 없이 소멸을 기다릴 것이다.

생명이 끝난 모든 것은 버려지고 사라진다. 처음부터 생명은 아니었지만 생명을 죽음으로 끌어당기던 그 유혹의 동굴은 더 이상 바닷속으로 들지 않는다. 어쩌면 기다리던 평화인지 모르겠다.

굵지 않은 노끈에 줄줄이 달린 소라 껍데기도 무더기로 절벽 아래서 쉬고 있다. 껍데기는 동굴이다. 무수한 생명이 삶을 위해 기어들었으나 결국 뭍으로 끌어올려져 죽음을 만들던 마법의 도구다.
 바닷물을 뿜어내고 모래바닥을 기어다니던 알맹이, 그 알맹이가 사라지면 껍데기는 다른 생명을 앗는 도구가 되는 것은 분명 아이러니다.

 봄볕이 나른한 바다를 보며 천천히 걷는다. 그녀는 말한다. 무심한 듯 때로는 신기하다는 듯.
 하룻밤에 거의 백만 원에 가까운 펜션이 몇 군데 있단다. 그 펜션에는 풀장이 있고 아이들이 좋아하는 모양이다.
 바다 가까운 곳에서 바다를 바라보며 민물 속을 떠다니면 재미있을까. 그건 알 수 없는 일이다. 재미를 느끼는 것은 지극히 주관적이고 개인적인 것이니까.
 유심히 바다를 들여다본다. 아는 것은 파래와 모자반밖에 없는데 거뭇거뭇 군락을 이루고 물결에 따라 흔들리는 것이 모자반이냐 묻는다. 모자반은 아니고 다른 이름이 있는데, 있는데 하면서 혀를 끌끌 찬다.
 나이가 그런 나이란 것은 때로는 한탄이고 때로는 축복이다. 잊으면 한탄이고 잊히면 축복이다. 바닷가를 걸을 때는 그렇다.

 채 몇 걸음도 떨어지지 않은 곳에 우물이 있다. 우물곁에는 배 가녘에 고무바퀴를 매달 때 사용하던 밧줄에 묶인 양철 두레박이 팽개쳐지듯 놓여 있다.
 윗부분이 바다로 향하는지 뭍으로 향하는지 알 길은 없다. 우물 쪽이 아님은 분명하다. 사실 그것이 중요한 것은 아니다.
 의문은 자유이나 답을 찾는 일은 마음을 심란하게 하는 일이다. 이 바닷가에 와서는 의문도 답도 필요 없이 머물다 가는 것이 좋다.

우물은 나무로 된 뚜껑이 닫혀 있다. 뚜껑을 밀어 본다. 어른 두 길 깊이는 더 되어 보이는 우물 바닥엔 물이 고여 있다.

마을 사람들이 갯일을 마치고 우물물을 길어 사용하는 모양이다. 간기가 있는지 없는지 궁금할 일도 없는데 괜히 우물물 맛이 짤 것 같다는 걱정을 해 본다.

바닷물이 더 차올랐다. 몇 물인지 말하는 사람도 묻는 사람도 없다. 바닷가에 살아도 바닷가 사람이 아닌 사람과 바닷가에 살아 보지 않은 사람이 바다를 보면 다 거기가 거기다. 사람이 바뀌긴 쉽지 않다. 점심 식탁에 나온 그 파래가 바다에 일렁이고 있는 그 파래라고 한다.

높다란 소나무들 아래 한가한 밭에서 캔 시금치가 점심때 먹은 그 시금치라고 이야기한다. 어릴 적 지악스러울 정도로 추수 끝난 논에서 벼 이삭을 줍던 고향 마을의 어린아이가 생각난다.

버림이 나눔임을 알고 난 이후 삶은 더 곤궁했다. 버릴 수 없는 삶은 결코 마음 편안한 나날이 아니다.

굵은 자연석이 심은 듯 싸인 듯 솟아 있다. 언젠가 올렸던 사진 속 식물과 꽃이 이곳에 있었던 것이냐 묻고 싶었지만 입을 다물었다. 시간을 되짚어 묻고 답하는 것은 이제 쉬운 나이가 아니다.

차라리 커다란 바위틈에 심어진 파란 풀들이 춘란이냐고 묻는 것이 한결 편하다. 잎이 도톰한 풀들이 다육이냐고 묻는 것이 답하기에 훨씬 쉽다.

햇볕 내닫는 바다가 그렇듯 봄볕 따스한 집 곁 텃밭에 심어 둔 상추며 시금치며 마늘 등속에는 푸름이 한가득이다.

배춧속에는 벌써 노랑나비 애벌레가 연신 몸집을 키운다. 활짝 잎사귀를 펼친 봄동은 한껏 햇살을 탐한다. 마늘의 누런 잎사귀 끝도 겨우내 휘몰아치던 차가운 해풍을 몰아낸 기쁨으로 푸른색이 완연하다.

봄이 빨리 오는 집은 빨리 와야 할 이유가 있는지 모른다. 돌봄과 관심이 계절을 바꾸는 것이니까.

나누어 줄 것이 많은 사람은 복을 지을 수 있는 사람이다. 뱃구레도 별로 크지 않은 사람이 잔뜩 차린 음식을 배가 터지게 먹고 갚아야 할 은공을 만드는 사람은 어리석다.

차려진 음식을 다 못 먹을 때를 생각하여 맞춤한 포장 용기를 준비하지 못한 사람은 반편이다. 지은 덕보다 받은 은전이 많으면 생을 바꾸어 다시 태어나도 거지꼴을 못 면한다는 진리를 어찌 아직도 깨닫지 못했을까. 오호 애재요 통재다.

지난번 입주 축하차 방문했을 때 의아했었다. 왜 굳이 통나무 같은 탁자를 식탁으로 쓰는지. 이제 이해가 간다.

새우구이와 반건조물메기찜, 문어숙회와 굴부침, 직접 만든 손두부와 순두부국, 달래와 시금치나물, 파래무침과 굴을 넣은 뭇국, 잡채에 단술까지.

아, 몇십 년 만에 먹어 본 소금물에 담근 침시. 그 침시를 준 이에게 영광 있으라.

이번 생에 와서 베푼 것이 없어 끝없는 윤회에 시달릴 생각만 해도 아득한데 오늘의 이 먹고 지은 죄업을 어이할꼬.

친정 왔다가 다시 돌아간다. 계란도 싣고 김치도 싣고 다시 길을 떠난다. 작별의 손을 잡는데 갑자기 무언가가 울컥 목을 타고 넘는다.

　돌아가는 길, 바다는 여전히 반짝이고 있다. 갚아야 할 짐만 늘어나는 삶이 수심 깊은데 차 트렁크에 실린 짐을 생각하니 콧노래가 절로 난다.

46. 숲이 있는 풍경

　와룡동천(臥龍東川)이 휘감아 도는 그곳에는 오백 년도 더 넘은 장구(長久)한 세월을 지켜 온 마을 숲이 있다.
　보호림으로 조성된 숲은 그 마을에서 나고 자란 모든 이들의 역사와 전설이자 육신과 영혼이 녹아 있는 온전한 삶 그 자체다.
　어릴 적 넓은 숲이었던 그곳은 여전히 넓은 숲이다. 안개가 피어오르고 바람이 휘감아 도는 그 숲은 단순히 마을 사람들을 위한 공간만이 아니다.
　살아 있는 모든 것들에게 언제나 넉넉한 품을 내주던 사색과 경쟁의 마당이었고 어울림의 장소였다.
　오래도록 숲은 흙과 돌과 바위로 된 신성한 자연이었으나 신작로가 만들어지고 산업화의 파도가 밀려오면서 인간의 훼손(毁損)에 노출되었다.

　인류의 시원(始原)은 숲에서 시작되었으나 아이러니하게도 인간은 숲을 끝없이 파괴해 왔다. 숲의 파괴는 종국에 인류의 멸절로 귀결될 것이 분명하다.
　식량 생산을 위한 전 세계적 숲의 파괴는 처참함을 넘어 절망적이다. 지구의 허파가 사라지면서 인류 공멸의 재앙이 눈앞에서 펼쳐지고 있다.
　화석 연료의 사용 증가는 숲을 황폐화시키는 주범이다. 각국 지도자들이 모여 화석 연료 사용을 줄이고자 선언문을 협의하였으나 이해 당사국의 반대로 결국 그 어떤 약속도 이루어지지 않았다.
　숲이 사람을 살렸으니 이제 사람이 숲을 살려야 한다는 것을 너무 잘

알면서도 자기 집 마당에 바닷물이 들어올 일은 없을 것이라며 눈을 감는다.

긴 세월이 숲을 길러 냈고 어느 순간부터 숲이 아이들을 길렀다. 어린 시절 잊지 못할 추억 대부분은 숲에서 만들어졌고 성장과 사랑 그리고 이별의 순간들을 그 숲은 기억하고 있을 것이다.
우리의 영혼에 채워진 것은 자연에서 온 것들이다. 마을 아이들을 키운 것은 바람, 향기, 빛, 안개와 구름이었다. 이것들은 숲이 가져왔고 숲이 다시 떠나보냈다.

추운 겨울 초가지붕 굴뚝에서 피어오르던 가녀린 연기를 휘감고 있던 숲의 우듬지, 느티나무, 말채나무, 이팝나무들.
그 끝을 흔들며 지나가는 바람이 세상을 향해 나아가라는 손짓으로, 몸짓으로 어린 마음에 용기를 주었다.
봄이 되면 숲은 화려한 햇잎으로 부활했다. 겨우내 차가운 바람에 힘들어했던 꼭대기 가지들은 안개와 빛으로 맨 먼저 봄의 향기를 만들었다. 까마귀가 울던 황량한 들녘은 땅을 밟고 힘껏 솟아난 보리들로 푸르게 바뀌고 숲이 내려다보는 개울은 도란도란 쉼 없이 봄을 실어 날랐다.
쏟아지는 햇살과 어울린 어린잎들은 무수한 녹색 바늘이 되어 사람들 가슴을 파고들었다. 소는 쟁기를 끌며 논밭을 기름지게 했고 일찍 깨어난 새끼 꿩들은 보리이랑 사이를 쏜살같이 내달렸다.
숲속 큼지막한 방석 바위 위에는 농사일 바쁜 마을 어른들이 앉아 동네일을 의논했다. 봄비를 맞고 활짝 핀 숲의 나뭇잎들은 싱그러웠고 꽃을 달기 시작한 팽나무, 이팝나무에는 벌이나 나비들이 바쁘게 오갔다.

바람 따라 잔물결처럼 흔들리는 느티나무나 말채나무는 하늘을 향해 잎을 피우며 동살마저 온전히 움켜지는 듯했다.

숲으로 들어가는 입구 대장간 딱쇠 아저씨는 종일 바빴다. 벌겋게 타오르는 숯불 속에서 쇳물은 녹고 타고 두들겨져 삶의 도구가 되었다.

아이들은 구경하다 가끔 시우쇠 조각을 얻어 즐거웠다. 인정 많은 딱쇠 아저씨는 너털웃음 속에서 흐뭇한 얼굴로 아이들을 바라보곤 했다.

무시로 장끼 우는 소리가 들렸다. 늦은 봄이 되면 이팝나무는 높은 꼭대기 끝에 하얗게 꽃을 달았다. 흐드러지게 핀 꽃은 풍성했다. 밤이 되면 달빛 아래 빛나는 꽃무리는 처연할 정도로 아름다웠다.

보릿고개 배고픈 어른들은 하필이면 쌀밥나무 꽃 필 때 시집간 딸 생각이나 먼발치로 사돈집 다녀온 까꼬실 댁 이야기를 입에 물고 다녔다. 해 긴 윤사월, 다들 굶주리고 배고팠다. 밤이 되면 가끔씩 숲에서는 소쩍새 울었다.

배동 오른 보리가 점점 누릇하게 변하기 시작하면 선창에서 봄 멸치를 실은 장차(場車)가 숲으로 찾아들었다.

겨우내 비린 맛에 주린 아이와 아낙들은 마지막 남은 몇 됫박 묵은 보리를 이고 겸연쩍은 웃음을 띠며 멸치 장수에게 몰려들었다.

이고 진 보릿자루를 곁눈질하면서 멸치 장수는 멸치 크기나 신선도에 따라 나무 상자를 골랐다.

함부로 던지는 멸치 상자에서 떨어진 멸치 몇 마리를 주운 아이들은 숲 아래 개울로 내려가 모닥불을 피우고 소금을 뿌려 가며 멸치를 구워 먹었다.

보리타작이 끝날 즈음이면 숲은 또 한 번 떠들썩했다. 일찍 숲으로 날아든 직박구리들은 튼실하게 새끼를 길렀고 우거진 녹음 사이로 비치는 어스름 햇귀는 신비로웠다.

숲 가장자리에는 삼 구덩이가 만들어지고 덕석 몇 개 크기의 두꺼운 철판 솥이 황토 가마 위에 놓였다.

수십 지게의 삼단이 차곡차곡 쌓이고 멍석과 가마니를 덮은 후 아궁이에는 이글이글 장작불을 붙였다.

밤새워 익은 삼단은 새벽같이 몰려나온 마을 사람들 껍질을 벗겼고 아이들은 뛰어다니며 주운 겨릅대로 매미채를 만들었다.

와룡동천 가는 길 아래 숲 그늘에서는 튼실한 맨 허벅지를 드러낸 아낙들이 여름내 길쌈을 했다. 숲은 새와 바람과 향기 그리고 사람으로 매일 붐볐다.

가을이 되면 숲은 바람으로 가득 찼다. 노랗게 물들거나 붉게 변한 잎들은 개울로 돌담 밑으로 몰려다녔다. 마을을 뒤덮고 있던 감나무는 붉은 전등을 한껏 밝혔다.

추석 무렵 노래자랑과 연극 무대가 끝난 뒤 뻥튀기 장수가 몇 번 왔다가고 날씨가 차가워지기 시작하면서 이승을 하직한 이들을 위한 상여도 숲에서 여러 번 하얀 꽃 장식을 달았다.

마을로 시집온 색시를 태우고 온 가마꾼들이 숲에 들어 담배를 피우며 숲이 참 오래된 것 같다고 감탄의 이야기를 주고받았다.

저녁 어스름이 찾아오면 멧비둘기 날아들었고 영역을 지키려는 까치 소리 요란했다. 길 잃은 겨울철새가 가끔 높은 우듬지에 앉았지만 오래 머물지 않았다.

겨울이 깊어지면서 고향의 숲은 적막하다. 마을 사람들은 도시로 떠났고 더 이상 아이들의 웃음소리를 들을 수가 없다.

사람들은 사라졌지만 숲은 여전히 햇살과 달빛을 붙들며 많은 생명을 키워 낸다. 나무뿌리 아래는 매미 유충이 땅을 뚫고 나오는 그날을 기다리며 수액을 빨고 이름 모를 풀벌레 알들은 옹이구멍을 집 삼아 추위를 피하고 있을 것이다.

차가운 겨울바람 속에서 흔들리며 강건해진 작은 가지들은 빛나는 봄을 꿈꾸며 지금도 마른 떨켜에 쉼 없이 생명수를 나르고 있으리니.

숲이 곧 사람의 건강이며 생명이다. 인간이 숲을 지켜야 숲이 사람을 지킨다. 숲을 지킬 수 없다면 차라리 자연에 맡겨 두기라도 해야 한다.